古典文獻研究輯刊

三八編

潘美月・杜潔祥 主編

第11冊

《伊川易傳》大義通釋（第三冊）

程 強 著

國家圖書館出版品預行編目資料

《伊川易傳》大義通釋（第三冊）／程強 著 -- 初版 -- 新北市：
花木蘭文化事業有限公司，2024〔民 113〕
目 4+200 面；19×26 公分
（古典文獻研究輯刊 三八編；第 11 冊）
ISBN 978-626-344-714-1（精裝）
1.CST：易經 2.CST：研究考訂
011.08 112022583

ISBN-978-626-344-714-1

古典文獻研究輯刊
三八編 第十一冊 ISBN：978-626-344-714-1

《伊川易傳》大義通釋
（第三冊）

作　　者　程　強
主　　編　潘美月、杜潔祥
總 編 輯　杜潔祥
副總編輯　楊嘉樂
編輯主任　許郁翎
編　　輯　潘玟靜、蔡正宣　美術編輯　陳逸婷
出　　版　花木蘭文化事業有限公司
發 行 人　高小娟
聯絡地址　235 新北市中和區中安街七二號十三樓
　　　　　電話：02-2923-1455／傳真：02-2923-1400
網　　址　http://www.huamulan.tw 信箱 service@huamulans.com
印　　刷　普羅文化出版廣告事業
初　　版　2024 年 3 月
定　　價　三八編 60 冊（精裝）新台幣 156,000 元

《伊川易傳》大義通釋
（第三冊）

程強 著

目 次

第一冊

第二冊

第三冊

第四冊

周易下經上・卷四

䷞咸卦第三十一　艮下兌上

【程傳】

咸，咸者，上下咸感，盈天道萬物人倫，咸皆一道，陰陽之道也。《序卦》：「**有天地然後有萬物**，儒者言次序，即謂學效，學在述，不在作：述天道而不作，乃華夏文化之正統。**有萬物然後有男女，有男女然後有夫婦**，男女之情得正，則夫婦倫常得正。**有夫婦然後有父子**，欲正父子，先正夫婦。**有父子然後有君臣**，欲正君臣，先正父子。**有君臣然後有上下**，君臣得正，則上下有序。**有上下然後禮義有所錯。**」錯，置放也。禮義錯置於夫婦，則夫婦得正；錯置於父子，則父子得正；錯置於君臣，則君臣得正。有天地而至有上下，皆言道自天地來，天地正則人倫皆得正，大本正則支流皆得正，故君子之道貴在正本，本正則末未有不正。禮義是常經，上下有常經，則能固而久也。《序卦》自天地萬物往下講述，本末源頭皆自天地，以明萬物人倫皆為天道，只是裁成讚述不同而已。

天地，萬物之本；本，生生之本，無其本則不能生。既言生生為本，則本末皆為一道，生機一貫。**夫婦，人倫之始**，正夫婦，所以正人倫。**所以上經首乾、坤**，乾父坤母象夫婦。**下經首咸繼以恒也。**乾坤萬物皆一道，故為咸；天長地久，故為恒。**天地二物，故二卦分為天地之道。男女交合而成夫婦**，男感先，女應後，禮也；感之以誠，仁也，為男女交合之正。**故咸與恒皆二體合為夫婦之義。**咸為少男少女合，恒為長女長男合。

咸，感也，上下交通，六爻皆應，感通也。**以說為主；**少女悅順少男，為咸。不相悅則不能感通，能相悅則志咸而一也。**恒，常也，以正為本。**長男上，長女下，男女得正，德正則恒。**而說之道自有正也，**悅正而順，自有正也。分別而言，女悅男之正，男悅女之順。且六爻皆正應，也為悅正。**正之道固有說焉：**夫子云「學而時習之，不亦說乎？」學正，自有寬悅之意生。順正，由道而行，無需勉強，固有悅意。**巽而動，**上下卦本無巽體，然處咸之時，少女悅少男，女順男，有巽順義；上下卦也本無動體，然處咸之時，相感為「動」，故言「巽而動」也。**剛柔皆應，**六爻皆正應。**說也。**

咸之為卦，兌上艮下，少女少男也。男女相感之深，莫如少者，不計利害故。**故二少為咸也。艮體篤實，止為誠愨之義。**誠愨為人之依止，止於誠愨也。**男志篤實以下交，**柔順必以篤實為依止。**女心說而上應，男感之先也。**男自處以下，女往應於上。**男先以誠感，**艮篤為誠。**則女說而應也。**男先女後，乾健坤順，次第不亂。

【釋義】

上篇首以乾坤，下篇首以咸恒，天地以乾坤，人倫以男女，尊順天道而後有人道之常。人順隨天，人道即天道，道一而已。道在天地為乾坤，道在人倫為男女，人效法乾坤所以成夫婦、父子、君臣、上下之倫。

咸者，咸皆順乎天也。順乎天，故感而成男女之道。

為卦，艮少男，兌少女；艮體篤實專一，是能為人所依止；兌體柔順和悅，是能順隨於人；柔上剛下，男以誠相下，女悅男之誠厚，上應以相隨，和合志同，咸也。

咸：亨，利貞，取女吉。

【程傳】

咸，感也。上下一心，咸同此心，咸皆感也。**不曰感者，咸有皆義，**志同則皆。**男女交相感也。**交感為咸義。**物之相感，莫如男女，而少復甚焉。**兌少女，艮少男，因不計利，故交感純粹而更甚。**凡君臣上下，以至萬物，皆有相感之道。**天地生育萬物，萬物皆得天地仁意，故皆有可感之理。**物之相感，則有亨通之理。**感則通，通則道亨。**君臣能相感，則君臣之道通；上下能相感，則上下之志通；以至父子、夫婦、親戚、朋友，皆情意相感，則和順而亨通。**和順之道必有一主一從、一先一後、一唱一隨，正其序也；不如此，則兩立而敵，不能和；故咸者，正以禮也，禮正而後感則正。**事物皆然，故咸有亨之理也。**

利貞，戒辭，少男少女相感，易感於情慾，故戒利在於貞。**相感之道利在於正也。不以正，則入於惡矣，如夫婦之以淫姣，**感以色，不正也。**君臣之以媚說，**諂以隨，不正也。**上下之以邪僻，**利以邪，不正也。**皆相感之不以正也。**

取女吉，取同娶。**以卦才言也。卦有柔上剛下，二氣感應，相與止而說，**止於禮而悅。**男下女之義。以此義取女，則得正而吉也。**

【釋義】

咸者，上下感應而志一也，志一則亨通。艮下兌上，序正而感，正也。感而不以正，雖有亨通則不利。天地以正相感，萬物生生。男女以正相感，則夫唱婦隨。父子以正相感，則父慈子孝。君臣以正相感，則君禮臣忠。朋友以正相感，則以誠以信，亨而得正則利。

貞者，貞其感以正也。

行諸己而不忒，而後感於人，則所感皆得其正。若巧言令色以感於人，行諸己不正，以循物為志，所感皆邪，所亨皆邪妄，不可久也。故必先正諸己而後感於人，則感正而亨通，有利而恒也。

男女以正相感，琴瑟友之，鍾鼓樂之，嘉會禮通，和順於義，則娶女吉。

《彖》曰：咸，感也。柔上而剛下，二氣感應，以相與止而說，男下女，是以亨利貞，取女吉也。

【程傳】

咸之義，感也。在卦，則柔爻上而剛爻下，六三往居上位，上九下來處三位。**柔上變剛而成兌，**柔上位，變上九之剛為柔而成兌。**剛下變柔而成艮，**剛來三，變坤三之柔為艮。**陰陽相交，為男女交感之義。又兌女在上，艮男居下，亦柔上剛下也。**

陰陽二氣，二氣，山澤之氣也。**相感相應而和合，是相與也。止而說，止於說，**此「悅」為「相悅」，且為出自中心之「悅」，如此方有「堅慤之意」。**為堅慤之意。艮止於下，篤誠相下也；**山仁以誠篤，又下於兌，篤誠相下，非人為飾之，誠有向下之心也。**兌說於上，和說相應也。以男下女，**男下女，寬以敬也。敬其德，不以色取，寬也。**和之至也。**剛能寬以敬，和之至也。**相感之道如此，是以能亨通而得正，取女如是則吉也。卦才如此，大率感道利於正也。**

【釋義】

柔往行上位，剛來居三位，柔上而剛下。柔上行應剛之下來，剛先動以感，柔後從以應，二氣感應以相與。艮止以誠，悅自以內，誠感而心悅，止而悅。山居澤下，高以卑之，敬以寬之，剛以柔之，男下女之道也。男倡德在先，女順而從之，是以亨利貞而娶女吉。

天地感而萬物化生，聖人感人心而天下和平。觀其所感，而天地萬物之情可見矣。

【程傳】

既言男女相感之義，復推極感道，推感道之極：天地感，則生萬物，聖人感，則安民心。**以盡天地之理、聖人之用。天地二氣交感而化生萬物，聖人至誠以感億兆之心而天下和平。天下之心所以和平，由聖人感之也。**聖人以至公之心感天下百姓，百姓順應之，尊從聖人之道，天下和平也。

觀天地交感化生萬物之理，與聖人感人心致和平之道，則天地萬物之情可見矣。皆以順德為至情。**感通之理，知道者默而觀之可也。**感以誠心，體之在己，默而行之。

【釋義】

感，以同心動之、心相通也。感通有順序，天地感通，天為先倡，地順隨而應。聖人感通人心，聖人先倡，百姓順隨而應，如男感先女應後。觀其所感，則知感應之先後，序以正也，非不分先後，相對待而互感。

感人者必道人以正，以至誠相感。應人者必應之以正，以至誠相應，不可順隨而不能自立；如此，則感正而應正，萬物各得其所，各安其位，天地萬物之情可見矣。

《象》曰：山上有澤，咸，君子以虛受人。

【程傳】

澤性潤下，土性受潤，澤在山上而其漸潤通徹，是二物之氣相感通也。君子觀山澤通氣之象，而虛其中以受於人。中，心也。**夫人中虛則能受，**中虛則大其心，大其心則能受萬物之庶眾。**實則不能入矣。**實則固其心而小之也。**虛中者，無我也。**無私我，所謂克己之我。**中無私主，**私主，私昵之愛。**則無感不通。**有私則有窒，有窒則有不通。**以量而容之，擇合**一作交**而受之，**寬則不擇，物來則受。**非聖人有感必通之道也。**子夏曰：「可者與之，其不可者拒之。」所謂「量容、擇受」者，非聖人有感必通之道也。

【釋義】

山上有澤，澤水浸下，潤澤山上萬物，物感而咸生以上。山高而卑處澤下，虛受而謙退也。君子觀此象，思以謙虛下於人，物來而順應，不拒不擇，以成其廣大。

山篤實，君子行仁似山，如何「以虛受人」？仁者心體廣大，似山之篤實坦蕩，生育承載，故能虛以容受。

初六，咸其拇。

【程傳】

初六在下卦之下，與四相感。以微處初，其感未深，豈能動於人？動於人，感人而使之有行動。故如人拇之動，未足以進也。志欲有動，未有行跡。拇，荀爽曰：「母，陰位之尊。」故處卑應六也。足大指。行之先者。人之相感，有淺深輕重之異，識其時勢，則所處不失其宜矣。

【釋義】

柔居下，動之初者，拇處下，行之先者；咸其拇，志欲動而未成行，體靜而處動也。

初四正應，只能咸其拇，感而動其足拇指，其感至小，其應甚微，故有欲動之心，而終未付諸於行。陰柔處微，居咸之初，雖有感動，然謹慎其行，欲動而體止，咸其拇也。

《象》曰：咸其拇，志在外也。

【程傳】

初志之動，感於四也，故曰在外。志雖動而感未深，如拇之動，未足以進也。

【釋義】

感動於四，四處外卦，故欲動而往歸於上，然居艮體之下，志雖欲行，然體靜行止。

六二，咸其腓，凶；居吉。

【程傳】

二以陰居下，與五為應，故設咸腓之戒。腓居下，假外力以動，似二。腓，足肚，行則先動，足乃舉之，非如腓之自動也。二若不守道，待上之求，而如腓自動，則躁妄自失，躁，不能靜安；妄，失己為妄。所以凶也。安其居而不動，居，居位居正也；不動，不先動也。以待上之求，則得進退之道而吉也。待上動後而動，為六二進退之道。二，中正之人，以其在咸而應五，在咸，在咸時而性則易動；應五，當居後而應，不可先之。故為此戒。戒以「後動」為道。復云居吉，咸，皆動也，義似互動，不計較先後；然咸之動當有先後，若二五之間，二陰柔居下為臣，五陽剛居尊為君，故二當待五之命而後有動，則為順正而動，故戒以居位守命則吉。**若安其分，不自動，**不先於陽剛而動，當居位守靜以待上命。**則吉也。**

【釋義】

腓，為足肚，不能自動者，需舉足而後能動，若腓而自動，則為妄動。六二未待五感己而先動，人未求己而獨往，如腓之自動，不能順受其命，失其位則凶。

二柔處中正，當守其中正，居位不動，待命而行，則吉。

咸其腓，不待命而行；二之凶，欲不待命而行。居，居正待命，戒勿先動。

《象》曰：雖凶，居吉，順不害也。

【程傳】

二居中得正，所應又中正，其才本善，以其在咸之時，質柔而上應，質柔易附於人，上應易順隨而動，二者皆易失己自立之道。**故戒以先動求君則凶，**臣道待君命而行，坤順而後也。若君不招之以禮，自薦求君，則失臣之道。**居以自守則吉。**守道待薦。**象復明之云：非戒之不得相感，唯順理則不害，**順其中正之理，循序而動則吉。**謂守道不先動也。**君倡先，臣順後，先動失臣道。

【釋文】

處咸之時，有感則應；陰柔若不待陽之先感而動，則凶。順守其分，待命而行，則無害。

六處中正，順，乃順其陰柔中正之性，順命而動。陰之正，為柔順於陽剛，待剛之先感而後應。中，處此柔順而不偏也。

六二為何有凶，又能得吉？

六二處咸時，陰要動應，動則違其性，故其凶乃是咸時所生，咸時大環境有違其性，外來招致。吉，乃是六二中正之性本如此，所謂吉人自有天相，天相是自帶的、天生的，故他只要反己順其性就可吉，其吉不遠，只在其身。

凡言「天」，只是反己則可得；凡言「人」，則需逐求於外。六二之凶是為時所逼，人為妄動，六二之腓不能自動，是外面待動的。

九三，咸其股，執其隨，往吝。

【程傳】

九三以陽居剛，有剛陽之才，而為主於內，當主於內而不出。**居下之上，是宜自得於正道，**居下之上，當艮止於內，故云「宜自得於正道」。**以感於物，**以正道感於物。**而乃應於上六。陽好上而說，**九三剛居正位，其性好上。**陰上居感說之極，**上六居咸之極、兌之極，為「感說之極」。**故三感而從之。股者，在身之下，足之上，不能自由，隨身而動者也，故以為象，言九三不能自主，隨物而動，如股然，其所執守者隨於物也。**執守者，執守之道也。**剛陽之才，感於所說而隨之，如此而往，可羞吝也。**陽剛而失其主宰，故可羞吝。若為陰柔，則為正道。

【釋文】

咸時，三陰三陽皆正應。九三咸其股，則與上感應，隨後而往上，以應其咸。剛從柔，陽順陰，隨人而不能自處，故可羞吝。

九三重剛而處艮之上，在咸動之時，處內卦之上，欲動出向上而不能自止，居艮而不能靜處，往上感隨上六之陰，剛順柔，陽從陰，股動而不由己，自內出而逐於外，固執隨從之道，失陽道之剛立，舍己從人，悅從陰柔，往隨上六，降志辱身，可羞吝也。執，持守也。

【補遺】

蘇軾與朱熹皆以為「隨」當從下，應《象》「所執下也」。

蘇軾：「執，牽也。下，二也。體靜而神交者，咸之正也。艮，止也。而所以為艮者，三也。三之德固欲止，而初與二莫之聽者，往從其配也。見配而動，雖三亦然。是故三雖欲止，而不免於隨也。附於足而足不能禁其動者，拇也。附於股而股不能已其行者，腓也。初與二者，艮之體，而艮不能使之止也。拇雖動，足未必聽。故初之於四，有志而已。腓之所之無不隨者，以動靜之制在焉。故可以凶，可以吉也。股欲止而牽於腓，三欲止而牽於二。不信己而信人，是以往吝也。」

蘇軾以為，三居艮止之上，當立剛以止下之動，然處咸時，動不由己，故股隨腓動，牽連從下二陰。剛從柔，不能自立，不信己而信人，是以往吝也。意思也甚好。

《象》曰：咸其股，亦不處也；志在隨人，所執下也。

【程傳】

云亦者，蓋《象》辭一作體**本不與《易》相比，自作一處，故諸爻之《象》辭，意有相續者。**象辭作者體此理在己，寫象辭不欲比近卦爻辭，乃是有意成一家之說，大義承續卦爻辭，非為訓解卦爻辭。故朱熹說，伏羲有伏羲之易，文王有文王之易，周公有周公之易，孔子有孔子之易。三聖皆是體在己之易道，看時要分明。後人解易皆不如此，求其所謂「本義」，而非體其在己之易，失聖人所以作易之心。此言亦者，承上爻一有象字辭也。上云：「咸其拇，志在外也，雖凶居吉，順不害也。」咸其股，亦不處也。不能安處，隨人而動也。前二陰爻皆有感而動，三雖陽爻亦然，故云「亦不處也」。不處，謂動也，隨人動也。有剛陽之質，而不能自主一作立一作處，不繫則剛立而能自主也。志反在於隨人，是所操執者卑下之甚也。

【釋文】

九三順隨人動，他人有感必應，動由人不由己；故其不能自處其分，志在順隨他人，處剛而不能自立獨行，順隨物慾，故所執持也卑下也。如孔門之冉有，順隨季氏貪欲而強為之辭，失大臣之道，和光同塵，逐流從污也。

處，自處，處止而不隨人。三處艮而當知自止，處剛而當知自立，乃為能自處也；不處，不能自處其艮止，不能自立，而隨人動也。下，卑下也。執下，執持卑下之道，陽從陰是也。

九四，貞吉，悔亡。憧憧往來，朋從爾思。

【程傳】

感者，人之動也，故皆就人身取象。拇取在下而動之微，志欲動而身不動。腓取先動，未感而先動；處下者以隨動為義，不隨上以動，則失義。股取其隨。陽剛順隨陰柔，失剛立之道。九四無所取，直言感之道。感之道：貞正為公，憧憧為私。不言咸其心，感乃心也。

四在中而居上，以爻位居三四為一卦之中，非二五之中。當心之位，當心，猶處心。故為感之主，感以中心動人，故為感之主。而言感之道：借心言感之道；感之道在心誠而公也。貞正則吉而悔亡，感不以正，私係則不正。則有悔也。又四說體，四居悅體之下，以和悅為道，若知和而和，不以貞正節之，黨私之偏也。居陰而應初，陰則有私昵，應初則有繫，皆害其公心。故戒於貞感之道，無所不通，增「當」字語氣更順：「感之道，當無所不通」。無所不通，則不為私昵所隔閡。有所私係，則害於感通，有私係，感通之道小矣，有隔閡，不能感於廣大也。乃有悔也。聖人感天下之心，如寒暑雨暘，無不通，無不應者，寒暑雨暘，不為堯存，不為桀亡，公而無私之感也，故萬物應之如響，無不通無不應也。亦貞而已矣。貞者，處其大公至中也；老子所謂以萬物為芻狗，無有私愛。貞者，虛中無我之謂也。廓然大公，克己復禮之心也。憧憧往來，朋從爾思：夫貞一則所感無不通，若往來憧憧然，心有繫，來則繫之，去則繫之，憂心憧憧，逐物而隨其往來，無安寧也。用其私心以感物，則思之所及者有能一作所感而動，所不及者不能感也，是其朋類則從其思也，以有繫之私心，既主於一隅一事，豈能廓然無所不通乎？

《繫辭》曰：「天下何思何慮？天下同歸而殊途，一致而百慮，天下何思何慮？」順道而行，不思慮於人慾之私也。夫子因咸極論感通之道。夫以思慮之私心感物，所感狹矣。天下之理一也，塗雖殊而其歸則同，慮雖百而其致則一。慮在道，皆一也；慮在己之道，故有百慮之殊別。雖物有萬殊，事有萬變，統之以一，一，在己之天道也。則無能違也。故貞其意，正其意，指「天下何思何慮」諸語。則窮天下無不感通焉，有天覆地載之心，則天下之物無不感通。故曰「天下何思何慮？」廣大其心，則不慮其私應與否。猶老子「天地不仁，以萬物為芻狗」之義。用其思慮之私心，豈能無所不感也？「日往則月來，月往則日來，日月相推而明生焉。皆自然無私而隨感隨應。寒往則暑來，暑往則寒來，寒暑相推而歲成焉。往者屈也，來者信也，屈信相感而利生焉。」屈信自然相感，利自然而生，不為利而生利。此以往來屈信明感應之理：屈則有信，信則有屈，所謂感應也。屈則自生信，信則自生屈，不假安排，自然而然。故日月相推而明生，寒暑相推而歲成，功用由是而成，由是，順屈伸之道也。故曰屈信相感而利生焉。感，動也，有感必有應。凡有動皆為感，感則必有應，所應復為感，感復有應，所以不已也。感應循環不已，感為應，應復為感，如因果循環。「尺蠖之屈，以求信也。龍蛇之蟄，以存身也。精義入神，以致用也。利用安身，以崇德也。尺蠖以下所舉四例皆為感應。過此以往，未之或知也。」前云屈信之理矣，復取物以明之。尺蠖之行，先屈而後信，蓋不屈則無信，信而後有屈，觀尺蠖則知感應之理矣。屈為感，信為應。龍蛇之一作蟄藏，所以存息其身，息，養也。而後能奮迅也，振作也。不蟄則不能奮矣。動息相感，乃屈信也。君子潛心精微之義，精，言其純；微，言其幾。入於神妙，神妙，不測之謂；唯不思而得、不慮而成，方能至此境。所以致其用也。潛心精微，潛心，心與精微合一。積也；畜德也。致用，施也。推出去。積與施乃屈信也。乃感應也。「利用安身，以崇德也」，承上文致用而言，利其施用，安處其身，潛心精微，安處於貞正也。所以崇大其德業也。所為合理，則事正而身安，聖人一作賢能事盡於此矣，故云「過此以往，未之或知也。」聖人體天地之道，感應、屈伸而已，故云「未之或知也」。「窮神知化，窮神妙之用，則知天地化生萬物之道。德之盛也。」既云「過此以往，未之或知」，更以此語終之，云窮極至神之妙，知化育之道，德之至盛也，無加於此矣。

【釋文】

九四通論感之道——「貞吉，悔亡」：感之極者，當廓然而大公，物來則順應，中心虛明，無所私繫，為貞也，貞固則吉。如有私繫，則生悔矣。故貞守其感極之道，則無悔。

九四處股脢之間，在一卦之中，有心之象。四又處於上下往來之際，則心不能廓然，故有「憧憧往來，朋從爾思」不安之象。

往，下三爻往應於外；來，上三爻來感於內。王肅曰:「憧憧，往來不絕貌。」劉氏曰:「憧憧，意未定也。」心不寧為「憧憧」，心繫於往來之人事，逐隨而來去，有行跡之私，憧憧不寧也。朋者，三、四、五為朋，剛明之類也。朋從爾思，朋類追隨我而思也，我亦從朋而思。四心繫朋黨，雖皆為剛明君子，卻不能廓然大公，而有憧憧不寧之心。

《象》曰：貞吉悔亡，未感害也；憧憧往來，未光大也。

【程傳】

貞則吉而悔亡，貞，言大其心也。**未為私感所害也；**為狹所害。**繫私應則害於感矣。憧憧往來，以私心相感，感之道狹矣，故云未光大也。**公其心為光大。

【釋文】

四感應於初，為正應，故曰未感害也。憧憧為其同類，雖為剛明君子，但繫之則有行跡，未能至廓然大公之境，未光大也。

九五，咸其脢，无悔。

【程傳】

九居尊位，當以至誠感天下，而應二比上。正應於六二，比親於上六，雖有正比之常，在咸時處尊位則為私係。**若係二而說上，**係二悅上，是有私昵之黨，心不廣大而公。**則偏私淺狹，非人君之道，豈能感天下乎？脢，背肉也，與心相背而所不見也。言能背其私心，**背，背離也。**感非其所見而說者，**見而悅者，取有行跡之義，有私心也。**則得人君感天下之正，而无悔也。**

【釋文】

脢，背脊之肉，取感而不為所動之義。咸其脢，感而不動，不動、不作為則無行跡之失，無私昵之弊，故不生悔。

《象》曰：咸其脢，志末也。

【程傳】

戒使背其心而咸脢者，為其存心淺末，繫二而說上，感於私欲也。

【釋文】

脢雖不為所動，但不任事、不擔當、不作為，平躺只求無事，絕天下之往來，孤家寡人，是志末而小也。

初拇感，二腓動，三股隨，四憧憧，唯五不動，不動則自保而已，何曾有志？

上六，咸其輔頰舌。

【程傳】

上陰柔而說體，兌體為悅，故為悅體。**為說之主，又居感之極，是其欲感物之極也，**極，上也。感物之中為感物之心，故感物之上乃為感物之嘴。**故不能以至誠感物，而發見於口舌之間，**不以心感物。見，音現，顯也。**小人女子之常態也，**兌為少女，上六柔居兌上，故程子如此說。**豈能動於人乎？不直云口，而云輔頰舌，亦猶今人謂口過曰脣吻，**王充：「揚脣吻之音，聒賢聖之耳。」徒事脣吻而無仁實，為口過。**曰頰舌也，輔頰舌皆所用以言也。**

【釋文】

輔，上顎；頰，面頰；輔頰舌，臉與嘴。人情喜諛悅佞，若止咸其輔頰舌，只一張嘴去感人，巧言令色，中無孚信，只能感人脣吻，動人顏色，敷衍來，也敷衍去，豈能動人之心？

上六在兌上，悅人自口出，以口舌感人，有「輔頰舌」之象。陰居兌上，無實行而徒有空言，也為「輔頰舌」象。

《象》曰：咸其輔頰舌，滕口說也。

【程傳】

唯至誠為能感人，心無私繫，則能至誠感人。**乃以柔說騰揚於口舌，**柔說，以柔媚悅順於人。**言說豈能感於人乎？**

【釋文】

徒肆口舌，中無實行，招搖撞騙，以此求人感應。咸極，感之道衰變，故當有此衰象。滕通騰。

䷟恒卦第三十二　巽下震上

【程傳】

恒，《序卦》：「夫婦之道，不可以不久也，故受之以恒。恒，久也。」咸，

夫婦之道。咸，男女之道，男下於女，戀愛之時；恒，夫婦之道，男外女內，已婚之時。**夫婦**一有之道字**，終身不**一有可字**變者也，故咸之後受之以恒也。**

咸，少男在少女之下，以男下女，下女，以禮待女也。**是男女交感之義。**女下而男上，交感也。**恒，長男在長女之上，**序正。**男尊女卑，夫婦居室之常道也。**

論交感之情，則少為親一作深切**；**親切，親而欲切近，亦切近而欲親，故咸為少男下於少女。**論尊卑之序，則長當謹正；**長以立正為義，故當率而謹之。謹正，謹其序正也，恒為長男上於長女。**故兌艮為咸，**悅其篤厚也。**而震巽為恒也。**巽順其正動也。**男在女上，男動於外，女順於內，**內陰外陽也。**人理之常，故為恒也。又剛上柔下，**初剛行至於四位，剛上也；四柔下來於初位，柔下也。**雷風相與，**相與，同行互助也。**巽而動，**陰順隨於陽而動也。**剛柔相應，**六爻皆應。**皆恒之義也。**

【釋義】

恒，久也，夫婦正位則久。

二五居中，六爻皆應，長男上，長女下，各居其正，久長之道也。

為卦，震為長男，巽為長女，震動在先，巽順在後，男主在外，女從奉內，各司其職，先後之序不亂。尊卑之序，正則恒常，亂則不久；故恒者，貴正其序也，序正則恒。正者，大中為正也。

恒貴正序，也貴交通：雷震於天上，萬物興起於下，震上而能動下；巽順於地下，而能為萬民尊奉於上，巽下而能受尊於上也。

有交通必有日新之義，故恒者，恒新其德也，德日新而道不變。

恒：亨，无咎；利貞，利有攸往。

【程傳】

恒者，常久也。恒之道可以亨通，恒而能亨，行暢達為亨，唯有處中則能利萬物而無私昵，與萬物無牴牾而能暢達，故恒以中行而亨也。**乃无咎也。恒而不可以亨，**不亨者，道不行也；道不行於物，萬物皆悖之，孤絕於物，其能久乎？**非可恒之道也，為有咎矣。如君子之恒於善，**善利於物而與物無懟，故其道必亨。**可恒之道也；小人恒於惡，**惡，其道不能利物，故不能通達於物，窒塞不通，豈能久乎？**失可恒之道也。恒所以能亨，由貞正也，**由，順由也。二五處中且正應，貞正也。貞，持守也；持守其正道，貞正也。**故云利貞。**

夫所謂恒，謂可恒久之道，恒善而知變也。**非守一隅而不知變也，**恒卦六爻皆通，通則知變，故非守一隅之固。**故利於有往。**「往」與「居」對應，行事為「往」，君子於事上磨礪其德，故「往」必日新其德。**唯其有往，故能恒也，**恒新其德。恒以動言，如日月之動，恒常不變，不動不往，死水一潭，何必言恒！**一定則不能常矣。**一定，此處言固而不化，不能日新其德，則不能常。故恒以通變而言。**又常久之道，**常久，利在其中。利者，比義為利也。**何往不利？**

【釋義】

恒者，男女得其正，六爻得其應，剛上柔下，上下交通，生物所以亨也。正而亨，何咎之有乎？貞固其正，巽順其動，利在其中。謙遜而和順於內，正道而直行於外，剛上柔下，正其序而行，往則有利。

往者，六爻交通，上下正應，必有往來。卦象雷動風從，為往。恒自泰來，剛往行於四，居外為往。

《彖》曰：恒，久也。

【程傳】

恒者，恒在於心，孟子動心忍性，佛家不忘初心，皆著力於心。唯心中正，不為私昵所誘，則能弘毅而恒。**長久之義。**

【釋義】

恒固其常德，則久。

天地正，久長也；夫婦正，久長也。久長於正，正而能久長也。

久長於正，源自天。天不言「恒」，天不勉，自然為恒；在人，需勉而為恒。君子觀天健德之恒，自強不息，擔當其任，恒固其正德。

剛上而柔下，雷風相與，巽而動，剛柔皆應，恒。

【程傳】

卦才有此四者，成恒之義也。剛上而柔下，謂乾之初上居於四，坤之初下居於初一作四**，剛爻上而柔爻下也。二爻易處則成震巽，**易處，易位而處。**震上巽下，亦剛上而柔下也。剛處上而柔居下，**柔順剛、陰順陽之道。**乃恒道也。**

雷風相與：與，助也。**雷震則風發，**則，言先後，風順後而發。**二者相須，交助其勢，故云相與，乃其常也。**先後、互助，乃雷風相須之常。

巽而動：順剛而後動。**下巽順，上震動，為以巽而動。**凡舉動、接物皆以謙順為矩，以巽而動也。**天地造化，**造物化物。**恒久不已者，**君子觀之，修其動剛、順巽而不已，故能恒久。**順動而已**順剛而動，順動也。**巽而動，**巽，順也；巽而動，巽順於道而動。**常久之道也。動而不順，豈能常也？**

剛柔皆應一有恒字：**一卦剛柔之爻皆相應。剛柔相應，**六爻皆正應。**理之常也。此四者，恒之道也，卦所以為恒也。**

【釋義】

可恒之道有四，不可缺一：剛上而柔下，雷風相與，巽而動，剛柔皆應。

初九上行於四位，變坤為震；六四下來於初，變乾為巽，所謂「二爻易處則成震巽」，初九、六四易位而變震巽，剛上往柔下來，正男女之位也。

震雷巽風，相須相與，順隨其動也，故能生養萬物。上震動下巽順，君子之德風，小人之德草，風行草上，民信隨之也。動必以巽，君子之行，謙以出之。剛柔相應，君民相接，同心同欲，上下皆通。

恒亨，无咎，利貞，久於其道也。

【程傳】

恒之道，行恒之道也。凡道皆為行道，仁皆為行仁，義皆為行義，唯有行其道義，道義方在己一身，否則僅在腦域中成為「知識」，可離於一身者，非道也。**可致亨而無過咎，**恒之道，上行正而下從之，上下一心則通，通則亨，故无咎。无咎，以正行而通上下而言。只是上正，而不能行於下，則不能亨而无咎。如文革之種種「好願景」，不能通行於下，國家則亂。**但所恒宜得其正，失正則非可恒之道也，**不正而亨，不可久長。**故曰久於其道。其道，可恒之正道也。**

不恒其德，與恒於不正，皆不能亨而有咎也。

【釋義】

正其道而行，行己无咎，能亨、能利、能恒。變而不尚變，變而有恆，利貞於此，久於其道也。在人事，則治簡不煩而民易從，老子所謂「治大國若烹小鮮」者，政策穩定、有持續性者。

天地之道，恒久而不已也。

【程傳】

天地之所以不已，蓋有恆久之道。恒久於動巽。**人能恒於可恒之道，則合天地之理也。**

【釋義】

天地之道，不已其正（不已其動），故能恒久。君子之行，不已其德，故能繼統。繼統，為往聖繼絕學，為來世開太平，恒久也。

利有攸往，終則有始也。

【程傳】

天下之理，未有不動而能恒者也。在人，修道為恒行；在天地，復始為恒動。**動則終而復始，**不動則不能終而復始。復始，復其初始之道，終始一道也；在天地，所謂復始，乃復其陽剛之道，復歸天心。**所以恒而不窮。凡天地所生之物，雖山嶽之堅厚，未有能不變者也，故恒非一定之謂也，**一定，不變也。**一定則不能恒矣。唯隨時變易，乃常道也，故云利有攸往。**往，事上修其恒德也。**明理之如是，懼人之泥於常也。**泥，黏滯不動。

【釋義】

正順而行，利有攸往也。君子正其行，以正順導其民欲，民尊而信之，何往不利乎？天心不死，健行不息，終則能復其初始之道，潛則復現，終始非道二，皆一道也。

【補遺】

利有攸往，行其道也，行道在有終則有始。

在天地，陽終則伏藏，藏畜久了，又復始。在人，君子有潛伏，有在田、在天之動。

日月得天而能久照，四時變化而能久成，聖人久於其道而天下化成。觀其所恒，而天地萬物之情可見矣。

【程傳】

此極言常理。極，言其大也；日月在天為大，四時在地為大，聖人在人為大。極言，推極其言也，推三極恒常之理。**日月，陰陽之精氣耳，**陽精聚於日，陰精聚於月。**唯其順天之道，**道一則唯：「誰能出不由戶，何莫由斯道也」，唯也。**往來盈縮，故能久照而不已。得天，順天理也。四時，陰陽之氣耳，往來變化，**陽往消而陰來息，陰往消而陽來息，彼此消息，以變化萬物。**生成萬物，亦以得天，**順天道，得天也。**故常久不已。**常久其道不忒，則不已其常也。**聖人以常久之道，行之有常，而天下化之以成美俗也。**化之，天下人順聖人之常道而自化也。**觀其所恒，謂觀日月之久照、四時之久成、聖人之道所以能常久之理。觀此，則天地萬物之情理可見矣。天地常久之道，天下常久之理，非知道者孰能識之？**

【釋義】

日月得天之正，順從天之道，故能久照不息。四時變化以從道，故能恒久育養萬物。聖人尊奉天道，恒久其為民之心，體民之情，導民之欲，百姓感而化之，成其王道之政。觀此三者恒久之道，一皆尊奉天道、順時變化，則天地萬物之情可見也。

《象》曰：雷風恒，君子以立不易方。

【程傳】

君子觀雷風相與成恒之象，風從雷行，又相互鼓蕩。**以常久其德，**磨礪其德，方能常久。**自立於大中常久之道，**自立，弘道也。**不變易其方所也。**方所，位也，君子所處之道也。

【釋義】

君子尊順天道，如風之從雷，篤且速也；君子不改其處世之則，恒久不變，不易方也。方，原則也，在君子為尊順天道為方。

初六，浚恒，貞凶，无攸利。

【程傳】

初居下而四為正應，柔暗之人，能守常而不能度勢。守常，貞固求深之道；不能度勢，不知居初漸求也。**四震體而陽性，以剛居高，志上而不下，**震體，上行也，陽性，求上往也，故云「志上而不下」。**又為二三所隔，應初之誌異乎常矣，**不能順初之求，異乎常也。**而初乃求望之深，是知常而不知變也。濬，深之也。浚恒，謂求恒之深也。守常而不度勢，求望於上之深，堅固守此，凶之道也。泥常如此，**泥常，拘泥於平常之法。**無所往而利矣。世之責望故素而致悔咎**一作吝**者，**故素，故交、舊識也。**皆浚恒者也。**深求故交而至悔吝。**志既上求之深，是不能恒安其處者也。**不安於自處於初微之貧賤。**柔微而不恒安其處，**柔微而不恒安，必心繫於外，繫外深必致凶。**亦致凶之道。凡卦之初終，淺與深、微與盛之地也。在下而求深，亦不知時矣。**時初，當求淺。

【釋文】

濬，深挖也；浚恒貞凶，求恒之深，以至於固執不改，故云「貞凶」。貞，貞固求深之執念。

初、四為正應，四為初之所求者，初又為巽體主爻，巽為風、性善入，善深入為初之常道，但初陰柔處微，當漸進以深入，若驟然求以濬深，欲壑難填，悖逆漸進之道，固執其念而不知權變，凶必也。

侯果曰：「初本六四，自四居初，始求深厚之位者也。位既非正，求乃涉邪。以此為正，凶之道也。」陰柔自四下來處初之剛，處之不正又濬深求之，取凶之道。以此邪道往而深求，無有攸利。

四居震體，為主震者，震而上行，志不在下，故雖有下應卻不能應初之求，故初往行於四則無利。

《象》曰：浚恒之凶，始求深也。

【程傳】

居恒之始，而求望於上之深，是知常而不知一無知字度勢之甚也。初為巽主，善深入是其常性。所以凶，陰暗不得恒之宜也。陰柔則暗昧於理，不能觀時知變，故不得恒之宜。

【釋義】

處始而深求，始求深也。初四相感，始感淺，始求亦當淺，宜漸為濬深，循道而進，不逾其常序則吉，悖此則逆凶。

陰當順陽剛之道，待陽而後動，初陰居剛位，不安其分，不待陽而自求濬深，非順陽之道，可至於凶途。

九二，悔亡。

【程傳】

在恒之義，居得其正，則常道也。九，陽爻，居陰位，非常理也。處非其常，處常則居德也。本當有悔，而九二以中德而應於五，五復居中，以中而應中，其處與動，處，居家、自修也；動，行事、接物也。皆得中也，是能恒久於中也。能恒久於中，則不失正矣。中重於正，正，陰陽居其正位，如二四六為陰位，陰居之位正；一三五為陽位，陽居之為正。中則正矣，處中可以修居不正，二為陰位，九居之不正，但處中則可得正。正不必中也。九二以剛中之德而應於中，德之勝也，足以亡其悔矣。亡其悔，不二過，悔無由而生也。人能識重輕之勢，則可以言《易》矣。

【釋義】

陽居陰位，二非其常處之所，故有悔生；然剛明處中，明其所處而行其所宜，不二過，則悔亡。

《象》曰：九二悔亡，能久中也。

【程傳】

所以得悔亡者，由其能恒久於中也。恒久於中，則能改而不二過，悔自亡也。人

能恒久於中，豈止亡其悔，德之善也。

【釋義】

陽處中位，中則行有常，故能久也，處中能久，積中畜德，則悔亡。久，言其漸修其德，能定於中，故無復再生悔，既往不咎，來者可追，久處中則能不復其過，悔亡矣。

【補遺】

在恒時，能久處其中，則能恒，在恒而能恒，悔亡也。

九三，不恒其德，或承之羞，貞吝。

【程傳】

三，陽爻，居陽位，處得其位，是其常處也；乃志從於上六，不唯陰陽相應，風復從雷，於恒處而不處，程子以為剛居三位在恒時，乃恒處之地，然三不處之而應從於上六，剛而從柔，陽而順陰，不自處恒也。**不恒之人也。其德不恒，則羞辱或承之矣。或承之，謂有時而至也。貞吝：固守不恒以為恒，**上六乃陰柔，本非能恒者，三反而從之，從不恒而貞固以為恒也。**豈不可羞吝乎？**言其無智察己亦不能察於人，可羞吝也。

【釋義】

三居下卦之上，正應於上，重剛不安，處巽體之極，風動不處，志欲在外，巽順於上六，故不能恒守其剛明之德。

承順上六之道，陽剛巽順於陰柔，貞固其正應，柔固不能恒而從之，從不恒，巽順於不智不明，故承之羞。

蘇軾曰：「咸恒無完爻，以中者用之，可以悔亡。以不中者用之，無常之人也，故九三不恒其德。」尚動又不在中，固難恒。

《象》曰：不恒其德，無所容也。

【程傳】

人既無恒，德在內為恒，無恒，無德也。無德而行，乃行其奸詐，何所容乎？**何所容處？**無所容，無所處。**當處之地，既不能恒，處非其據，**處悅體而悅從於人，故言「處非其據」。**豈能恒哉？是不恒之人，無所容處其身也。**

【釋義】

修德進業不怠，故以恒言。不恒其德，德不能固，則無德也。無德，則無常行；無常行，則無所容於人。

九四，田無禽。

【程傳】

以陽居陰，處非其位，處非其所，雖常何益？人之所為，得其道則久而成功，不得其道則雖久何益？正位而恒則有得，不正而恒則無獲，田無禽也。故以田為喻，言九之居四，雖使恒久，如田獵而無禽獸之獲，謂徒用力而無功也。

【釋義】

田，己之地；田無禽，不積德也，如田之不獲禽。陽處陰位，不正也。恒時，久處不正，豈能有獲？居非其位，不獲於正，豈有所得？田無禽也。

《象》曰：久非其位，安得禽也？

【程傳】

處非其位，雖久，何所得乎？正位而得，則所得皆比近於義，比義之利為有得也。以田為喻，故云安得禽也。

【釋義】

在恒時，爻處其位，皆以久言之，九四處非其正，則言「久非其位」，久處不正則不能有獲於德。

【補遺】

處非其位，所得皆非己有，況無所得乎？

六五，恒其德，貞。婦人吉，夫子凶。

【程傳】

五應於二，以陰柔而應陽剛，從陽也。居中而所應又中，陰柔之正也，己正而又從正。故恒久其德則為貞也。在恒，以恒德為貞，居中能恒德也。夫以順從為恒者，陰從陽，順其常道；常道，恒也。婦人之道，在婦人則為貞，故吉；若丈夫而以順從於人為恒，則失其剛陽之正，剛陽之道在於自立，不能自立而從人，失其正也。乃凶也。五，君位，而不以君道言者，如六五之義，在丈夫猶凶，況人君之道乎？在它卦，六居君位而應剛，未為失也；在恒，故不可耳。君道豈可以柔順為恒也？

【釋義】

恒者，中道也，恒卦唯有二、五處中則吉，其他諸爻皆不吉：初濬凶，三貞吝，四無禽，六振凶，皆是不居中而不能恒。

六五陰柔，居中能恒，處順為正，婦人之德也，故婦人吉；若是丈夫，稟賦柔順之德，失其陽剛之性，亂滅其常，恒常其柔順，則凶。

《象》曰：婦人貞吉，從一而終也；夫子制義，從婦凶也。

【程傳】

如五之從二，在婦人則為正而吉，婦人以從為正，以順為德，當終守於從一。夫子則以義制者也，以義制事，以道義裁制其事。婦人則以利制事。從婦人之道，則為凶也。

【釋義】

婦人貞者，守其順德而能恒也，順則從也，恒則一也、專也，故言從一而終。丈夫乃是制義之人，不能制義而順從於婦人，雄雞為牝，凶也。制義，謂訂立規則，如家規。

上六，振恒，凶。

【程傳】

六居恒之極，在震之終，恒極則不常，恒極則道否。震終則動極。以陰居上，非其安處，陰尚靜，處動所而違其性，非能安也。又陰柔不能堅固其守，陰柔尚繫於外，不尚自守。皆不常之義也，故為振恒，以振為恒也。振者，動之速也，如振衣，如振書，抖擻運動之意。在上而其動無節，以此為恒，其凶宜矣。

【釋義】

上六處恒之極，震之上，不能恒常而常振不居，不守其位也。常振，則不能安居，無恒德也，取凶之道。

《象》曰：振恒在上，大無功也。

【程傳】

居上之道，必有恆德，居上之道，當以寬靜為德。乃能有功；若躁動不常，豈能有所成乎？居上而不恒，其凶甚矣。《象》又言其不能有所成立，故曰大無功也。

【釋義】

居上當以寬靜為德，方能成事。上六處振恒之上，躁動不安，不能靜也；下不能任用於剛明之才，不能寬也。處恒振之時，又不能安處其分，欲獨任其事，大無功宜也。

蘇軾云「恒之終，陰宜下陽者也。不安其分而奮於上，欲求有功，而非其時矣。故凶。」

䷠遯卦第三十三　艮下乾上

【程傳】

遯，遯為遁之異體字。王逸：「遁，隱也。」**《序卦》：「恒者久也，物不可以久居其所，**所者，物生生之所，在卦則為內卦之下爻，為初、二。**故受之以遯，遯者退也。**陽自內而退至於外。」**夫久則有去，相須之理也，**有久則有去，兩者相須，陰來則陽往。**遯所以繼恒也。遯，退也，避也，去之之謂也。**陰漸長盛於下，陽離內而往行於外，君子不居其位而行道於己，遁去也。

為卦，天下有山。天在山上，不為山所畜止，各行其道，山不能生物。**天，在上之物，陽性上進。山，高起之物，形雖高起，體乃止。**艮體止也。**物有上陵之象而止不進，**物，陰柔小人也。上陵，陰上進而犯陽。**天乃上進而去之，**天上進而去之，山不畜天，不生物也；君子上進而去之，不主政也。**下陵而上去，**小人居下而陵上，君子居上而去，小人逼近，君子遁隱，道不相交而違遁。**是相違遯，**道相違，不相交合，遁也。**故為遯去之義。**

二陰生於下，陰長將盛，居下則生，又以二陰，故盛。**陽消而退，小人漸盛，君子退而避之，**退出廟堂，避於山林。**故為遯也。**

【釋義】

韓康伯云：「夫婦之道，以恒為貴，而物之所居，不可以恒，宜與世升降，有時而遯者也。」君臣、父子、夫婦、上下，不可易位而居，不可陵犯而變，不可隨時而改，此為恒常之道。然而，君子處於世，則固有與時消息，可以進則進，可以退則退，可以居則居，不可固執不化。遁者，退避也，與時消息，時去而退避也。

為卦，初、二為陰，小人居內漸長而盛；四陽在上，君子漸衰而往行於外，不居政要也。

互卦巽乾，乾上行，巽遜讓，君子巽讓而遁退，不與小人爭，藏無跡也。

遯：亨，小利貞。

【程傳】

遯者，陰長陽消，長、消皆以在內卦而言。**君子遯藏之時也。**德勿用。**君子退藏**

以伸其道，退，身退不居位；藏，晦德修己。君子窮居而順，以伸其道，卷而懷之也。卷道於世，懷德於己。**道不屈則為亨**，不為身困而屈道，道不離於一身，修身不怠，亨也。**故遯所以有亨也。**退養其德，遁而亨也。**在事，亦有由遯避而亨者。**事在避藏，遁時，以避藏為亨道。不與小人爭鋒，是君子處遁之事。**雖小人道長之時，君子知幾退避，**察知幾變而與之進退。**固善也。**知進退本為善。**然事有不齊，與時消息，**消為退，息為生、為長。因不齊而消息進退。**無必同也。**遁時，君子有時可以進，非盡為退藏。**陰柔方長，**居初、二之位。**而未至於甚盛，**尚有一陽在內。**君子尚有遲遲致力之道，**遲遲，不亢激而進，言其緩也。亢激而進，易與小人爭鋒，非君子處遁之道。**不可大貞，**大行其正，大貞也。**而尚利小貞也。**遁時，君子小亨於道，不可大亨於世。

【釋義】

遁者，無跡之避也。隱之無跡，避之無痕，遁所以亨也。君子自重而隱，遁避於小人，不顯其好惡之情，方為遁避之道。

為卦，山升欲上陵於天，天處高自遠於山，天、山各處其道，江湖兩相忘，不交接而生爭忿。君子莊重自持，不惡小人而自遠於小人。君子之退避，遁然無痕跡，不與小人起爭忿，故其道亨，隱之無痕跡也。

處遁時，君子不能行道於天下，行無跡之避，遁避小人之鋒，全身而退，道亨於己，處困樂常，如天之自在於上，不與山爭鋒，故有小利而亨。

《彖》傳以為小人之利：小人道長而亨，為小人之利，故為小利，也無不可。

【補遺】

內卦兩陰，尚未至於全盛，且二五正應，故君子有時尚有可為，小利貞也。

《彖》曰：遯亨，遯而亨也。

【程傳】

小人道長之時，君子遯退，自內退而之外，避小人之鋒芒。**乃其道之亨也。**以遁而亨其道。**君子遯藏，**遁，不與小人爭，如孔子應對陽貨。藏，修己，卷而懷之，潛龍待時也。**所以伸道也。**危行言遜，謙以出之，君子處遁時所以伸其道也。**此言處遯之道。**閉藏也。

自「剛當位而應」以下，陽處五之剛位，下應於六二。孔子行政於魯時，故尚有可為之理。**則論時與卦才，尚有可為之理也。**與時行也。

【釋義】

遁，遜避也。君子遜避於小人，與小人不交而和處，道亨於一己之身，夫子退修詩書之時也。

剛當位而應，與時行也。

【程傳】

雖遯之時，君子處之，以遁為常處之道。**未有必遯之義。**五剛當位，且應於二，皆中正而應，是非必遁也；九處三位，尚可作為，也非必遁之義。**五以剛陽之德，處中正之位，又下與六二以中正相應，雖陰長之時，如卦之才，尚當隨時消息，**時消則遁，時息則進。**苟可以致其力，無不至誠自盡以扶持其道，未必於遯藏而不為，**孔孟周遊之意，知其大勢不可而小有為之，至誠自盡以扶持其道也。**故曰與時行也。**

【釋義】

九五陽處剛中，處可為之地，又下應於六二柔中，乃是君子於遁時與小人相處之道，隨時消息，可為則進，不可為則止，協和共進，不必全為遁藏而無所作為。

遁時，君子處正，若有下之輔助，則可暫行其道。

小利貞，浸而長也。遯之時義大矣哉！

【程傳】

當陰長之時，不可大貞，不可行大正於時，君子不尚大作為。**而尚小利貞者，**持守其正而已，不可廣施其光也。**蓋陰長必以浸漸，**於小人漸長之時，君子有小正得利之機。**未能遽盛，君子尚可小貞其道，**於小事行其道。**所謂小利貞，扶持使未遂亡也。**九三，未亡之剛也，尚可扶持。**遯者陰之始長，君子知微，故當深戒，而聖人之意未便遽已也，**有小利貞可為，故未立止。**故有「與時行，小利貞」之教。**

聖賢之於天下，雖知道之將廢，道有終始，處其終則將廢，如時至深冬，萬物生機廢藏也。**豈肯坐視其亂而不救？**亂，君臣失位、上下失序。**必區區致力於未極之間，**陽未消盡、陰未盛極之間。**強此之衰，**此，君子也；強振之，使君子之衰退緩也。**艱彼之進，**彼，小人也；艱難之，使小人之浸漸難也。**圖其暫安，**君子暫安，則民亦暫安，紓一時之困也。**苟得為之，孔、孟之所屑為也，王允、謝安之於漢、晉是也。若有可變之道，可亨之理，更不假言也，**假言，待言。更不待言，不待人言而已先為之。**此處遯時之道也。**可為必為，不可為則遁。**故聖人贊其時義大矣哉！或久或速，**久則從久，速則從速，皆順時也。**其義皆大也。**

【釋義】

遁時，陽雖處於尊高之位，然陰居初、二，處內而漸長，君子不可有大作為，故言小利貞。浸，言小人之道漸長；長，陰至於初、二，言其盛也。

剛當位而應，陰柔浸而長，處此多變之秋，君子當審時度勢，可處則處，可去則去，與時消息而不失其正。

《象》曰：天下有山，遯；君子以遠小人，不惡而嚴。

【程傳】

天下有山，陽不居內，山不能畜剛，君子遠去避禍，遁也。**山下起而乃止，**止而不上進，與天之上進非志同也。**天上進而相違，**進與止進，行相違逆。**是遯避之象也。**山止於內，天行於外，內外不交之象，相互遁避。**君子觀其象，以避遠乎小人。**不交接而先避，遁藏無跡。**遠小人之道，若以惡聲厲色，**惡聲厲色，是相近而惡交，非遠遁無痕跡。**適足以致其怨忿，唯在乎矜莊威嚴，**動容貌、正顏色也，正在己之顏色，不在拒人以口舌。**使知敬畏，**君子之道不可陵犯而屈。**則自然遠矣。**自然，言其無痕跡，遁退也。

【釋義】

山下有天，天為山所畜，君子聚畜於朝堂，大畜也。天下有山，天不為山所畜，君子遠離朝堂，遁也。君子觀遁象，遠離小人聚集之朝堂，不惡對小人，莊重自持而已。

嚴，正顏色以遠小人，不驅逐小人而遠之。嚴，也指君子在遁時約束自己，不隨波逐流，與小人截然有界，不混同而取辱。遁時，君子但行己之正，勿強行道於世，如此避小人則無痕跡。

初六，遯尾厲，勿用有攸往。

【程傳】

他卦以下為初。遯者，往遯也，內爻行於外卦，不居內，往遁也。**在前者先進，**前者，三爻以上。**故初乃為尾。尾，在後之物也，遯而在後，不及者也，**未能及時於遁，顯其跡也。**是以危也。**遁以先隱為吉，若尾繫於後，不能遁也，將與小人有口舌爭忿，故危。

初以柔處微，既已後矣，已後，已處眾人之後，在下也。**不可往也，**初以柔弱之才，處艮止之初，不及於遁，當以自止，故往則有厲。**往則危矣。微者易於晦藏，**微者，君子之道不顯，未顯達於世，故易於遁藏。**往既有危，**往則有遁跡之顯，與遁無跡有違，故有危厲。**不若不往之無災也。**處艮體當自止。處遁而顯其遁——遁尾也，不若不遁。

【釋義】

遁尾，遁而有尾，或遁而處後。遁時處後，有尾跡可循，或小有形跡，二義可分開看，也可合一。遁，以避逃無行跡為言，有「尾」則不可為遁，處後也難遁。初處遁時，柔弱則不能剛斷決絕，若遁避，則必躑躅猶豫而有行跡之顯，也必居後而遁，故有厲。

初六暗弱，遁則有尾，故戒之「勿用有攸往」，言勿遁而處之則安，勿躁妄為吉。遁時以遁為用，勿用，則為勿遁也；既言勿遁，則勿攸往而有作為，晦跡韜光即可。

往，出位而遁也。初六陰柔居初，上無應援，出位而遁則凶，故勿用有攸往。初六，似是小民之遁。小民遁尾，遁時處於後，又往行而無所依靠，必凶之道。

《象》曰：遯尾之厲，不往何災也？

【程傳】

見幾先遯，形跡未顯而先遁也。**固為善也；遯而為尾，**後遁者，未能隱其遁也。**危之道也。**遁道尚先，不先而處尾，凶道也。**往既有危，不若不往而晦藏，**不居官，不顯名，不與小人敵。**可免於災，處微故也。古人處微下，**初在他卦為處微，在遁初為處遁尾。**隱亂世而不去者多矣。**

【釋義】

遁而處後，必有行跡之顯，不如不遁而處，和光同塵，不與物爭，卷其道而懷之，晦其光而俟之，不往何災！

六二，執之用黃牛之革，莫之勝說。

【程傳】

二與五為正應，雖在相違遯之時，二處艮體，止於上進；五處健體，健進往上，故其道相違。遁時，必因道相違而有遁避之舉。**二以中正順應於五，**下從上、陰從陽、臣從君皆為「順」，坤順也。**五以中正親合於二，**上禮下為「親」，敬之為親。**其交自固。**順上親下，皆衷心所願，自能交合而固。

黃，中色；黃為土，居五行之中，故為「中色」，言其能兼其他四色，居中不偏。**牛，順物；**牛以負重而順人，故為順物，言能巽順。**革，堅固之物。**守中、處順、執堅，堅固其中順之德，二之德也。**二五以中正順道相與，**二五皆順道，君以禮下為順道，臣以忠上為順道。**其固如執繫之以牛革也。**以牛革編織為繩，牛以順為德，固「繫之」以順德也。**莫之勝說，謂其交之固，不可勝言也。在遯之時，故極言之。**

【釋義】

遁時，陰逼陽而陽遁逃。二五正應，二能堅執黃牛中順之德，順隨九五，陰柔順從陽剛，委信於君子，堅執正道，不迫逼九五，其志敦篤堅貞，與五係固之緊，莫之能脫。說通脫。

【補遺】

陰迫逼陽為遁時常態，然六二志從九五，一改陰之常行，二順隨九五，如緊繫黃牛之革，牢不可解，堅不可脫，隨五而遁也。

《象》曰：執用黃牛，固志也。

【程傳】

上下以中順之道相固結，其心志甚堅，剛中、柔中相應，甚堅也。如執之以牛革也。

【釋義】

牛性固執而順，黃牛又益之以中，中順而固執其道，固志也。執用黃牛，貞固中順之德，以順應九五。

九三，係遯，有疾厲，畜臣妾吉。

【程傳】

陽志說陰，陽志，三之志也。三比二而悅之，是繫於親比。三與二切比，繫乎二者也。遯貴速而遠，速遠離小人。有所繫累，繫二，則有累於速遠之道。遁貴斷繫，繫則累於遁。則安能速且遠也？害於遯矣，故為有疾也。不利遁隱為疾。遯而不速，是以危也。危厲也。

臣妾，小人女子，懷恩而不知義，懷私恩則不知大義；在遁，大義為不繫於私。親愛之則忠其上。不親則不忠，私恩在利。繫戀之私恩，懷小人女子之道也，故以畜養臣妾，小人學道則易使。則得其心為吉也。然君子之待小人，亦不如是也。三與二非正應，以昵比相親，私繫也。非待君子之道。若以正，則雖係，不得為有疾，九五以正應係，不為疾。蜀先主之不忍棄士民是也。劉備戰敗於新野逃亡之事。雖危，為无咎矣。

【釋義】

九三未出下體，切近於二，遁時而其象為繫遁。

繫，牽繫於私昵。遁時，繫於鄙賤，不能正己，是不能正道而遁，有疾厲也。疾，害正也；厲，身危也。

臣，僕從；妾，妻妾。畜臣妾，安於宮室之舊，不能遁也。危時，畜養小人，逐於私利，易君子之道，混同小人，保其身不危，為吉。

九三處艮體之上，有畜止之義，又切比於二，故其志在下，求懷土之安，不在遁遠。三比二，君子下親於小人，違於遁遠之義，是君子從順於小人之道。九三畜臣妾，也為臣妾所畜，其所謂吉者，身免而已，道則屈也。

《象》曰：係遯之厲，有疾憊也；畜臣妾吉，不可大事也。

【程傳】

遯而有繫累，三自處不正而有私繫，則不能絕繫而遁；五處正應正，故能二五協力共遁而不失其正。繫累，繫私則有累於遁之道。**必以困憊致危；**困於所繫，遁而有私繫，斷而不能斷，憊也。**其有疾，**己不正，比繫亦不正，疾也。**乃憊也，蓋力亦不足矣。以此昵愛之心畜養臣妾則吉，豈可以當大事乎？**

【釋義】

遁時，繫於畜臣妾，則有疾憊，乃害於君子之道。有繫私為疾，剛不立為憊。繫於所私，遁於所昵，乃為小人衣食安土之志，不可成大事。

九四，好遯，君子吉，小人否。

【程傳】

四與初為正應，是所好愛者也。君子雖有所好愛，義苟當遯，則去而不疑，所謂克己復禮，克其所好之私，復其所遁之義。**以道制欲，**制欲：導欲，非窒欲止欲。**是以吉也。小人則不能以義處，**義處，以義斷事制欲也。**昵於所好，**昵，親所好而有黏滯。**牽於所私，至於陷辱其身而不能已，**已，自止也。**故在小人則否也。否，不善也。四，乾體能剛斷者。聖人以其處陰而有繫，**陽處陰位，易於柔順有繫，故戒曰：絕好而遁則吉。**故設小人之戒，恐其失於正也。**絕好為正。

【釋義】

好遁，遁時有私好，如何處之？君子絕其私好而遁則吉，小人不能絕私好，否違於遁道，不能遁矣。

好，私好也；有私好則有繫滯，有繫滯則不能遁，故必絕好而後能遁。

四正應於初，初為四之私好，君子處遁時，雖有私好而絕去之，好遁也。小人處遁時，繫於所親，不能絕私好，否絕於遁也。

四，剛處健體，又處外卦，故能剛立而志於外，不來內為私昵所繫。

好遁，也取「好聚好散」之「好散」，也為絕其私應。《周易折衷》：「好者，惡之反也。好遯，言其不惡也。從容以遯，而不為忿戾之行。孟子曰：予豈若是小丈夫然哉？怒悻悻然見於其面。正好遯之義也。」和平而遁，不惡而嚴，君子能如此；小人利絕則起忿爭，不能好遁好散。

《象》曰：君子好遯，小人否也。

【程傳】

君子雖有好而能遯，不失於義；君子遁時，斷其應繫為義。小人則不能勝其私意，勝，克治也。而至於不善也。處遁時，不能抽身遁去，不善也。

【釋義】

君子剛立，能絕其好、斷其私繫而遁，小人逐於欲則有私繫，不能絕好而遁也。

九五，嘉遯，貞吉。

【程傳】

九五中正，遯之嘉美者也。處得中正之道，時止時行，隨時行止。乃所謂嘉美也，故為貞正而吉。

九五非無繫應，五繫應於二，而不失中正，繫應乎公也。然與二皆以中正自處，是其心志及乎動止莫非中正，心志及乎動則不失中正，心志及乎止則不失中正，動止之念所發無不中正也。動，行事；止，燕居，或為容止。而無私繫之失，有繫應而不失中正。所以為嘉也。

在《彖》則概言遯時，故云「與時行，小利貞」，尚有濟遯之意；於爻至五，遯將極矣，故唯以中正處遯言之。遯非人君之事，人君乃天命所繫，不可遁避時艱。故不主君位言，然人君之所避遠乃遯也，亦在中正而已。

【釋義】

遁而合乎中正，嘉遁也。五以剛中應於二之柔中，與二偕行於遁，遁不失正，嘉美之遁也。

五本為人君之位，但人君繫天下百姓，不可以遁，故五只以爻位中正言遁義。四絕好以遁；五不絕正應，協和同遁而不失剛中，是嘉美之事。

《象》曰：嘉遯貞吉，以正志也。

【程傳】

志正則動必由正，由正，順正也。所以為遯之嘉也。居中得正，而應中正，是其志正也，所以為吉。人之遯也，止也，人處遁時，其行在止。止者，止其常行也。君子處遁，止其行道於天下，道隱身退，時遁而止也。唯在正其志而已矣。唯在正己，不能正天下也。

【釋義】

五與二偕行共遁，為人所嘉美，以正順遁也。

上九，肥遯，无不利。

【程傳】

肥者，充大寬裕之意。內積為「充」，無私為「大」，不繫為「寬」，豁如為「裕」。**遯者，唯飄然遠逝，**飄然，言其輕舉不下繫於私。**無所繫滯之為善。**繫則有滯，滯於私念也。**上九乾體剛斷，**剛能獨立，斷能斬私。**在卦之外矣，**志外也。**又下無所繫，是遯之遠而無累，**無私纍之念。**可謂寬綽有餘裕也。**心處正則寬綽，不繫於私利則有餘裕。**遯者窮困之時也，**夫子「乘桴浮於海」之際，程子被貶涪州之時。**善處則為肥矣。**肥，心寬也；德充則心寬。**其遯如此，何所不利？**無私繫為利。如夫子所行之處，皆得文明以照拂，自是「何陋之有」，何所不利也。

【釋義】

肥，寬處，不迫急也。上九不以遁為憂，隨處而安，在遁則安於遁，樂天順命，寬裕自處，肥遁也。遁而能安之若素，無往而不利。

上九處外卦之上，遁之極，遠於應繫，無所繫累，故能處遁以安。

《象》曰：肥遯无不利，無所疑也。

【程傳】

其遯之遠，遠於私繫，也遠於傷害。**無所疑滯也。**遁而無繫，無疑滯也。取捨不決為疑，惑而不定也；斷取捨則無疑。**蓋在外則已遠，無應則無累，故為剛決無疑也。**有多選則有疑，上九剛斷而絕其他慮，一心志於遁，無疑也。

【釋義】

上九不居位，無廟堂之憂；遠離官場，無矰繳之害；時行則行，時遁則遁，寬裕自處，無往而非道，樂天安命，不繫名利，無所疑也。

心有滯念，則不能寬而有疑。上九處遁卦之極，身遠害也；又處乾體之極，廓然虛空而無所繫，如御長空而無礙，安止於遁、與遁合一，肥遁也。

䷡大壯卦第三十四　乾下震上

【程傳】

大壯，《序卦》：「遯者退也，見幾而退，退在己，方為遁；逼於外而退，退在人，非遁也。**物不可以終遯，**天地之道，終必反，遁去必反覆。終遁，終止於遁而不反覆也。**故受之以大壯。**陽復來而壯盛。」

遯為違去之義，違：天艮相違。去：陽去內而往外。**壯為進盛之義。**進者，陽自下而上進；盛者，下四爻皆為陽，過中為壯。**遯者，陰長而陽遯也。**陰不逼陽，陽自退，遁也。只見小人盛氣來了，君子自退隱了。**大壯，陽之壯盛也。衰則必盛，消息**一作長**相須，**消者退，息者生。須，此處作「待」解。**故既遯則必壯，**遁壯相須也。**大壯所以次遯也。**

為卦，震上乾下。乾剛而震動，乾下震上，陽剛振作上行。**以剛而動，**行以剛也。**大壯之義也。剛陽大也，陽長已過中矣，**剛進至四位。**大者壯盛也。又雷之威震而在天上，**震在天上，奮起萬物最為至大。**亦大壯之義也。**

【釋文】

大，陽剛，正也；壯，盛也。鄭康成曰：「壯，氣力浸強之名。」陽剛之氣漸次而上，剛浸而大，大壯也。

陽剛盛大於下，雷震天上，萬物奮作向上，小人之道消，君子之道大行，大壯也。遯兩陰在下，陽退陰進。大壯兩陰在上，四陽在下，陽來而盛大，陰消退而去，物生而大盛旺，故為大壯，陽來而大也。

《易之義》云：「大床，以卑陰也。」大床即大壯。大壯兩陰雖居尊高之位，然處外卦之上，為群陽進逼，無能為也，雖尊而卑也。

大壯：利貞。

【程傳】

大壯之道，利於貞正也。唯正，其行則壯。**大壯而不得其正，**不尚以義。**強猛之為耳，**夫子云「好勇不好學，其蔽也亂；好剛不好學，其蔽也狂。」學為學正，學正以克制其北方之強猛。**非君子之道壯盛也。**君子之壯盛，義之與比，義襲之也。

【釋文】

大壯，大者壯也。四陽浸盛，陽剛壯盛，正大者健進，大正之行也，貞固其正則亨通而利。剛盛則「利」生萬物，然不貞則過中，利而不義，故言「貞」，所以戒正其利也。

大壯時，四陽皆處下為臣道，乃群君子上進之時，若陽過盛而亢，則坤順之德不存，故戒之慎用剛猛。

【補遺】

「貞」，貞固其正，便要使剛猛行不離正，使陽盛而不過中，克其偏邪犯上之心，以存臣順之德，如此壯行，由道而進，無所不利，故大壯之行需履禮而後方可稱壯，浸盛有序，不可勇於無義。郭璞：「壯，壯事謂速也。」過速則易於越序而進，不由次等，必戒以正。

《彖》曰：大壯，大者壯也，剛以動故壯。

【程傳】

所以名大壯者，謂大者壯也。陰為小，陽為大。生物為大，陰不能生物，故小。**陽長以盛，是大者壯也。下剛而上動，**下剛，健也；上動，震也。**以乾之至剛而動，**乾三爻純陽，不雜私欲，至剛也。**故為大壯，為大者壯與壯之大也。**

【釋文】

天以震動行其道，萬物從之而興，大壯之行也。下乾體剛，上震體動，剛以動，正大以健行，剛正為本，健行無阻，其正必大，其行必壯，故為大壯。

君子欲健行其道，必畜養其正氣，以至於至剛至大，其氣充塞宇宙之間，不由自己，沛然而出無所抵禦，道自亨矣。

大壯利貞，大者正也。正大而天地之情可見矣。

【程傳】

大者既壯，則利於貞正。正而大者道也，大未必正，如剝之五陰大而非道。正而大者，天道也。**極正大之理，**推極其正大之理。**則天地之情可見矣。**四時行順，生物之情，天地之情也。**天地之道，常久而不已者，**常言道不變，久言行不息。生物之心，其道也；不止息，其行也。**至大至正也。**天覆地載，生物之心也，故至大、至正。

正大之理，學者默識心通可也。思之在己，默識也；充蓄於內，心通也。**不云大正，**大正，大得其正。**而云正大，**正大者，導盛大於正道，率由正也。**恐疑為一事也。**

【釋文】

大壯利貞者，大者正其道而行，其利在正。正道充塞天地之間，邪不正遁藏，正大也。天地以生物為情，天地正大其道，四時行順，萬物各得其正，繁衍不息，天地之情可見。

《象》曰：雷在天上，大壯，君子以非禮弗履。

【程傳】

雷震於天上，大而壯也。君子觀大壯之象，以行其壯。以正行其壯，履禮也。**君子之大壯者，莫若克己復禮。**壯易越僭，故以禮克制。**古人云：「自勝之謂強。」**

勝其私欲，勝其過剛之猛。**《中庸》於「和而不流」、**不懟為和，剛立則不流。流，謂順同於流俗私欲也。**「中立而不倚」，**立於道不偏，中立也；不倚，內充足，則不倚於外。**皆曰「強哉矯」、「赴湯火」、「蹈白刃」，武夫之勇可能也。至於克己復禮，則非君子之大壯不可能也，**君子不馳勇於外，凡事反己，克其剛勇復歸於禮，則能大壯。**故云：君子以非禮弗履。**履禮，所以行大壯也。

【釋文】

雷在天上，震動萬物以順行其正。君子觀大壯之象，克制其剛勇，巽順於正，正大其行，履禮以健也。

初九，壯於趾，征凶有孚。

【程傳】

初，陽剛乾體而處下，剛乾，重剛；乾，言處健體。剛處下而健體重剛，必勇於進。**壯於進者也。**進之志壯也。**在下而用壯，**處卑微當聽命而行，用壯則不聽命矣。**壯於趾也。**壯於腳趾，而身不壯也。處卑則不為上所用，不能行道於天下，若自壯其行，僅壯其趾耳，非真能行道也。**趾，在下而進動之物。**

九在下，用壯而不得其中。處卑則行微之道，是其中也。**夫以剛處壯，雖居上猶不可行，況在下乎？故征則其凶有孚。孚，信也，**信，有驗證，凶必有驗證，凶必也。**謂以壯往，則得凶可必也。**王申子曰：「卦雖以剛壯為義，然爻義皆貴於用柔，蓋以剛而動，剛不可過也。趾在下而主於行，初乾體而居剛用剛，是壯於行而不顧者也。在上猶為過，況下下乎？其凶必矣。」

【釋文】

趾為行之具，微小處下之物，剛健處初，故以趾壯為喻。

初始微弱，潛龍勿用，不可自用，唯壯之志在腳趾，以此弱身而勉力行遠，不自量也。征者，初往行於外卦，乃君子行道於天下，干政也。

陽道本自天，天至高而卑，行健而遜出，陽當效法天，以健遜為義。初九重剛，又在健體，故有亢剛之舉，是暴虎馮河者，往征則必凶有孚驗。「征凶」之後復增「有孚」二字，乃反覆告戒之辭——征而至於凶，確然無疑，必也。

居下者當巽順以行，壯於趾則不聽命而行，犯上而進，必凶。

大壯六爻皆以羊為喻。壯於趾，應為初生羊犢，勉強可立，力量全在趾上，行時搖擺不定，不能健行，也不能獨立食草，自不能遠離母乳，故征而行遠則必凶。

壯於趾時，羊犢初生孱弱，君子德業未成之際，不可自用強進，當蓄養潛德，俟時而後進。

《象》曰：壯於趾，其孚窮也。

【程傳】

在最下而用壯以行，可必信其窮困而凶也。窮困：道言窮，身言困。信，證實無疑之謂。信者，從身從言也，言自身出，故其言必信。

【釋文】

處微用壯，不令而行，不巽而往，不俟時而進，大違其性，往必窮困。其孚窮，初九之壯行確然必遭窮困。

九二，貞吉。

【程傳】

二雖以陽剛當大壯之時，然居柔而處中，是剛柔得中，不過於壯，程子發揮剛柔得中，義理較勝。得貞正而吉也。或曰：貞非以九居二為戒乎？曰，《易》取所勝為義，以陽剛健體當大壯之時，處得中道，無不正也。在四，則有不正之戒，人能識時義之輕重，則可以學《易》矣。

【釋文】

九二剛居柔中，剛則健行，中則不過，柔則巽順，是以吉也。

九二能履柔行謙，剛柔得中，可克消陽處健體之亢，因陽處健體又在壯時，是易於亢奮而進，故當戒之。

九二是中羊，非壯於趾，可以行遠，君子見龍在田之時，德業修成，正其位而待令。爻辭告知處壯之道——必以中也，貞固其中則吉。

《象》曰：九二貞吉，以中也。

【程傳】

所以貞正而吉者，貞，貞守也；正，健行而不亢。以其得中道也。中則不失正，壯需健行，過健則亢，故以中克制。況陽剛而乾體乎？剛處健體，易亢，故以中克斂，貞守其不過剛。

【釋文】

大壯陽剛強盛，陽要健行方成其壯大之勢，然剛健過盛則易亢進不反，當約以中道，忌以壯行健，應以中行健，斂其鋒芒，巽順於上，便是臣子行壯之義。

象傳辭不及九二處柔消剛之義，只言「中」。壯時，陽以健行為義，柔雖可克亢，但不利健行，故言中。九四也是剛居柔，象辭只提「尚往」，也不提剛居柔得吉。

九三，小人用壯，君子用罔，貞厲，羝羊觸藩，羸其角。

【程傳】

九三以剛居陽而處壯，重剛而用壯之時，則易於亢。**又當乾體之終，**復增益健體，壯之又壯，亢甚矣。**壯之極者也。極壯如此，在小人則為用壯，**小人任血氣之勇，暴虎馮河，用壯而易為盜。**在君子則為用罔。**罔，程子解讀為「無」，目無綱紀，易為亂。故此處「君子」只是以居官職而言，非指謙謙君子。**小人尚力，故用其壯勇；君子志剛，故用罔。罔，無也，猶云蔑也。以其至剛，蔑視於事，而無所忌憚也。**事，主指君臣綱常，臣子蔑於綱常則易犯上作亂。

君子小人以地言，以所處之地位言。**如「君子有勇而無義為亂。」**出自《論語．陽貨》。**剛柔得中，則不折不屈，**不折，可以決藩；不屈，則不羸其角。**施於天下而無不宜。苟剛之太過，則無和順之德，多傷莫與，**莫與從也，失寬大之德，無人從而助之也。**貞固守此，則危道也。**德孤則危。

凡物莫不用其壯：齒者齧，角者觸，蹄者踶。羊壯於首，初壯於趾，則用趾；三壯於首，則用角；三居乾首之上，有用角之象。**羝為喜觸，**羝，公羊。**故取為象。羊喜觸藩籬，以藩籬當其前也。蓋所當必觸，**擋當通。**喜用壯如此，必羸困其角矣。猶人尚剛壯，所當必用，必至摧困也。**以時用之，則不至於摧困。

三壯甚如此，而不至凶，何也？曰，如三之為，其往足以致凶，而方言其危，故未及於凶也。未見諸於行，故不言凶。**凡可以致凶而未至者，則曰厲也。**告戒也，猶云遠癘疾也。

【釋文】

九三用壯而困，羝羊觸藩之象。

小人用壯，不知戒懼，必用之也。君子用罔，告戒之辭，否則「貞厲」。

九三剛居正位、在健體之上，又處壯極之時，小人居此時，恃其勇而用壯，喜勇鬥狠，務勝人以為壯，不以義比，故流而為盜。

君子處壯極而惕厲，無用其壯，以克止其剛勇。罔，無也；用罔，無用其壯，君子能反己，故能克己復禮而「用罔」。若不能用罔，處剛用剛，處健用健，處壯用壯，則雖得正，也生危厲。故當用藩籬網絡羝羊之角，使其剛猛困羸不進，「羝羊觸藩，羸其角」也。乾為首，三處乾之上，為角象。

羝羊觸藩，用壯也。羸其角，困厲也。用壯則困，故有危厲。藩，暗喻人倫綱紀。九三亢而剛猛而壞人倫綱紀，當以此克制其剛猛，羸其角而困其勇，使小人不為盜，使君子不為亂，「羸其角」也。

程子解讀此爻，取夫子「君子有勇而無義為亂，小人有勇而無義為盜」，故程子以「無」、「蔑」解讀「罔」字，以為「罔，無也。猶云蔑也，以其至剛蔑視於事而無所忌憚也」，君子無所忌憚，則為亂也。

《象》曰：小人用壯，君子罔也。

【程傳】

在小人，則為用其強壯之力。在君子，則為用罔。志氣剛強，蔑視於事，事，人事一併言之。**靡所顧憚也。**顧憚：顧憚君臣上下之分。

【釋文】

小人處壯極之時，不能克己，故用壯；君子處壯極之時，能反己，故用罔，克制其過於剛猛。

九四，貞吉悔亡，藩決不羸，壯於大輿之輹。

【程傳】

四，陽剛長盛，壯已過中，壯之甚也。然居四為不正，剛居柔也。**方君子道長之時，豈可有不正也？故戒以貞則吉而悔亡。**固其正，則悔自消也。**蓋方道長之時，小失則害亨進之勢，**剛居柔為「小失」，有害於亨進之勢。**是有悔也。若在他卦，重剛而居柔，**陽居震體，故曰重剛。**未必不為善也，大過是也。藩所以限隔也，**隔其壯進也。**藩籬決開，**沖決而開。**不復羸困其壯也。**壯行不已，尚往也。**高大之車，**大輿壯，壯不可阻也。**輪輹強壯，**輪輹強壯，乃行其在己之力。**其行之利可知，故云壯於大輿之輹。輹，輪之要處也。車之敗，常在折輹，輹壯則車強矣。云壯於輹，謂壯於進也。輹與輻同。**

【釋文】

剛處四，已過壯極，居柔消解其過亢，使壯得其正而續行，貞吉也。所謂「悔亡」者，剛居柔，有疑於壯進，故有悔生，然終能貞正而決藩，則悔亡。

九四上行，五、六皆陰爻，故進「往皆柔也，物無逆之，藩決而不羸也。」（《子夏易》）九四處震體，挾雷震之威，威而上行，所遇皆柔順，故能沖決藩籬而不贏其角，如大車壯於車輹，無往而不平。

《象》曰：藩決不羸，尚往也。

【程傳】

剛陽之長，必至於極。四雖已盛，然其往未止也。尚往也。**以至盛之陽，用壯而進，故莫有當之。**當通擋。**藩決開而不羸困，其力也。尚往，其進不已也。**

【釋文】

藩籬沖決，前進無阻，乘其剛勇，其勢不竭，尚往也。

六五，喪羊於易，无悔。

【程傳】

羊群行而喜觸，以象諸陽並進。四陽方長而並進，五以柔居上，若以力制則難勝而有悔，唯和易以待之，和，和悅相處，不懟也；易，寬裕相容，無可觸也。**則群陽無所用其剛，是喪其壯於和易也。**壯消解於和易，也以易畜止壯。**如此，則可以无悔。五：以位言則正，**五本是陽爻位，柔居之不正，然以其居中故能得正。**以德言則中，**德者得於內也，得中即得於內，故以德言則中。**故能用和易之道，**柔居中正為體，和易之道乃為用；居正行中，必有和易寬大之行，故言能用和易之道也。**使群陽雖壯無所用也。**臨之以寬和，故群陽之壯能為我所用，而非與我敵也。

【釋文】

四陽剛健向上，六五和易以待，不攖其鋒芒；四陽進居平易之地，無藩籬可觸，剛猛無用武之地，自失其剛猛，喪羊於易，泯然亡其剛猛矣。六五所行適宜，能使四剛於平易之地喪其壯猛，無險難之危，故無生悔。

二五對應，五能和順於二，推其道而行諸於四陽，也能和順平易，故群剛喪羊於五，可知也。

四陽進於五，入於平易，陽爻喪，剛猛不行。羊，陽，剛猛之謂。喪羊，喪陽之剛猛也。或以「易」本為「埸」，羊於「埸」地走失，為喪羊於易。朱熹說：「喪羊於易，不若作疆埸之易。《漢書食貨志》疆埸之埸正作易，蓋後面有『喪牛於易』亦同此義。」按，《荀子・富國》：「觀國之治亂臧否，至於疆易而端已見矣。」「疆易」作「疆埸」解。四陽迷失所進，至五而喪於易；或，二喪羊於五之埸。

余按：四所以喪於五之埸地，乃因五寬柔廣大能受之，如坤之能承重，故「喪羊於易」與「喪羊於埸」，兩義相通。五柔居中居尊，本當有畜止諸陽之義，然大壯之時，群剛壯盛，其志壯行，陰柔退避，以退守為義，是皆無畜止之義。埸與藩對應，埸廣大無形無可觸，也不能畜止也；埸作平易解，平易不懟，雖不懟，也不能畜止。

《象》曰：喪羊於易，位不當也。

【程傳】

所以必用柔和者，喪羊於易，用柔也。**以陰柔居尊位故也。**陰柔居尊，處得其分，用柔是其分內事。**若以陽剛中正得**一作居**尊位，則下無壯矣。**陽居尊位，則阻下之陽剛壯進，故言「下無壯」。**以六五位不當也，故設喪羊於易之義，然大率治壯不可用剛。**治壯，克制陽剛用壯之意。**夫君臣上下之勢，不相侔也。**臣強君弱，不相侔也。侔，齊同。**苟君之權足以制乎下，則雖有強壯跋扈之人，不足謂之壯也。必人君之勢有所不足，然後謂之治壯。**君柔臣強，克治臣之壯勇則成君之大事。**故治壯之道，不可以剛也。**君無有剛強，豈可用剛？

【釋文】

陰居陽位，位不當也。以易喪羊，也有所失。

「易」作「埸」解，在六五「埸」地喪失了羊，五不能畜止群剛，有虧職守，「位不當也」。

上六，羝羊觸藩，不能退，不能遂，无攸利，艱則吉。

【程傳】

羝羊但取其用一無用字**壯，**上六陰柔，卻以羝羊稱之，只取其有壯勇之行，非指其力能如羝羊。**故陰爻亦稱之。**處壯極，其勢如此，如被逼上架。**六以陰處震終而當壯極，**處震終，則好動而不安分；當壯極，則擬陽剛而尚勇。**其過可知，**陰不安分而擬陽，其過可知也。**如羝羊之觸藩籬，進則礙身，**有羝羊之勇，而無羝羊之強壯，故進則礙身。**退則妨角，**力弱退亦難也。**進退皆不可也。才本陰柔，**陰柔則昧於知己，不能反己而明。**故不能勝己以就義，**不能勝己一私之勇，也不能順從道義之正。**是不能退也。**

陰柔之人，雖極用壯之心，然必不能終其壯，有一時血氣之壯心，然無恒久之壯志，故不能持之以堅。**有摧必縮，**陰柔不能貞固其志，遇摧阻必退縮。**是不能遂也。**遂，破其藩籬也。**其所為如此，無所往而利也。陰柔處壯，不能固其守，**不能固其守：不能持守其壯。用壯非陰柔性分，內無有，故不能持守。**若遇艱困，必失其壯。**失去壯勇之舉。**失其壯則反得柔弱之分矣，**退而處其柔，柔是上六之本分。**是艱則得吉也。**艱難其行而審慎退縮，反得吉。**用壯則不利，知艱而處柔則吉也。**反己則能明己之所處，知其自性為柔，處艱而柔處，則能變壯也。**居壯之終，有變之義也。**變為用柔。

【釋文】

上六處壯極震極，不能安分處柔，陰擬陽剛，故有羝羊觸藩之象。

羝羊觸藩，不能退，羸其角也；不能遂，不能決藩籬也。進退失據，所往無利。當此時，宜居危思艱，審其所處，慎其所行，修其業，礪其德，畜銳待時，復返柔順之道，艱其所處，則能保吉也。

三以過壯而羸其角，柔弱而居大壯之極，當自量其力，勿壯勇其行。

《象》曰：不能退，不能遂，不詳也。艱則吉，咎不長也。

【程傳】

非其處而處，陰柔處壯極震極，皆非其處。非其處而處之，則動皆失位而有咎。**故進退不能，是其自處之不詳慎也。**詳慎，猶審慎。**艱則吉：**詳慎而後能思艱也。**柔遇艱難又居壯，終自當變矣，**不能進退，困久其間，困則能反，反己則思變其道——不用壯而用柔也，用柔則變其道也。**變則得其分，**反己則能變，變則復歸於己之分也。**過咎不長乃吉也。**思自反，過則改之，困不長也。

【釋文】

陰柔居壯極，不能詳慎其才質與所處之地，行其壯而進，必觸藩而羸，則不能退也。弱質欲沖決藩籬之限，不得遂其志。若能知艱處柔，有過則改，咎不長也。

【補遺】

詳，鄭玄、王肅作「祥」，善也。不詳，不善也。義也通。

䷢晉卦第三十五　坤下離上

【程傳】

晉，離明在上，坤眾在下，升德則惠眾。晉者，尊德性也，文明升至於天位，乃所以尊德性也，能尊德性則惠普萬民。**《序卦》：「物不可以終壯，**終止於壯。**故受之以晉，**物壯則衰，故當升之以德，德升則不衰也。**晉者進也。**進德也。」**物無壯而終止之理，**物處壯時必晉進，無終止之理。**既盛壯則必進，晉所以繼大壯也。**

為卦，離在坤上，日升地上，萬物皆得文明，文明天下。**明出地上也。**君子出自底層，瞭解民之疾苦，能為民所信，故此「明」能為百姓所信順。**日出於地，升而益明，**君子於事上磨礪，德業俱進，升而益明也。不修德不進業，何能益明？**故為晉。晉，進而光**

明盛大之意一作義也。明不進，則不能光明盛大，明進而成晉。凡物漸盛為進，故《彖》云「晉，進也。」

卦有有德者，有無德者，隨其宜也。乾、坤之外，云元亨者，固有也；云利貞者，所不足而可以有功也。不足，德不足；因無元亨，故德不足。有不同者，革、漸是也，革之卦辭有「元亨利貞」，水下行火上炎，相交而亨通；卦象又為水滅火，是無元亨也，所謂不同者。漸卦略。隨卦可見。晉之盛而無德者，無用有一作者字也。晉之明盛，故更不言亨，順乎大明，明昇天位，大明也。無用戒正也。順乎大明，正固在其中，無用戒正也。

【釋文】

晉，上離下坤，離以明，坤以眾，明升以上，照得眾庶，明其明德於萬民，天下萬物皆被其文明，坤順而從之，從德也，故晉為尊升其德。

物壯則進，然陞進有階，升必有其位，位之升必有已時，唯德之陞進則不已，故晉者進德也。日出地上，萬物順明而生，順明而進，各正其性，大明天下。

晉，甲骨文為，像兩箭插入器中，取「進」義；甲骨文也作，像魚入我甕中，喻天下英才為我所用，故晉也為賢明之人官階晉升，終為君王所用。

晉：康侯用錫馬蕃庶，晝日三接。

【程傳】

晉為進盛之時，陽進於上位，光明天下，剛進而盛也。大明在上，日在地上，普照萬物，物皆得其明，文章秩序井然，大明之象。大明，公且明也。而下體順附，坤體順，順附於明。諸侯承王之象也，坤眾附離明。王居上為明，諸侯順承之，如地之附明也。承，順承，言其能受命而行；王，天子也。故為康侯。安處其分，而後始可言「康」。侯者候也，順候天命，能安其分也。康侯者，治安之侯也。侯者能待命而候，順承於上，方可為治安之侯。

上之大明，而能同德，上明下順，誠順其明，同德也。以順附治安之侯也，故受其寵數，數受其寵。錫之馬眾多也。錫馬，言康侯能受命也。車馬，重賜也；唯大夫以上可乘車馬，尊之也。蕃庶，眾多也。尊賢，故厚賜。

不唯錫與之厚，又見親禮，晝日之中，至於三接，君臣交心繁密，上明下順，故能三接而上下通。言寵遇之至也。晉進盛之時，上明下順，君臣相得，得，信任也。在上而言，則進於明盛；進德而至於明盛之境。在臣而言，則進升高顯，德進則升得天爵，尊高處顯也。高顯者，以德高顯也。受其光寵也。上輝光，下受其光而得寵遇。

【釋文】

晉，光明在上，順臣在下，柔晉升至五之尊位，柔附麗於兩剛，忠順而明，乃明臣晉升平治天下之象。王賜康侯車馬，晝日三接，上下交通密，親賢而尊之，託以天下之重，厚遇之。

帛書《二三子》記載孔子解讀此爻：「易曰：『康侯用錫馬番庶，晝日三接。』孔子曰：『此言聖王之安世者也。聖人之正，牛參弗服，馬恒弗駕。不憂乘牝馬□□□□□□□□□□□粟時至，芻稿不重，故曰錫馬。聖人之立正也，必尊天而敬眾，理順五行，天地無菑，民□不傷，甘露時雨聚降，剽風苦雨不至，民也相𥧌以壽，故曰番庶。聖王各有三公、三卿，晝日三［接，□□□□］者也。』」

錫馬，安民政策。「聖人之正，牛參弗服，馬恒弗駕。不憂乘牝馬□□□□□□□□□□粟時至，芻稿不重」，皆是具體政策：不用三歲牛拉車，不發動戰爭，不用母馬做事。按時徵糧，減輕田賦，時使薄斂。牛參：三歲之牛；弗服：不乘。馬恒弗駕：永久放棄戰爭，馬指戰馬。武王滅殷，「縱馬於華山之陽，放牛於桃林之虛；偃干戈，振兵釋旅：示天下不復用也。」即「馬恒弗駕」。芻稿，田賦。

番庶，庶蕃也。尊奉天道，敬順民事，順從五行，風調雨順，地無閒田，百姓安康以壽，萬物生息，庶物皆興旺，番庶也。對照夫子所云「庶之、富之、教之」，民庶富而有文教，番庶也。

「聖王各有三公、三卿，晝日三［接，□□□□］者也。」晝日接待三公或三卿，為三接。

康侯，三公三卿之善治者，彼能使百姓安居樂業，有此德業之盛，故天子禮遇之「晝日三接」。「用錫馬蕃庶」，乃康侯治國之道。「用」此德業晉升，方有天子晝日三接。

孔子對「錫馬」、「番庶」、「晝日三接」的解讀，層次清晰——愛惜物力、順天愛民、君臣和樂，三者都有「仁政」貫穿其中。

《彖》曰：晉，進也。明出地上，順而麗乎大明，柔進而上行，是以康侯用錫馬蕃庶，晝日三接也。

【程傳】

晉，進也，下為進爵，為上所用；上為進德，能納眾賢。**明進而盛也。**明升高而有眾附麗，為盛。**明出於地，益進而盛，**益進為天位，則盛。**故為晉。所以不謂之進者，**

進為前進，晉有日升為明進。不能包明盛之義。明出地上，離在坤上也。坤麗於離，坤卦麗附離卦，陰順附於明。以順麗於大明，順德之臣上附於大明之君也。

柔進而上行：陽自五降四，陰自四升五，臣能以順德柔進，則君尊賢而上之。凡卦，離在上者，柔居君位，多云柔進而上行，噬嗑、睽、鼎是也。六五以柔居君位，明而順麗，五居明體，故明；附麗兩陽，順而麗之，順麗也，也為順從明德之君。為能待下寵遇親密之義，是以為康侯用錫馬蕃庶，晝日三接也。大明之君，安天下者也。小明安家，中明安國，大明安天下。諸侯能附天子之明德，附，順而贊輔也。是康民安國之侯也，康民，利民以正。安國，安諸侯之國。故謂之康侯，是以享寵錫而見親禮，晝日之間，三接見於天子也。不曰公卿而曰侯：天子治於上者也，諸侯治於下者也，在下而順附於大明之君，諸侯之象也。

【釋文】

《說文》:「晉，進也。日出，萬物進。」萬物順陽而進，序進而不亂其次，晉也。臣以柔進而晉升，聽命而進，不犯上越次，晉也。臣子柔以序進，君臣共其明，明出地上，大明在上也。

陰以柔進，順而麗乎大明，柔順剛之道而升、附麗於陽剛，君君臣臣，其序不亂，柔進而上行也。若不能以柔進而上行，剛進則陵犯，君臣易位，君不君臣不臣，天下大亂，何以大明在上？

臣以柔進而順行，故是以康侯用錫馬蕃庶，君禮而臣忠也。晝日三接，君臣交通，上下孚信。君君臣臣，上下之序不亂，則能交通頻仍。

《象》曰：明出地上，晉，君子以自昭明德。

【程傳】

昭，顯其明德也。明之也。傳曰：「昭德塞違，塞違，絕塞其違德之行。昭其度也。」度，節也、矩也；昭其度，以行顯明其節矩也。夫子之不逾矩，昭其度也。明德為人之節度，顏子以四勿為其節度。君子觀明出地上而益明盛之象，而以自昭其明德。去蔽致知，去蔽德之行，致明德之知。昭明德於己也；克己、德潤身也，以明德克己，使在己之明德昭然。明明德於天下，復禮也。復禮非危然靜坐一室，多與人事交接，故是推己之明德。昭明德於外也。以明德被其臣屬、百姓。明明德在己，故云自昭。以明德自節，自昭也。

【釋文】

臣子自顯其明順之德，明以修己、順以從上，明且順，自得其天爵，故能明順以晉進，非心懷險惡，犯上以驟進。明出地上，陰附麗陽，柔順漸升而光明其德。

君子但行其在己者，自昭其明德，行之越健，行之越廣，自能昭己而昭人。昭己，乃所以昭人也。

初六，晉如摧如，貞吉，罔孚，裕无咎。

【程傳】

初居晉之下，進之始也。晉如，陞進也。摧如，抑退也。於始進而言，遂其進，不遂其進，唯得正則吉也。初，無論可進、不可進，皆以得正為吉。初以順進而緩為正：進德有階次，進爵亦有階次，居初不可驟進，漸進以畜其德，以德配位，順而緩進，方為初晉之正。**罔孚者，**罔，無也；孚，信也；罔孚，未獲他人之孚信也。**在下而始進，豈遽能深見信於上？苟上未見信，則當安中自守，**安守其中，健修其德，人不知而不慍，不急求人知己。**雍容寬裕，**雍容，不迫之象；德者，得之於天也；天廓然虛空，人效法之，自有寬裕之象。**無急於求上之信也。**天爵以待，人爵則求。急求於上，求人爵也。**苟欲信之心切，**求外之心，非內充實的漸進之道。**非汲汲以失其守，**逐於外則失內守。**則悻悻以傷於義矣，**內失德，外必不由義，傷於義也。**皆有咎也。故裕則无咎，**反己則裕如也。**君子處進退之道也。**修德待命也。

【釋文】

君子修其在己之天德，無終食之間違仁，造次顛沛必如是，進以德，晉如也。

爵位之晉進，乃成德之後自然渠成，孟子稱之為「天爵」，德配位也。初六，柔處微賤，當漸修其明德，徐待爵命；若驟然欲獲其非分之人爵，德業未成，信孚不伸，必受抑阻，摧如也；即或僥倖獲有，非分之得，在己不能坦然，憂思危懼，患得患失，在人必有千夫所指，亦摧如也。

當此之時，宜反己，復修其明德，貞固之，貞吉也。

修德在己，非巧媚於人，德充實，自有孚信，即使一時不獲人之孚信，坦然處之耳，琢磨其櫝玉，待賈而售，罔孚裕也。坤為厚土，初處坤初，有裕象。無論進退，寬以待之，靜候天命，則无咎。

初四正應，初柔進，有在上之應，理當晉如。然柔不居正，陰柔處微，明德不顯，雖有正應，人爵可就，天爵未成，理宜有抑阻，摧如也。從爻象看，二三四為艮，三四五為坎，艮止坎阻，初進遇艮止，四應遇坎阻，有摧阻象。

卦爻象有時可以解釋卦爻辭，雖小道可觀，但大多牽強，繁雜奇怪，背離大道，行遠恐泥。

晉如在己，摧如在人，無問在己在人，我獨修其正則吉。晉如，明德升為晉，為成德之事，故在己；進位不由己，摧如在人。

摧也作寬裕解，進退皆無擾亂中心，摧如也。

《象》曰：晉如，摧如，獨行正也；裕无咎，未受命也。

【程傳】

無進無抑，無論晉進還是阻抑。**唯獨行正道也。**修身盡職不變；獨，不為晉摧所繫而怠惰其事。**寬裕則无咎者，**不繫於晉摧，心自寬。君子行道而已，非求富貴。**始欲進而未當位故也。君子之於進退，或遲或速，唯義所當，**君子比義而居，心不繫晉摧。**未嘗不裕也。**君子不立於危牆之下，不行於名利危窄之道，故未嘗不裕也。**聖人恐後之人不達寬裕之義，居位者廢職失守以為裕，**懶政惰政不為寬裕。**故特云初六裕則无咎者，始進未受命當職任故也，若有官守，不信於上而失其職，一日不可居也。然事非一概，久速唯時，**時久則久，時速則速，時中也。**亦容有為之兆者。**

【釋文】

爵位升或阻，皆由天命，非由己也。由我者：獨行正而已。修德在己，不假於人，不曲媚於上，故修德必獨行正也。初為陰柔，易繫附他人，故戒之獨行其正，勿屈道以媚世。爵命在天，得之則駕，不得則坦然以待命。

晉之升遷，乃是待上命而升，自薦而進，非常道。本土官場升遷傳統延綿數千年，至今未變，下皆待命而升。未受上命，則盡己分站好崗，豁達樂天，不以晉摧牽絆其心，獨行正也。

六二，晉如，愁如，貞吉；受茲介福，於其王母。

【程傳】

六二在下，上無應援，以中正柔和一作順**之德，非強於進者也，**二五不應，三四不比，上無應援也，又柔居中，故非強於進者。**故於進為可憂愁，**晉時主進，不進則悖義，故愁如。**謂其進之難也。然守其貞正，則當得吉，故云晉如愁如貞吉。王母，祖母也，謂陰之至尊者，指六五也。二以中正之道自守，雖上無應援，不能自進，**臣德待命而行，不可自進。**然其中正之德，久而必彰，上之人自當求之。蓋六五大明之君，與之同德，必當求之，加之寵祿，受介福於王母也。介，大也。**

【釋文】

陰柔處晉時，必有繫應方可晉升，二上無應助，不得升，陰柔無所繫，又受九四之阻隔，志欲不伸，愁如也。

王弼云：「居中得位，履順而正，不以無應而回其志，處晦能致其誠者也。」六陰居柔位，自處中正，體坤而順，順正待命，不改其志，貞固其德則吉。回，改也；處晦，不為上所知也；能致其誠者，處中正也。二乃陰柔之質，故戒之當貞固其德，待福援至則可晉升，戒勿躁。

「受茲介福，於其王母。」五陰柔居明體，是能明照下賢；二五雖非正應，然皆為中德，久必上下相通，故受五之照拂而得大福，得以晉升。

《象》曰：受茲介福，以中正也。

【程傳】

受茲介福，茲，此也。介福，大福也。**以中正之道也。人能守中正之道，久而必亨，**德乃恒之道，久必為人所見。**況大明在上而同德，必受大福也。**

【釋文】

中正受福，晉得天爵。

六三，眾允，悔亡。

【程傳】

以六居三，柔居剛，易躁動獨行。**不得中正，宜有悔咎**一作吝，**而三在順體之上，**坤順之體。**順之極者也。三陰皆順上者是也，是三之順上與眾同志，眾所允從，其悔所以亡也。有順上嚮明之志，**三柔居順體之上，與上正應，上陽正居明體，故三有順上嚮明之志。**而眾允從之，**信其志正也。**何所不利？**

或曰：不由中正，而與眾同，得為善乎？曰：眾所允者，必至當也。況順上之大明，豈有不善也？是以悔亡，蓋亡其不中正之失矣。小有操守不正，然大體歸乎大明。**古人曰：「謀從眾，則合天心。」**

【釋文】

眾允悔亡，告戒之辭。虞翻曰：「坤為眾。允，信也。土性信，故眾允。」按，坤，直方大也，「直方」言其信，「大」言其眾，眾信也。

三柔居剛位，處下體之上，獨往晉進，眾人非之，悔咎生矣。然三處順體之上，能順上亦能就下，又麗附於上體之離，順乎大明，不為私利而率爾獨進，故眾皆允信而從之，得眾心則悔亡。

《象》曰：眾允之，志上行也。

【程傳】

上行，柔麗剛，暗附明，行正也。上順麗於大明也。上從大明之君，眾志之所同也。

【釋文】

其志上行而附麗大明，從善也，故眾允之。

九四，晉如鼫鼠，貞厲。

【程傳】

以九居四，非其位也。四為柔位。非其位而居之，貪據其位者也。貪處高位，既非所安，而又與上同德，順麗於上。三陰皆在己下，勢必上進，故其心畏忌之。貪而畏人者鼫鼠也，鼫，音 shí。故云晉如鼫鼠。貪於非據，而存畏忌之心，貞固守此，其危可知。言貞厲者，貞而不改則有危厲。開有改之道也。

【釋文】

鼫鼠之晉，貪以進也；固其貪晉，則有危厲。

鼫鼠，《說文》：「五技鼠也。能飛不能過屋，能緣不能窮木，能遊不能渡谷。」《禮記》：「螣虵無足而騰，鼫鼠五伎而窮。」蔡邕：「鼫鼠五能，不能成伎。」——鼫鼠多技而不專長。《本草》：「鼫鼠處處有之，居土穴、樹孔中，好食粟、豆，與鼢鼠俱為田害。」又說：「鼢小居田，而鼫大居山也。」《爾雅》：「形大如鼠，頸似兔、尾有毛，青黃色，好在田中食粟豆。」《子夏傳》作「碩鼠」。鄭玄：「詩云：碩鼠碩鼠，無食我黍。謂大鼠也。」——鼫鼠害於正。

鼫鼠多藝而不專，貪多而不安。晉如鼫鼠，貪據多位而不能安於一隅，患得患失，恐前惶後，凡所竊據，皆毀其職守。若貞固其貪鄙，不改其非，阻隔下賢上晉之途，小則危其身，大則危厲天下之正。

四離體而居處不正，則巧媚而附麗於上；又處坎體之中，孤立而自絕於下。附麗於上，巧言媚進，無德無忠，內不安寧；身為近臣，阻隔下賢，竊居非履，不能勝其任，亦自不安。

《象》曰：鼫鼠貞厲，位不當也。

【程傳】

賢者以正德，宜在高位，晉以德也，德進則爵位可晉進也，天爵升聞也，故正德宜在高位。不正而處高位，不正而貪居高位，阻隔下賢晉升之路，厲己亦厲天下之正也。則

為非據。非德之居也。德以居，竊以據；居，安身立命也；據，貪利忘返也。**貪而懼失則畏人，**非分所得為貪。處其位而德不能安之，則懼。**固處其地，**固處者，固執其位，不讓也。**危可知也。**德不配位，而私固竊據，自危也。

【釋文】

剛居柔，位不當也。臧文仲之竊位，鄙夫之事君，蔽賢之上晉也。

《九家易》:「體離欲升，體坎欲降。遊不度瀆，不出坎也。」四居離體之下，欲升也；又處三四五之坎中，水下行，欲降也。升降不定，晉則有懼，退則不甘，猶鼫鼠之上下皆畏人，位不當也。瀆，水溝。遊不度瀆，言鼫鼠瀆中游弋而盤旋，不能度過溝瀆，喻不才者竊位不去。

又，四居離體之下則進，處艮體之上則止，進止不定，亦位不當也。

六五，悔亡，失得勿恤，往吉，无不利。

【程傳】

六以柔居尊位，本當有悔，處不當也。**以大明而下皆順附，故其悔得亡也。下既同德順附，**下三爻坤體而能依附。**當推誠委任，**推誠心於天下，委任賢能。**盡眾人之才，**寬處而容眾也。**通天下之志，**感通而上下一志。**勿復自任其明，**自任則明蔽也。**恤其失得，**勿恤其得失也。恤其得失：明小也，照其私得，心繫之而恤也。**如此而往，**不恤私而往。**則吉而无不利也。**吉，言其政令順也；利，言其事功成也。

六五，大明之主。寬柔以明。**不患其不能明照，患其用明之過，至於察察，**至於，過於也。察人之過，不察人之功；察人而不察己也。**失委任之道，故戒以失得勿恤也。**不恤私小也，當優恤大公之明不光照於天下也。**夫私意偏任不察則有蔽，盡天下之公，**盡，言其純而無雜也。盡天下之公，推極其公明之心。**豈當復用私察也？**察昵陷於私見，私察也。

【釋文】

臣居尊顯，攝行君政，眾人猜忌，譽有毀而有悔也；然柔處大明之中，順遜於上，不驕肆於下，寬柔以接，以公心蒞之，上信下附，則悔亡矣。

高明處上，當廓大其心，勿以察察為明，公明照於天下，不私繫個人得失安危，則政教所出，無往而不行順。往者，在晉時必往上行。六居至尊之位，不可晉以位，當晉以德，往晉德也，晉德則無不吉、无不利也。

勿恤，告戒之辭，得失勿繫於心。柔居尊位，易繫私而不能廓然大公，明有所蔽，故告戒之：絕其私昵之得失，復其大明之公心，柔順於上，明照於下，勇擔其任，竭其忠心，不恤其身，則无不利也。

《象》曰：失得勿恤，往有慶也。

【程傳】

以大明之德，得下之附，兩剛三柔皆附麗。推誠委任，則可以成天下之大功，往而有福慶也。往，施政出令，晉進其德業也。唯往進其德業，則有慶，若往晉其爵位則無慶。五以柔居尊位，不犯上而晉進其德業也。

【釋文】

往者，絕其私昵，去其遮蔽，往行其大公至正之明，任承天下之重而無所怨畏，處尊者能如此，天下之慶也。

上九，晉其角，維用伐邑，厲吉，无咎，貞吝。

【程傳】

角，剛而居上之物。首上生角，犯上也。上九以剛居卦之極，晉極則不可復進，復進則角觸其上。明極則不可更明，更明則苛察之明也，苛察則昧於知己之臣分。故取角為象，以陽居上剛之極也。臣居尊顯，處晉進之極，復剛晉則有角象。在晉之上，進之極也。剛極則有強猛之過，進極則有躁急之失。以剛而極於進，失中之甚也。無所用而可，維獨用於伐邑，則雖厲而吉，用猛自治，厲也；於犯上之地而克制反己，吉也。且无咎也。

伐四方者，治外也。晉其角，越禮之道不可以群率四方，不可伐四方。伐其居邑者，治內也。言伐邑，謂內自治也。人之自治，剛極則守道愈固，固，固執不改，不能隨時適宜。進極則遷善愈速。如上九者，以之自治，下來而角其內也。則雖傷於厲，而吉且貞无咎也。嚴厲非安和之道，禮，嚴己而和於人。若嚴己又厲於人，失謙讓之道。而於自治則有功也。處晉之上，易牴觸其上，若能不晉犯其上，而反於己，雖剛猛未能克制，情可諒也。復云貞吝以盡其義：極於剛進，雖自治有功，然非中和之德，故於貞正之道為可吝也。不失中正為貞。上九無中正可言，故此之「貞」非為不失中正，非戒貞之辭也。

【釋文】

臣居至尊之位，爵位不可晉也，處不可進之地而強以晉，進則觸上而犯，晉其角也。上九強臣自恃剛勇而晉，角晉之象。

上剛居晉進之極，明極於上則不能察己，亦不能察人，絕下之明也。獨明以往，不用明而用力，角之象也。下應於三，三為坤土，下來內而角其坤土，伐其私邑之象。

角抵以晉，剛猛僭禮，有亂上之弊，故當自治其邑，維用伐邑也。攻伐己之邑地，角晉雖剛猛有過，然不出臣位，厲而吉也。

治小邑而不順以德，殺無道以就有道，居上不敬，臨下不寬，恃其剛猛，孤往獨行，貞固不改，吝羞也。

貞，固執也。固執其剛猛之道，羞吝也

《象》曰：維用伐邑，道未光也。

【程傳】

維用伐邑，既得吉而无咎，復云貞吝者，貞一作其**道未光大也，以正理言之，猶可吝也。夫道既光大，則無不中正，安有過也？今以過剛，自治雖有功矣，然其道未光大，故亦可吝。聖人言盡善之道。**

【釋文】

剛過，自治尚有羞吝，更不可用於伐四方，故云道未光大。維用伐邑，其道唯可以用治於其私邑，不可用於他邑，德未光大也。

䷣明夷卦第三十六　離下坤上

【程傳】

明夷，《序卦》：「晉者進也，進必有所傷，故受之以明夷。夷者，傷也。」夫進之不已，天道循環，進極則降，明極則晦，剛極則傷。**必有所傷，理自然也，明夷所以次晉也。**

為卦，坤上離下，坤順以顯，懷明以晦。**明入地中也。**以晦道養其明德。**反晉成明夷，**晉顛成明夷，反晉也。**故義與晉正相反。**明進與明藏也。**晉者，明盛之卦，**明居高顯之位，群陰附之，明盛也。**明君在上，群賢並進之時也。明夷，昏暗之卦，暗君在上，**暗君，六五也。暗君在上，明德君子不食其祿。**明者見傷之時也。**見傷，大道不行。**日入於地中，明傷而昏暗也，故為明夷。**

【釋義】

明，光明、文明也，亦指聖賢君子。夷，傷、滅、平也。明夷，明見傷而遁藏。視之不見名曰夷，明不見也，引申不見君子明德。

明傷而隱晦其光，在天地，萬物文明不顯，物亂其序；在人事，闇主在上，君子退隱，君不君臣不臣，世亂不治之時。

君子處明夷之時，當寢息明照，韜光養晦，內修明德而不息，外行順遜而不爭，不仕不祿，遠離小人之廟堂，夕惕厲而貞其正，所以處明夷也。

萬類各盡其性，安然和處，斐然成章而有序，文明也，明夷則反之。

明夷：利艱貞。

【程傳】

君子當明夷之時，利在知艱難而不失其貞正也。外處艱難，內守貞正。**在昏暗艱難之時，而能不失其正，**正道遜出，危行言遜。**所以為君子也。**艱不失其正，恒其德也，本色不改，故為君子。

【釋義】

君子處明夷之時，知其艱而貞其正，知其艱則晦隱其明，貞其正則不流於暗，剛明暗處，則利。

《象》曰：明入地中，明夷。內文明而外柔順，以蒙大難，文王以之。

【程傳】

明入於地，其明滅也，故為明夷。內卦離，離者文明之象；外卦坤，坤者柔順之象。為人，內有文明之德，剛立不陷於暗黑。**而外能柔順也。**順遜於外，與物無對。**昔者文王如是，**如此而處。**故曰文王以之。**以，用也；之，內文明外柔順。文王用此道以渡紂之難。**當紂之昏暗，乃明夷之時，而文王內有文明之德，外柔順以事紂，**文王非紂之親族，其蒙難乃自外來。**蒙犯大難，而內不失其明聖，**蒙者，自上而下，不期而遇也。**而外足以遠禍患**一作害，外以卑遜晦其光明，不內明何以順遜遠難。**此文王所用之道也，故曰文王以之。**

【釋義】

明不能行於天下，自隱地中，不見其明，明夷也。

君子處明夷之時，內修剛明，乾乾不已，外以遜順，和光同塵，危行言遜，以此處難，期可免禍。

蒙，遭也，遭此命而遇之。大難：荀爽：「明在地下，為坤所蔽，大難之象。文王君臣相事，故言大難也。」

利艱貞，晦其明也。內難而能正其志，箕子以之。

【程傳】

明夷之時，利於處艱厄而不失其貞正，貞正以處艱厄，不因見傷而改其德，則利。

謂能晦藏其明也。不晦其明，則被禍患；不守其正，則非賢明。箕子當紂之時，身處其國內，切近其難，故云內難。箕子為紂之諸父，乃王室之人，理當承擔其難，內難也，言其不可避逃。然箕子能晦藏其明，而自守其正志，箕子所用之道也，故曰箕子以之。

【釋義】

明不滅而晦之，艱時貞固其德，則不失其利。箕子為紂之親族，內難不能避，亦不隨順其非，能正其志也。

《象》曰：明入地中，明夷。君子以蒞眾，用晦而明。

【程傳】

明所以照，君子無所不照，然用明之過，則傷於察，太察則盡事而無含弘之度。故君子觀明入地中之象，於蒞眾也，治眾也。不極其明察而用晦，有明而不盡用也。然後能容物和眾，眾親而安，是用晦乃所以為明也。不能率眾附民，則不明也。若自任其明，明而不能反己，暗昧於己，苛察於人也。無所不察，逐日察於外。則己不勝其忿疾，苛察於人，則不能寬以容眾，則眾也不能和悅待己，必起爭忿之心。而無寬厚含容一作弘之德。反己則能寬自處，能寬自處，則能寬待人，忠恕之道也。人情睽疑而不安，心相背逆則睽，不安其位則疑。失蒞眾之道，適所以為不明也。古之聖人，設前　屏樹者，旒，冕冠前後懸垂的玉串；屏樹，堂前遮蔽的方形之物。兩者皆為含容而有所遮明，蓋不欲極其明照，晦己以容眾也；也不欲明之盡乎隱，欲明比近於中也。不欲明之盡乎隱也。

【釋義】

君子之道，黯然而章，用晦而明，蒞眾之道也。

地，眾也。明入地中，君子入於眾，晦其明以處，以成其大明。容眾之道，當曲成眾庶：聖賢之道民可由之，不可使盡知之，故必晦藏其明，不苛責民眾與我同其高明，晦己而入於眾，卑以相處，敬民愛民以保民，同其心共其欲，以成其大明之公也。

【補遺】

君子晦明蒞眾，順用眾之明，而己益明。

初九，明夷於飛，垂其翼，君子於行，三日不食。有攸往，主人有言。

【程傳】

初九，陽處初位。明體而居明夷之初，明體，君子之體、明德之體，離體也。見傷之始也。見，被、受也。九，陽明上升者也，陽性趨上。故取飛象。昏暗在上，六五闇主。傷陽之明，阻明之飛也。使不得上進，是於飛而傷其翼也。翼見傷，故垂朵。朵，下垂不舉也。凡小人之害君子，害，阻隔也；阻隔君子行其道，害君子也。害其所以行者。

君子於行，三日不食：君子明照，見事之微，雖始有見傷之端，未顯也，勢可見，跡未顯也，履霜堅冰之義。君子則能見之矣，君子唯義去就，觀人容止動作，則知去就之義，故害未顯而能避惡人之朝堂，所謂「色斯舉也」，何需待矢刃見傷而後去之？夫子所謂「視其所以，觀其所由，察其所安」，孟子所謂「望之不似人君，就之而不見所畏」，皆其見微之類。故行去避之。君子於行，謂去其祿位而退藏也；三日不食，謂困窮之極也。也謂執道之堅。

事未顯而處甚艱，夕惕厲，以艱處易。非見幾之明不能也。見幾，察人之德也。夫知幾者，君子之獨見，君子察諸己而能知人，故言獨見。非眾人所能識也。眾人逐利，不能反己而獨見。故明夷之始，其見傷未顯而去之，闇主居上，雖未行事，已知凶吉。則世俗孰不疑怪？俗眾不能反己，不能見幾而疑怪。故有所往適，則主人有言也。言，疑而怪之，如荷蕢責孔子之鄙陋。然君子不以世俗之見怪，而遲疑其行也。道堅慤，外人責疑不能惑亂其心，速遁也。若俟眾人盡識，盡識，害翼之跡顯明也。俟，待也。則傷已及而不能去矣。此薛方所以為明，燭照幾微，為明。而揚雄所以不獲其去也。

或曰：傷至於垂翼，傷已明矣，何得眾人猶未識也？曰：初陽之始也，雲垂其翼，謂傷其所以飛爾，其事則未顯也。

君子見幾，故亟去之。世俗之人未能見也，故異而非之。怪其異於常。如穆生之去楚，申公、白公且非之，況世俗之人乎？但譏其責小禮，而不知穆生之去，避胥靡之禍也。當其言曰：「不去，楚人將鉗我於市」，鉗，以鐵束頸之刑具。雖二儒者亦以為過甚之言也。又如袁閎於黨事未起之前，名德之士方鋒起，德行名於世。而獨潛身土室，潛身，不仕而不貴，不顯也；土室，不富而僻居，亦不顯也；不處富貴顯達，藏退也。故人以為狂生，悖世為狂。卒免黨錮之禍。所往而人有言，胡足怪也？

【釋義】

明夷時，傷其飛，君子道不行，明夷於飛也。斂翅低飛，君子潛遁，垂其翼也。荀爽：「火性炎上，離為飛鳥，故曰於飛。為坎所抑，故曰垂其翼。」二三四為坎，火上行遇坎水，傷其行也。

初九，剛處初居正，有上行之志，故取飛象；然明夷之時，陽不得顯行其道，故垂其翼，悄然而下，斂其光明，以避行剛之禍。

明夷時，君子既垂翼避禍，則「君子於行」，也當為遠難之舉：不得時，則斂跡潛隱，蓬累而行。子云「邦無道，富且貴焉恥也。」君子行避於官場之俸祿，既不得俸祿，則不得食，三日不食也。「三日不食」，狀君子困窮時，亦能貞固其道，非義則不食其祿。《說卦》：離為大腹。大腹中虛，不食之象。

君子不得行其道，所行之處皆遭物議，主人有言也。主人，君子行過之地所遇之隱者，接輿、長沮、桀溺、荷蓧丈人之輩。有言，不明君子之道而非議之。

《象》曰：君子於行，義不食也。

【程傳】

君子遯藏而困窮，垂翼下行，遁藏也。道不行，困也；身不顯，窮也。**義當然也。**無道之時，食祿而富貴，恥也。**唯義之當然，故安處而無悶，**君子不擇安處，唯義所安。行道於己，心廣體胖，退藏於密，故不悶。**雖不食可也。**不食俸祿，不為官也。

【釋義】

明夷之時，明德君子道困身窮，不仕不義之朝，不食不義之祿，簞食瓢飲，安其所處，曲肱而枕，退隱於陋巷也。

六二，明夷，夷於左股，用拯馬壯吉。

【程傳】

六二以至明之才，虛居中而順附兩明，虛能廣其心，中則不偏私，又順附兩明，至明也。**得中正而體順，**陰柔麗附於兩陽，體順也。**順時自處，**自處，雖順人而有方也。有方，處中之謂。**處之至善也。**

雖君子自處之善，然當陰暗小人傷明之時，當，處也。小人可以傷明者，居上也。**亦不免為其所傷，但君子自處有道，**虛中也；虛則不對，中則不偏。唯能虛中，用拯馬壯，故可速避禍。**故不能深相傷害，終能違避之爾。**違其道而避之。道，小人之道。

足者，所以行也，股在脛足之上，於行之用為不甚切，左又非便用者。便於使用，今日也言「便用」。**手足之用，以右為便，唯蹶張用左，**蹶張：腳踏強弩，使之張開。蹶張用左腳。**蓋右立為本也。**右腿站立，撐身體之重，故為本。**夷於左股，謂傷害其行而不甚切也。雖然，亦必自免有道，拯用**一作其**壯健之馬，則獲免之速而吉也。**

君子為陰暗所傷，其自處有道，故其傷不甚，自拯有道，故其傷不甚；自拯有道，故獲免之疾。用拯之道不壯，則被傷深矣，故云馬壯則吉也。

二以明居陰暗之下，所謂吉者，得免傷害而已，非謂可以有為於斯時也。

【釋義】

夷於左股，見傷不深。用拯之道，在於馬壯。馬，言其速，及時也；壯，言其力，必可也。行傷於左股之時，拯救得快且有力，則能獲吉。

《象》曰：六二之吉，順以則也。

【程傳】

六二之得吉者，以其順處而有法則也，則，謂中正之道。能順而得中正，所以處明傷之時，而能保其吉也。

【釋義】

六二陰虛，虛己從人，順也，對外而言；六二居中，中則不偏，則也，對己而言。明夷時，內立則而處之有道，外順遜而不忤於俗，則能保其吉。

九三，明夷於南狩，得其大首，不可疾貞。

【程傳】

九三，離之上，明之極也，又處剛而進。三為剛位，處剛也。上六，坤之上，暗之極也。至明居下而為下之上，至暗在上而處窮極之地，正相敵應，將以明去暗者也。斯義也，其湯、武之事乎？

南，在前而明方也；狩，畋而去害之事也。南狩，謂前進而除害也。當克獲其大首，大首謂暗之魁首上六也。上六後入於地，被南狩了。三與上正相應，為至明克至暗之象。

不可疾貞，不可驟然革正。謂誅其元惡。舊染污俗未能遽革，必有其漸，積弊之俗，不可速正，當徐徐革之，用漸之道也。革之遽，則駭懼而不安。故《酒誥》云：康侯封地於衛，周公作《酒誥》戒之。「惟殷之迪諸臣惟工，殷，殷商也；迪，輔助也。「惟」當作「百」。工，官也。惟工，百官也。殷之迪諸臣惟工，殷商之輔臣百官。乃湎於酒，湎，陷入而不能自拔。勿庸殺之，殺之，遽革也。姑惟教之。」教之，緩革也。惡以漸成，當革之以漸。至於既久，尚曰餘風未殄，殄，滅絕，消除。是漸漬之俗，漬，浸潤。漸漬之俗，逐漸形成的風俗。不可以遽革也，遽革，立馬革除。故曰不可疾貞，疾貞，速正。惡俗由來漸也，不可速貞。正之不可急也。

上六雖非君位，以其居上而暗之極，故為暗之主，謂之大首。

【釋義】

南，文明之所，離火居南，明之道、正也；狩，除害；南狩，以正除害。害，坤之三陰；大首，惡之長，上六也；上六處坤暗之極，惡俗之倡首者。不可疾貞：暗由漸成，當以漸正，不可速除，當先除其首惡，後徐正其污俗。

六二居明體之中，虛中柔順，是臣子可以正君之非者。九三處明極、剛極，又居下體之上，剛進而切逼坤暗，是臣子不可以柔正人君之非，當為聖人定制度而革除舊命者，故能上往而除害，以正道南狩，革正明夷之暗，程子所謂「湯武之事」也。

九處剛位、明極，戒勿用剛猛、苛察而疾貞，導民以寬緩為教。

《象》曰：南狩之志，乃得大也。

【程傳】

夫以下之明除上之暗，下之明，三也；上之暗，上六也。其志在去害而已。如商周之湯、武，豈有意於利天下乎？得其大首，是能去害，而大得其志矣。志苟不然，乃悖亂之事也。

【釋義】

南狩之志，革命也。革正其首命，用剛而戒過剛，得大首則息止用剛，不可疾貞民之污俗。

南狩，以正命而革去非命。聖人為之，必制作而後可方可以革之。南，光明之德，聖人之制作也。南狩，以此而狩害，制作以定天下也。小人不能制作而安天下百姓，如黃巢洪秀全之類，禍亂蒼生無復加此。故南狩之志，不在小民作亂犯上，而在聖人建制臨下。建制者，以安頓天下為志，故只除首惡，乃得大也。

六四，入於左腹，獲明夷之心，於出門庭。

【程傳】

六四以陰居陰，而在陰柔之體，處近君之位，是陰邪小人居高位，以柔邪順於君者也。六五，明夷之君位，傷明之主也，四以柔邪順從之，以固其交。夫小人之事君，未有由顯明以道合者也，私欲不可顯明於外。必以隱僻之道，邪妄不誠，必由隱僻。自結於上。

右當用，故為明顯之所；左不當用，故為隱僻之所。人之手足，皆以右為用。世謂僻所為僻左，是左者隱僻之所也。四由隱僻之道，深入其君，故云入於左腹。入腹，謂其交深也。其交之深，故得其心。

凡姦邪之見信於其君，皆由奪其心也。不奪其心，能無悟乎？

於出門庭：既信之心一作「既朵其心」，而後行之於外也。邪臣之事暗君，必先蠱其心，而後能行於外。

【釋義】

程子云：「世謂僻所，為僻左，是左者隱僻之所也。」是君子以右，小人以左，左為邪僻，右為明德。

「入於左腹，獲明夷之心」，以邪僻之道事媚君，獲信於闇主（明夷之心喻闇主），成其心腹。於此邪僻之道媚入，必於此邪僻之道宣出，小人得勢，顯赫其道於外，「於出門庭」也。

四陰柔居正位，入以小人，出以小人，政之所出皆小人之道。

諸家解讀不一，唯程子釋義最為允當。

《象》曰：入於左腹，獲心意也。

【程傳】

入於左腹，謂以僻邪之道入於君而得其心意也。得其心，所以終不悟也。

【釋義】

浸潤之譖，膚受之愬，行之於內外，僻邪之道也。

六五，箕子之明夷，利貞。

【程傳】

五為君位，乃常也。君之常位五也。然《易》之取義，變動隨時。上六處坤之上而明夷之極，陰暗傷明之極者也。上六為夷明之主。五切近之，聖人因以五為切近至暗之人，以見處之之義，見，顯也。切近闇主，恐被見傷，如何處之。故不專以君位言。上六陰暗傷民之極，故以為明夷之主。五切近傷明之主，若顯其明，晦光也。則見傷害必矣，故當如箕子之自晦藏，則可以免於難。

箕子，商之舊臣，而同姓之親，可謂切近於紂矣，若不自晦其明，被禍可必也，故佯狂為奴，以免於害。雖晦藏其明，而內守其正，所謂內難而能正其志，所以謂之仁與明也。若箕子，可謂貞矣。處暗而不息其光。以五陰柔，故為之戒云利貞，陰柔處暗，易與暗混同，故戒之貞其明則利。謂宜如箕子之貞固也。

若以君道言，義亦如是。人君有當含晦之時，亦外晦其明，而內正其志也。

【釋義】

箕子居明夷之時，以狂掩其正，以柔晦其明，不流於暗，也不忤於暗，處暗不章，亦不息其明，貞固此道則利。

《象》曰：箕子之貞，明不可息也。

【程傳】

箕子晦藏，不失其貞固，雖遭患難，其明自存，修德不已，自存也。不可滅息也。若逼禍患，遂失其所守，則是亡其明，乃滅息也。古之人如揚雄者是也。

【釋義】

明可晦而不可息，息之非君子也，箕子貞之，晦其不息之明，以保其身，以正其義。

上六，不明晦，初登於天，後入於地。

【程傳】

上居卦之終，為明夷之主，又為明夷之極。上，至高之地，明在至高，本當遠照，明既夷傷，故不明而反昏晦也。本居於高明，當及遠，明照於遠人。初登於天也；乃夷傷其明而昏暗，後入於地也。混同於暗。上，明夷之終，又坤陰之終，明傷之極者也。

【釋義】

不明晦，不明則晦也。明夷之時，明晦不能並立，非此即彼，黑白分明，故不嚮明而進，必入晦而退，不修其明德，邪僻必乘隙滋生。

初登於天，後入於地，明晦截然分明，不昇明德，必墜暗黑，深戒之也。

入，上六正應於九三，三居下卦，故於上六言「入」。在明夷時，明暗相遇，明不被夷，暗則被夷，故三、上雖為正應，處明夷時，非為相助，適成相夷。上六被九三南狩夷平，故言入於地。

上六陰柔處順極、艱極，陰柔居順極而遇艱極，必不能剛立不隨，故必順隨暗流而入於晦也。上六處極高，本陰柔之體，而欲強立為剛，性分本未有此剛德，自不能終始一貫，故有登天入地之象。

《象》曰：初登於天，照四國也；後入於地，失則也。

【程傳】

初登於天，居高而明，則當照及四方也；乃被傷而昏暗，是後入於地，失明之道也。失則，失其道也。

【釋義】

先為聖主，未失則也，故照四國；後為昏君，失光明之道，失則也。以極柔處極艱，不能恒立其德，故有登天入地之革變。

朱熹以為：「始則處高位以傷人之明，終必至於自傷而墜厥命。」意思雖好，與象辭「照四國」、「失則」不一。照，當為德照。

䷤家人卦第三十七　離下巽上

【程傳】

家人，《序卦》：「夷者傷也，傷於外者必反其一作於家，故受之以家人。」夫傷困於外，則必反於內，家人所以次明夷也。

家人者，家內之道：父子之親，夫婦之義，尊卑長幼之序，正倫理，篤恩義，家人之道也。卦，外巽內離，為風自火出。一道自內而外暢達無阻。火熾則風生，風生自火，自內而出也。明出之象。自內而出，由家而及於外之象。齊家之道也為平治之道，自內而出，道一也。二與五正男女之位於內外，二正於內，五正於外，皆以中正之道而正。為家人之道。明於內而巽於外，明察於人事，敬長愛幼，寬以待人。巽，遜讓也，「敬長愛幼，寬以待人」皆為遜讓之事。處家之道也。

夫人有諸身者則能施於家，夫人，特指治家之丈夫。有諸身，謂能以德自立，能反己能自控者。若逐利於外，以身殉物，身非己之有也。丈夫以威孚自正，則能正婦，婦正則家正，所謂能施於家者。行於家者則能施於國，至於天下治。推一家之威孚於一國、於天下，國治天下平矣。治天下之道，蓋治家之道也，推而行之於外耳，故取自內而出之象，為家人之義也。

《文中子》書以「明內齊外」為義，巽為風，風能齊物，以用言之。程子不取此義，巽取明之出義，欲以內外一道，非截成兩道。古今善之，非取象之義也。所謂齊乎巽，言萬物潔齊於巽方，非巽有齊義也。如戰乎乾，乾非有戰義也。

【釋義】

傷於外必反於內，明夷之後為家人。

治家者，立則也，立則者，立威孚也；所立則者，丈夫也。丈夫行威孚以正身，丈夫身正，則婦從而順正，婦正則家齊。推治家之道於國，則國治；推之於天下，則天下平。能齊家，乃所以治國平天下，三者一以貫之，自本至末，道一而已。

為卦，陰居二而正，妻正於內；陽居五而正，夫正於外。妻正於內，則家明；夫正於外，則事順，家明事順，家治也。

互卦坎離，坎水下潤而治於內，離火炎上而治於外，離上坎下，各司其職，不相混雜，女內男外，界然有別。

家人：利女貞。

【程傳】

家人之道利在女正，女正則家道正矣。夫夫婦婦而家道正，夫夫，夫得正；婦婦，婦得正。夫自正而婦順而得正，則家道正。**獨云利女貞者，夫正者身正也，女正者家正也，**男主外，故夫正但言「身正」，夫身正則可正婦；女主內，婦正則家正。**女正則男正可知矣。**非說女正而後正男。乃是見女正，可見男已正之在先。

【釋義】

欲齊家，必先正室，室正，則女貞。舜飭下二女於嬀汭，文王刑于寡妻，夫為妻則，妻順其則而得貞。

陰依附陽，陰非能自貞者，麗附於陽而貞也。下離，陰麗附兩陽，以順陽得正，女順夫得貞。若女自有「貞」則，齊家為女人事，治平為男人事，外內分為兩截，則道無本末、主次了。

為卦，二四兩陰皆處正位，初四、二五皆正應，二從五，四順初，亦女貞之象。

《彖》曰：家人，女正位乎內，男正位乎外，男女正，天地之大義也。

【程傳】

彖以卦才而言。「女正位乎內，男正位乎外」者。**陽居五，在外也；**外卦。**陰居二，處內也，**內卦。**男女各得其正位也。尊卑內外之道，**五為上，為尊；二為下，為卑。**正合天地陰陽之大義也。**

【釋義】

六二處內卦中正之位，女正位乎內也；九五處外卦中正之位，男正位乎外也；男處上以尊，女居下以卑，尊卑有序；二五相應，二從五，陰順陽，男女交通而各正其位，天地之大義也。

家人有嚴君焉，父母之謂也。

【程傳】

家人之道，必有所尊嚴而君長者，居上者有尊嚴而立則，居下者遵則而行。治人謂君，年長為長，然君長必以德。**謂父母也。雖一家之小，無尊嚴則孝敬衰，**立則，則愛常。**無君長則法度廢。**君長，立法度者。君長貴以身立法度，君長若不行法度於己一身，則「無君長」也。**有嚴君而後家道正，**嚴君，言身能先作則者。**家者國之則也。**治家之道乃所以為國之則，一是皆以威孚為本。

【釋義】

國有國法，家有家規，立規行事，嚴君所為。

規在何處？父母一身。

父母，行走之規矩，不言而教化行，嚴在先行。父母唯能先行以則，子女從而後，則教化自能默成。宣之於口，動之以手，非行先默成之教化，也非嚴君之謂。

嚴，尊而有嚴，非厲而有嚴。父母尊己而後有嚴，故立規矩在己，而非懲處在外。

【補遺】

嚴在己言，己嚴，則自能行嚴於子女。己不嚴而嚴格於人，無以範下。

父父、子子、兄兄、弟弟、夫夫、婦婦，而家道正，正家而天下定矣。

【程傳】

父子、兄弟、夫婦各得其道，家人皆循則也。**則家道正矣。推一家之道，**推其父父、子子、兄兄、弟弟、夫夫、婦婦之道。**可以及天下，故家正則天下定矣。**

【釋義】

父居父位而正，子居子位而正，兄居兄位而正，弟居弟位而正，夫婦居夫婦之位而正，家人各居其位，家道正也。正家，本也；定天下，末也；本正，末未有不正，故正家而天下定。

【補遺】

正有先後次序，一皆以尊上者先之，上正自然下正，上不正，民風斯濫矣，故「萬方有罪，罪在朕躬」也，豈虛言乎？

《象》曰：風自火出，家人，君子以言有物而行有恆。

【程傳】

正家之本，在正其身。行有則，正身也。**正身之道，一言一動，不可易也。**易，變也，變其常則。**君子觀風自火出之象，**風，動人之物，火，誠實之物。誠實在內而後動人於外。為人之道，管住口管住行，說話、舉止最易率意胡亂，口出思誠，行出思篤，風出有則。**知事之由內而出，**由內之則而見諸於事，事事物物皆在「則」上，方可為常。若今日一變，明日一變，無則無常，必為人所棄。**故所言必有物，**物，有則也。言必有諸己者。事實、誠，則也。**所行必有恆也。**出諸己必有恆。出諸己，乃自性而出，自然而然，無一絲勉強造作，非循物於外。**物謂事實，**事實，則也。物，也言自內有誠。**恒謂常度法則也。德業之著於外，由言行之謹於內也。**著於外，在人言；謹於內，在己言。**言慎行修，**慎其誠實在己，修其必符其言，方可立信於人。**則身正而家治矣。**身正否，在言行上見。夫身正則妻身正，父身正則子身正，兄身正則弟身正，源頭皆是言行細末上用功設防。修身齊家，在丈夫一人言行作則。

【釋義】

離內巽外，火炎上而生風，風自火出，誠自內出，非風、火為二物，二則不一，不一則不誠也。君子觀此象，思謹言慎行，內外一道：言必自衷心，不誠不說，不實不語；行必有恆，唯行諸己，方有恆，自內也。

行諸己，謂行己有則。人之行需自性分中自然流出，無一絲困勉之意，方可持久有恆，故其「則」非一時外鑠而立的，自內便有此「則」，行此不勉方可。《孝經》云：「非法不言，非道不行」，可解「行有恆」：恒在道上、則上，自立有本，自內作則，方可恒。

風自火出，內外一貫，明正於內而事順於外，順於明德，立家之本。君子立德，也需如此。夫子內懷溫良恭儉讓，才動人心而必聞其政。小人巧言令色，內外相違，所出皆非心中之物，不誠則所行皆非由內，猶無泉之水，故必無恒。

【補遺】

言有物而行有恆：有物乃為火，言為風，風自火出，誠信不虛。內有明火，有物也，故風行於外則恒，物出而不息。風自火出，火炎上自成火風，故風火非二物，體用本末而已。事必有則，而能成正利，則見諸於事，方可順成。

初九，閑有家，悔亡。

【程傳】

初，家道之始也。家所以有道可由，始立閒也。**閑，謂防閑法度也。**防閒法度一個意思，防閒有作動作用。**治其有家之始，能以法度為之防閑，則不至於悔矣。治家者，治乎眾人也，**治國亦如此，立矩治人。矩在己，則為立矩。**苟不閑之以法度，**約之以法度。**則人情流放，**從欲就卑污。流，不束；放，不歸。**必至於有悔，**失正則有悔。

失長幼之序，亂男女之別，序、別，皆為矩。傷恩義，害倫理，無所不至，能以法度閑之於始，閑之，約之。則無是矣，無有失序亂別之過。故悔亡也。九，剛明之才，剛處明體。剛能立，明能斷。能閑其家者也。閑其家，能立家規。初九剛明，能行則於身，故可立家規。不云无悔者，群居必有悔，物有不齊也。以能閑故亡耳。

【釋義】

立規矩方有家道，閑有家也。

閑，約、束、克治也。約束家人，使遠離邪妄，立矩而有家道。有家自閑來，唯「閑」能做的。家中人所言所行皆不離規矩，為有家。

初九，剛處明體之初，剛且明者，能立剛於初，立教於始。治家之始當立規以防閑，使夫婦、長幼、男女於初始皆行有則。閑於初始，易於克治，即使行有悔，也不至於釀成大禍，防閑於幾微，履霜堅冰之意。

《象》曰：閑有家，志未變也。

【程傳】

閑之於始，家人志意未變動之前也。未流放之初也。正志未流散變動而閑之，則不傷恩、不失義，處家之善也，是以悔亡。治家之道，寬則傷義，猛則傷恩。若在初始設閑，則恩義之傷可寡矣。志變而後治，則所傷多矣，乃有悔也。

【釋義】

放失之心未變之初，設閑防之，則易治而不傷親。初九閑有家，立剛則於初始，猶童牛之牿之意。

六二，無攸遂，在中饋，貞吉。

【程傳】

人之處家，在骨肉父子之間，大率以情勝理，以恩奪義，惟剛立之人，則能不以私愛失其正理。故家人卦，大要以剛為善，男立剛則，女依則以行利。中饋，女行其利也。初、三、上是也。初閑、三厲、上威，皆立剛。六二以陰柔之才而居柔，不能治於家者也，治家以剛立而治。故無攸遂，無所為而可也。夫以英雄之才，尚有溺情愛而不能自守者，況柔弱之人其能勝妻子之情乎？二陰柔，恩勝義，不能立剛也。如二之才，若為婦人之道，則其正也。以柔順處中正，婦人之道也，故在中饋則得其正而吉也。婦人，居中而主饋者也，故云中饋。

【釋義】

攸，所也；遂，成事。攸遂，有所成事。中，居內；饋，進食於人；家中供膳為女子之事。孔穎達：「婦人之道，巽順為常，無所必遂，其所職主，在於家中饋食供祭而已。」

女子居內以順巽為常，凡有作為，皆順隨男子，不必擔其遂成之責，無攸遂也。

二柔處中正，在男子則為無剛明之才，非能立則正家室者；若為女子，不責其遂事，貞守中饋之任則可。

【補遺】

無攸遂，以柔不能立則而言。主中饋，非立則也，故貞吉。

《象》曰：六二之吉，順以巽也。

【程傳】

二以陰柔居中正，陰則有依附之性，柔則有順從之義。**能順從而卑巽者也，**自卑處以巽順。**故為婦人之貞吉也。**

【釋義】

二五以中德正應，柔順巽於剛，女隨從於男，順巽則得正。陰柔附兩剛，也有順巽義。

九三，家人嗃嗃，悔厲吉，婦子嘻嘻，終吝。

【程傳】

嗃嗃，未詳字義，然以文義及音意觀之，與嗷嗷相類，又若急束之意。束以規矩。束之急，規矩森嚴，家人則有嗃嗃之懼。**九三在內卦之上，主治內者也。以陽居剛而不中，**陽居剛為正位，能立；不中，有嗃嗃之悔。**雖得正而過乎剛者也。治內過剛，則傷於嚴急，**急束之意。**故家人嗃嗃。**剛立於上，下則嗃嗃從義。**然治家過嚴，**義勝恩。**不能無傷，故必悔於嚴厲，骨肉恩勝，**骨肉之間，本以恩勝義為自然。**嚴過故悔也。**嚴厲過於中。**雖悔於嚴厲，未得寬猛之中，然而家道齊肅，**齊於規矩而肅然。**人心祇畏，**心有祇畏，必收斂不敢放失。**猶為家之吉也。**

若婦子嘻嘻，剛不立於上，下則嘻嘻逐欲。**則終至羞吝矣。在卦，非有嘻嘻之象，**婦、子為陰，故有此言。**蓋對嗃嗃而言，謂與其失於放肆，寧過於嚴也。嘻嘻，笑樂無節也。**笑樂主散，散易失節度，笑樂無節也。**自恣無節，**自恣，自內放失，心逐欲而縱之不束。無節則不反歸正。**則終至敗家，可羞吝也。蓋嚴謹之過，雖於人情不能無傷，然苟法度立、倫理正，乃恩義之所存也。**禮勝樂之弊，上下分明，和樂欠缺。**若嘻嘻無度，乃法度之所由廢，倫理之所由亂，安能保其家乎？嘻嘻之甚，**

則致敗家之凶，但云吝者，可吝之甚，則至於凶，故未遽言凶也。

【釋義】

嗃嗃，音 hè，《說文》:「嗃嗃，嚴酷貌。」馬融:「嗃嗃，悅樂自得貌。」鄭玄:「嗃嗃，苦熱之意。」帛書作「家人㙮㙮」，和樂之貌。

因「嗃嗃」而有「悔厲」，悅樂之義不恰。「嗃嗃」與「嘻嘻」對峙，「嘻嘻」有放隨之義，故《說文》「嚴酷貌」為允恰。

九三重剛不中，處明體之極，剛、明皆過，是能立規矩而過嚴察，故有家人「嗃嗃」之象。「嗃嗃」則有傷恩親，以義勝情，有厲而生悔也，然規矩不散失，雖厲終吉。

嘻嘻則不然，笑樂無節，規矩放失，家道廢弛，以情勝義，終必「嘻嘻」敗家而吝。

程子云:「在卦，非有嘻嘻之象，蓋對嗃嗃而言，謂與其失於放肆，寧過於嚴也。」兩者並舉，觀其得失，取夫子寧簡勿奢之義。

《象》曰：家人嗃嗃，未失也；婦子嘻嘻，失家節也。

【程傳】

雖嗃嗃，於治家之道未為甚失，若婦子嘻嘻，是無禮法，失家之節，家必亂矣。

【釋義】

與其和樂失節，不如嗃嗃之嚴。嗃嗃雖過嚴，然未失其正；嘻嘻則放其情，失家節也。

【補遺】

九三既言「嗃嗃」，又言「嘻嘻」，以明治家與其「嘻嘻」而放失，不如「嗃嗃」而嚴苛。

六四，富家大吉。

【程傳】

六以巽順之體而居四，外卦為巽，四居巽卦之底，順之又順。**得其正位，居得其正，為安處之義。**處於正位則得其所，故安。**巽順於事而由正道，**以正道涖事。**能保有**一無有字**其富者也。居家之道，**居，猶處也。**能保有其富，則為大吉也。四高位，而獨云富者，於家而言高位，家之尊也，能有其富，是能保其家也，吉孰大焉？**

【釋義】

家人之義，以剛立義，以柔得利，故四以富言。四柔居正位處巽體之下，是能謙順於剛者。三五皆剛，四附麗而順，能柔承於尊，也能下順於卑，順上謙下，為上下所信任，故得利而富家，治家而富，大吉也。

三四五為離體，四柔居正，故能順附上下之剛而不失其正，富家之象也。

朱熹：「陽主義，陰主利，以陰居陰而在上位，能富其家者也。」麗附兩陽，則主利而正也，故能居正得富。

《象》曰：富家大吉，順在位也。

【程傳】

以巽順而居正位，四為陰之正位。**正而巽順，**正則不失己而巽順也。**能保有其富者也。富，家之大吉也。**

【釋義】

巽順而不失其正位，順在位也。四柔居正位，處巽體，故有此言。順在位，為告戒之辭：柔順於人，易於諂附失己，戒之當居位而順，不可失位而巽順於人。

【補遺】

陰柔之德在巽順，然不可失己而一味巽順於人，柔亦有剛處，需立定腳跟，直方大是也。

九五，王假有家，勿恤吉。

【程傳】

九五男而在外，剛而處陽，居尊而中正，又其應順正於內，其應，二也。二柔順附陽且順乎其中正，順正也；居內卦之中，順正於內也：居內而順正也。**治家之至正、至善者也。**自處中正而能制作正也，其應中正而能順應正也，故為治家之至正至善者。**王假有家：五君位，故以王言；假，至也，極乎有家之道也。**推極有家之道，推極乃是行其家道之極。**夫王者之道，修身以齊家，家正則天下治矣。自古聖王，未有不以恭己正家為本。**行諸己而後能正家。**故有家之道既至，則不憂勞而天下治矣，**本立而道生，自本自末，自然暢達，無憂也。**勿恤而吉也。五恭己於外，二正家於內，內外同德，可謂至矣。**

【釋義】

王者，居尊位而能行王道，王天下也，名之曰王，副其實也。假，至也。

王假有家，推行王道至其家，治家以王道，治天下之家也。勿恤者，居其位有其德，沛然天出，不假優恤也。

九五剛中極正，與二中正相應，上行剛中以敬，下行柔中以順，上下交愛，以此治家，則天下皆為其家人，王假有家，行王道而家至大也。

【補遺】

二五皆居中正，剛明柔順皆自內出，五行其剛明，二行其柔順，不思而得，不勉而成，行其在己者則可，何思何勉？又何恤哉？

《象》曰：王假有家，交相愛也。

【程傳】

王假有家之道者，非止能使之順從而已，之，六二也。**必致其心化誠合，**上以德化下，下以忠敬上，上下皆盡其至誠之道，誠合也，故非威令二迎合於己。**夫愛其內助，**能安居其內而助之，非說能在家能助其外事。**婦愛其刑家，**刑，規矩、表率也，刑家，表率於家。婦愛其夫可表率於家，不愛其形貌倜儻風流，愛其能作則也。**交相愛也。能如是者，文王之妃乎？若身修法立，**夫立則為法，所以刑範其家。法立，非指制定一個外在的規則以約束家人，必也行法於己，則法立。立，乃有生義，法生於自家心身。**而家未化，未得為假有家之道也。**下未心悅服，故上下道不通。

【釋義】

上有聖賢，下有忠臣，心相合，誠相敬，交相愛，推心置腹，和悅共治，故能使天下成其家。

上九，有孚威如，終吉。

【程傳】

上，卦之終，家道之成也，故極言治家之本。本，孚威二字。居上者威以自重，在下者必能信而附之。愛民順則，所以能威也。**治家之道，非至誠不能也，**恩愛不自心出則不誠，制度不以身作則不能率人。**故必中有孚信，**恩自心出，則自身出，皆孚信之道。**則能常久，**誠則久。**而眾人自化為善。**久則化。**不由至誠，**由，順也。**已且不能常守也，**行諸己，為長久之道；自外襲之，皆不能長久。**況欲使**一有眾字**人乎？**無誠，則不能動人；不能動人，則不能使人從己。**故治家以有孚為本。**以身作則，以心感人，一皆自己、自內也。**治家者，在妻孥情愛之間，慈過則無嚴，**失義無嚴也。**恩勝則掩義，**遮蔽義，使之不行。**故家之患，常在禮法不足而瀆慢生也。**瀆則不敬，慢則失度。**長失尊嚴，少忘恭順，**尊嚴、恭順，皆所謂家人各有在己之「法」者：長以尊嚴為法，少以恭順為法。**而家不亂者，未之有也，故必有威嚴則能終吉。**以上行範在先言之。**保家之終，在有孚威如二者而已，故於卦終言之。**

【釋義】

初防閒，二中饋，三嗃厲，四順富，五交愛，上大成。

治家之成：有威有信，有威則能立則，有信則不失恩親。曾國藩云：「蓋家道之興，全在『肅雍』二字，肅者，敬也；雍者，和也。」「威信」、「肅雍」有異曲同工之妙。

上九，剛居至高，能立威也，威行於上則下能順從；處巽體之極，能遜讓也，遜讓於下則下能親附。居上者威且孚，居下者附順而從其則，非是畏懼而從。

威且孚，中道治家也，家道大成於中道，故能終始皆吉。

《象》曰：威如之吉，反身之謂也。

【程傳】

治家之道，以正身為本，故云反身之謂。立法乃立諸己，己法立則能行率於家眾，反身也。**爻辭謂治家當有威嚴，而夫子又復戒云，當先嚴其身也。**先作則而後有威嚴。先嚴，率先作則之謂。**威嚴不先行於己，則人怨而不服，**威嚴，則也；則需行於己方可立。則不行諸己，強人行之，不誠也，不誠則人怨而不服。**故云威如而吉者，能自反於身也。孟子所謂「身不行道，不行於妻子也。」**不能行道於己，則不能行於妻子，為上不尊也。

【釋義】

反身作則，威如之吉。不能反身作則，刑範於妻子，何來威如？

䷥睽卦第三十八　兌下離上

【程傳】

睽，也作乖、癸、矔。《說文》：「睽，目不相聽也。」段注：「聽猶順也。二女志不同行，猶二目不同視也，故卦曰睽。」兩眼不同視一方，喻志欲相違，為睽。**《序卦》：「家道窮必乖，**乖離其威信、恩親也。**故受之以睽。**睽則反之，居上不威，在下不信，二女同居而不親無恩。**睽者乖也。」**乖，背離也。**家道窮則睽乖離散，**威睽、信乖、恩離、親散。**理必然也，故家人之後，受之以睽也。**

為卦，上離下兌，離火炎上，兌澤潤下，二體相睽，上行下潤，不交則睽。**違之義也。又中少二女，雖同居而所歸各異，**各歸其夫家，異其宗姓。**是其志不同行**

也，亦為睽義。

【釋義】

睽者，乖異之名，背也，離也，歧也，不乖違己道，乖離其類，故二女同類而居，志向睽離。為卦，離上兌下，離火炎上，兌澤潤下，道相睽違而不相交、亦不相害。

睽時，道不同不相為謀，德無鄰也；上欲行而下不應，內欲往而外無援，上下內外各行其道，睽絕其類而不相應助，孤往獨行，大事不可為也；然內悅外明，心悅誠服而麗附於明，孤心嚮明，不背己道，小事可勉而成也。

睽：小事吉。

【程傳】

睽者，睽乖離散之時，非吉道也。交通共事為吉道。**以卦才之善，**上明下悅，嚮明而悅，悅順於明，故有小善。**雖處睽時，而小事吉也。**二女志乖，以柔應事，小事吉也。

【釋義】

睽時，同處陌路，江湖相忘，各行其道，無助也無害。睽散乖離之際，孤往獨行，小事順，大事不可為也。

《彖》曰：睽，火動而上，澤動而下，二女同居，其志不同行。

【程傳】

彖先釋睽義，睽違不合。**次言卦才，**悅明向善。**終言合睽之道，**因其睽而合其異，萬物睽而合，文明燦爛，睽時之用大矣哉。**而贊其時用之大。火之性動而上，澤之性動而下，二物之性違異，故為睽義。中少二女雖同居，其志不同行，亦為睽義。女之少也同處，**同處父母之家。**長則各適其歸，**各奔夫家。**其誌異也。**《雜卦》曰：「睽外也，家人內也。」二女相外，各奔夫家，志欲相異。

言睽者，本同也，二女為本同；萬物睽，則不可言本同。**本不同則非睽也。**

【釋義】

火動而炎上，澤動而潤下，水火睽違不相交。二女同類，少則同居，長則異適，其志不同行也。

說而麗乎明，柔進而上行，得中而應乎剛，是以小事吉。

【程傳】

卦才如是，所以小事吉也。兌，說也，離，麗也，又為明，故為說順而附

麗於明。凡離在上，而《彖》欲見柔居尊者，則曰柔進而上行，晉、鼎是也。方睽乖之時，六五以柔居尊位，有說順麗明之善，又得中道而應剛，雖不能合天下之睽，成天下大事，亦可以小濟，是於小事吉也。五以明而應剛，不能致大吉，何也？曰：五，陰柔，雖應二，而睽之時，相與之道未能深固，相與，互助。道睽違，故不能相與。**故二必遇主於巷，五噬膚則无咎也。天下睽散之時，必君臣剛陽中正，至誠協力，而後能合也。**

【釋義】

說而麗乎明，兌內離外，中心誠悅而附麗於明，孤心嚮明也。六居外卦之中，附麗兩剛，離火上行，柔麗附之，也進而上行。柔不附麗於剛，則不可說柔進上行。六五柔居上卦之中，正應於九二之剛，得中而應乎剛也。

在睽違之時，樂道向善，柔進緩行，貞固中道，虛己而不拒剛明之助，則小事可成。然睽時，二女異志，上下不協，內外不相助，社會割裂，異道難共，大事難成。

小事吉，乃是道不同之人共事，可共事處甚小，故只能小事成。

睽有兩義——睽、合，睽在志上，合在事上；二五相應，應在共事上，非為志應。做大事要志同，志不同，所合共之事必小。

天地睽而其事同也，男女睽而其志通也，萬物睽而其事類也。睽之時用大矣哉！

【程傳】

推物理之同，以明睽之時用，乃聖人合睽之道也。見同之為同者，世俗之知也。聖人則明物理之本同，所以能同天下而和合萬類也。以天地男女萬物明之：天高地下，其體睽也，然陽降陰升，相合而成化育之事則同也；男女異質，睽也，而相求之志則通也；生物萬殊，睽也，然而得天地之和，稟陰陽之氣，則相類也。物雖異而理本同，故天下之大，群生之眾，睽散萬殊，而聖人為能同之。處睽之時，合睽之用，其事至大，故云大矣哉！

【釋義】

天高明，地博厚，其道睽也；天覆物以生，地載物以成，其事同也。男剛健，女柔順，其體睽也；男女共處，以成夫婦，其志通也。天地萬物，各從其類，其類睽也；生生相息，相依互賴，其事同也。

天地萬物，睽違而獨立，粲然各處而不相害，章明其文，文飾其明，類相別而同處，道不同而共生，文明以成也。

天地、萬物、男女，道睽而事同，聖人觀此睽違共生之象，作制度、安天下之志，存其異、合其同，同歸其殊途，合軌其異轍，一致其百慮，和同萬人之心而成一人之志，共贊天下之盛業，睽之時用大矣哉！

《象》曰：上火下澤，睽，君子以同而異。

【程傳】

上火下澤，二物之性違異，所以為睽離之象。君子觀睽異之象，於大同之中而知所當異也。夫聖賢之處世，在人理之常，莫不大同，聖人與下民皆遵從五倫為大同。於世俗所同者則有時而獨異，蓋於秉彝則同矣，秉彝，執常也，謂行五倫之類。於世俗之失則異也。逐於名利則異。不能大同者，大同於五倫之常者。亂常咈理之人也；咈，背也。不能獨異者，獨立於道而異於流俗也。隨俗習非之人也；不能獨立，必順隨俗流習，習常於非道。要在同而能異耳。同，不忤懟也；異，獨立不倚，君子立德而不流於俗。《中庸》曰「和而不流」是也。君子與小人和處，也不流同於卑污。

【釋義】

火、澤，相互異類，上下同處而不相害，各從其道而不相助，睽也。君子觀睽，同而異也：異類同處，文明並存，不斥其異，不流於俗常，異道同處而獨立其行。

同而異，也可如《彖》傳「道睽事同」，合異共事，不同道之人合作共事。君子不能整合異道之人群，使之共向同力，則不能平治天下。如國共合作，共抗日倭，乃中共同而異之功，否則一盤散沙。

初九，悔亡，喪馬，勿逐自復，見惡人无咎。

【程傳】

九居卦初，睽之始也。在睽乖之時，以剛動於下，有悔可知，在睽時，小事可成，大志難伸；剛行於初，欲伸其志，必有悔生。所以得亡者，九四在上，亦以剛陽，睽離無與，自然同類相合：同是陽爻，同居下，又當相應之位；四無下應，睽時陽與陰類無相比之義，與初同志同位，又處相應之地，故能相合。二陽本非相應者，以在睽故合也。上下相與，故能亡其悔也。

在睽，諸爻皆有應。夫合則有睽，本異則何睽？唯初與四，雖非應而同德相與，故相遇。

馬者所以行也，陽，上行者也，睽獨無與，無有親比，也無應助，睽獨也。則不能行，是喪其馬也。四既與之合，則能行矣，是勿逐而馬復得也。惡人，與己乖異者也。見者，與相通也。當睽之時，雖同德者相與，然小人乖異者至眾，乖異於君子也。若棄絕之，不幾盡天下以仇君子乎？如此則失合弘之義，睽時，君子當以合異寬弘為義。君子與小人道不同，但事可合。君子當寬弘虛讓，不與小人忤懟。至凶咎之道也，又安能化不善而使之合乎？故必見惡人則无咎也。睽合為睽之義，是必見與己道睽之人，君子必見小人也。古之聖王所以能化奸凶為善良，革仇敵為臣民者，革，變也。由弗絕也。

【釋義】

道睽，善惡相遇，必有悔咎之失，雖聖人也難免之。然睽時，小事有同處之利，善處之，則不相害，孔子之遇陽貨也。

馬，行之具也，馬喪，睽時道不行也。人騎馬，本為一，人喪其馬，「睽獨無與」也。睽獨之時，只可小成於事，道則不行，故必有馬喪，無需逐求，然事必有小合，靜待之，馬將自復，有四相與也。

睽時，惡人自有他的道，不與之交爭利，則無害；遇惡人，見之不避，勿拒勿抗，善惡雖異，事必有小遇，容之而已，終无咎也。

睽時，君子小人各行其道，相處不雜，自能和處，此是睽之義。故此，睽時，只說道睽違，各行其是，不說小人道盛、君子道衰，故有和生共處之象，既可小共處，則君子遇小人，不絕其來往，虛己遜讓，不以道異而相懟，而以事可共而和合，不談心志，只言共事，是處睽之道也。

《象》曰：見惡人，以辟咎也。

【程傳】

睽離之時，人情乖違，乖違於常道。求和合之，且病其不一作未能得也，若以惡人而拒絕之，則將眾仇於君子，而禍咎至矣。故必見之，所以免避怨咎也。無怨咎，則有可合之道。

【釋義】

睽時，善惡異道同處，乃君子小人睽違相遇之際，是君子必見小人之時也，坦然見之而已：道既睽，故不在異處論究竟；事有同，故只在可共處往來；不抗絕共事，則不傷睽合之義，以辟其咎也。辟，避也。

九二，遇主於巷，无咎。

【程傳】

二與五正應，為一本「為」字在「正應」之上相與者也。然在睽乖之時，陰陽相應之道衰，而剛柔相戾之意勝，學《易》者識此，則知變通矣。故二五雖正應，當委曲以相求也。二者皆不能直行去道，委曲以相求也。二以剛中之德居下，上應六五之君，道合則志行，成濟睽之功矣。若是在平常，則二五正應。而居睽離之時，其交非固，利相遇而志不合，故交非固也。二當委曲求於相遇，覬其得合也，故曰「遇主於巷」。必能合而後无咎，君臣睽離，其咎大矣。

巷者，委曲之途也。非能直道而行。遇者，會逢之謂也。當委曲相求，期於會遇，與之合也。以所謂委曲者，以善道宛轉將就使合而已，道，導也。將就，湊合也。非枉己屈道也。枉己，改志也。

【釋義】

二剛五柔，在他卦為正應，在睽時則道睽志違而不相望，各行其是，不相得也不相害，无咎也。

九二陽剛，當行大道，然睽違之際，君臣之道相違，不可共之以大道，故九不可行其大道。遇主於巷，不相得也。遇，遭遇也，如孔子遭遇陽貨，不欲見之也，道睽不相望，故言「遇」，下不願見上而遭遇之。巷，道小也，未能伸大道，只能以事曲從，故言遇主於巷。主者，君上而能主令也。

志不同而遭遇，夫子遇陽貨，夫子敬之以禮，不屈己道以從，自處无咎，接物也无咎。

李光地云：「《春秋》之法，備禮則曰會，禮不備則曰遇。睽卦皆言遇，小事吉之意也。又《禮》，君臣賓主相見，皆由庭以升堂。巷者，近宮垣之小徑，故古人謂循牆而走，則謙卑之義也。謙遜謹密，巽以入之，亦小事吉之意也。」不升堂而見，而以巷遇，正夫子遇陽貨之類。所謂君待臣以「備禮」，乃君能盡用臣道，齊桓見管仲也。禮不備，君不能用臣道，靈公、陽貨之遇孔子也。

睽時，不獨君子孤，難成大事；小人也孤，也難成大事，小人此時欲借君子之名以成其事，陽貨歸孔子豚也。君子見小人，履順以禮，不以志抗，則陽貨、衛靈公可以厚待孔子，無相害之意。

《象》曰：遇主於巷，未失道也。

【程傳】

當睽之時，君心未合，睽違於道，未合也。五以陰柔居之，二乃剛明君子，故言「君心未合」。賢臣在下，竭力盡誠，期使之信合而已；信己道、合己道。至誠以感動之，動其初善之志也，如孟子以梁惠王不忍牛觳觫之心動之。盡力以扶持之，扶持其正。明義理以致其知，杜蔽惑以誠其意，邪妄蔽其心而杜之，似是惑其志而絕之。如是宛

轉以求其合也。卑其尊高而就其低污，宛轉也。**遇非枉道迎逢也，**大事以道相處，君子小人異道，不可為也；小事可權變而為，不枉道也。遇者，小事相遇也。睽時，君子小人只能共以小事。**巷非邪僻曲徑也，故夫子特云：「遇主於巷，未失道也。」未非必也，非必謂失道也。**

【釋義】

睽時，異道共處之時，故道違者必有事相合，志睽者必有緣相遇，君子小人必遇之時也。既已遭遇，君子若處之以禮，可共事則共事，不可共則去，晦隱其志，只在事上究竟，未失道也。

六三，見輿曳，其牛掣，其人天且劓，无初有終。

【程傳】

陰柔於平時，且不足以自立，況當睽離之際乎？睽時必有合而能稍有作為，如初四相合，馬能復得。**三居二剛之間，處不得其所安，其見侵陵可知矣。三以正應在上，欲進與上合志，而四阻於前，二牽於後。車牛，所以行之具也。輿曳牽於後也，牛掣阻於前也。**王弼：「輿曳者，履非其位，失所載也。其牛掣者，滯隔所在，不獲進也。」**在後者牽曳之而已，當前者進者之所力犯也，故重傷於上，為四所傷也。其人天且劓：天，髡首也；劓，截鼻也。**髡首截鼻，皆為上懲處三。睽時，即使志終相合，也必有睽違之災。**三從正應而四隔止之，三雖陰柔處剛而志行，故力進以犯之，是以傷也。天而又劓，言重傷也。三不合於二與四，睽之時自無合義，適合居剛守正之道也。其於正應，則睽極有終合之理：始為二陽所厄，是無初也；後必得合，是有終也。掣，**chè 音。**從制從手，執止之義也。**

【釋義】

六三居兌之上，欲上行取悅於上九，然柔居剛不正，為上下兩剛所阻滯：見車曳而不進，見牛掣而不行，初始艱也。

在睽時，道本睽違，然六居下之上，欲出下者，九居睽之上，皆居睽極而變其道，睽違其睽道也，故三與上道雖睽而意相望，有共合之心，有其終也。三初始為二四所阻，不能上進而滯留於此，「四從上取，二從下取」（王弼），上取，天也；下取，劓也，天且劓也，然處睽變之際，相望之道不絕，終必和而解。

天，古代肉刑，刺青在額，或剃髮髡首。程子以為皆為九四所傷，重言「天且劓」，以見傷之重。朱熹以為「天且劓」為上九所為——「當睽之時，上九猜很方深，故又有髡劓之傷。」義皆可。

《象》曰：見輿曳，位不當也，无初有終，遇剛也。

【程傳】

以六居三，非正也，六柔居三之剛位，非正也。非正則不安；名不正則事不成，凡事皆不順，故不能安處其位。又在二陽之間，柔困於剛。所以有如是艱厄，艱厄，後有曳前有掣。由位不當也。无初有終者，終必與上九相遇而合，乃遇剛也。不正而合，未有久而不離者也。合以正道，自無終睽之理，故賢者順理而安行，智者知幾而固守。

【釋義】

始有曳掣之困，遇二四之剛，艱厄而無初；終有正應之助，遇上九之剛，終順而有終。

程子解「遇剛」，為遇上九而終脫艱厄，也可。程子以「遇」為善事，然睽時所「遇」大多不順，即使三遇上有終，初始也遭二四阻遏而有天、劓之害，睽時志合，也必有此厄難。

【補遺】

六三柔居剛位，位不當也，故有人阻之拽之，使三離開此位。「无初有終」皆是「遇剛」所致，「無初」是遇二四之剛，遭受天劓，懲處其居處不正；「有終」是遇上九之剛，兩者皆暌違於睽道，故有相合之義。

九四，睽孤，遇元夫。交孚，厲无咎。

【程傳】

九四當睽時，居非所安，剛居柔，又近睽違之君，皆非安所。無應而在二陰之間，二陰間隔，阻其上進，阻其下來，處困也。是睽離孤處者也。暌離其類，而一人孤處也。以剛陽之德，當睽離之時，孤立無與，必以氣類相求而合，是以遇元夫也。夫，丈夫也。陽稱；元，善也。善之長也，故指初九。初九當睽之初，遂能與同德，而亡睽之悔，同德，無睽德之悔。處睽之至善者也，故目之為元夫，猶云善士也。

四則過中，為睽已甚，本已睽，又過中，睽甚也。不若初之善也。四與初皆以陽處一卦之下，居相應之位，當睽乖之時，各無應援，自然同德相親，故會遇也。會遇，志同故約期而遇，非遭遇。同德相遇，必須至誠相與交孚，以孚交。各有孚誠也。上下二陽以至誠相合，則何時之不能行，何危之不能濟？故雖處危厲而无咎也。當睽離之時，孤居二陰之間，處不當位，危且有咎也。以遇元夫而交孚，故得无咎也。

【釋義】

近君而道睽，處柔而志剛，不居其正，又身處坎險，為兩陰所阻絕，睽時孤絕而危厲也。於危孤之時，下遇初之善士，竭誠以交，雖處危厲，然志合不睽，无咎也。《周易折衷》:「四亦無應者也，然居大臣之位，則孤立無黨，乃正其宜，故以睽孤為无咎。」四處大臣之位，孤睽無私黨則无咎，意思甚好。

坎為中實，四居坎中，有孚信之象；二至五爻，離坎相遇，離上坎下，陰陽交合在四，故四有交孚之象。元，始也，夫，陽也。始陽為初九。初四皆陽剛，志合而交孚也。

厲，來知德:「厲者，兢兢然危心以處之，惟恐交孚之不至也。」陳夢雷:「然當睽之時，惟恐交孚之不至，必以危厲處之，乃无咎也。」此說也通。

《象》曰：交孚无咎，志行也。

【程傳】

初四皆陽剛。君子當睽乖之時，上下以至誠相交，協志同力，則其志可以行，不止无咎而已。卦辭但言无咎，夫子又從而明之，云可以行其志，救時之睽也。蓋以君子陽剛之才，而至誠相輔，何所不能濟也？唯有君子，能行其志矣。

【釋義】

四處明體，初處悅體，心悅其剛明，知其悅篤誠，睽時同類不睽違，而能相得，其志必行。

六五，悔亡。厥宗噬膚，往何咎？

【程傳】

六以陰柔當睽離之時，而居尊位，睽時，君臣睽違，君若柔暗，則不能獨處睽也，故必有悔。有悔可知，然而下有九二剛陽之賢，與之為應以輔翼之，故得悔亡。睽時有應助則悔亡。厥宗，厥，其，為六五。其黨也，謂九二正應也。噬膚，噬齧其肌膚而深入之也。當睽之時，非入之者深，反睽之道必以深交。豈能合也？合，道睽事共。五雖陰柔之才，二輔以陽剛之道而深入之，則可往而有慶，復何過咎之有？睽時往求合、且陰附陽，皆非咎也。以周成之幼稚，周成王。而興盛王之治；以劉禪之昏弱，而有中興之勢，蓋由任賢聖之輔，而姬公、孔明所以入之者深也。噬膚之易，入之深也。

【釋義】

二五正應，在睽時，道相睽又皆居處不正，故其應合有噬膚之象。

剛噬柔而後能合，二兌體有口象，五坎體有膚象，厥宗噬膚也。厥，其也；宗，二也。初噬有悔，道睽也；後合則悔亡，正應也。二五之交合，如三上之交合，皆有痛在先，而後合志。往者，陰從陽道而往也。陰從陽，柔從剛，何咎也？

厥宗噬膚，本為宴樂食肉，取其切近以明睽合之易。五往歸，則宴樂有慶。慶，宴樂為慶，宴樂則睽合易。

噬嗑，咬磕嚼之物而合；睽中有噬，咬睽違而合。

王申子曰：「睽之諸爻皆言睽，獨二五不言睽而言合。膚者睽之淺，噬則合之深，君臣之合如此，可以往而有為，何咎之有？」

《象》曰：厥宗噬膚，往有慶也。

【程傳】

爻辭但言厥宗噬膚則可以往而无咎，《象》復推明其義，言人君雖己才不足，若能信任賢輔，使以其道深入於己，六五往則就於九二之道，噬膚而合，則深與二合，使以其道深入於己也。則可以有為，是往而有福慶也。

【釋義】

噬膚，言九二易處易合，如噬膚然，故往有慶。

上九，睽孤，見豕負塗，載鬼一車，先張之弧，後說之弧，匪寇婚媾，往遇雨則吉。

【程傳】

上居卦之終，睽之極也。睽極則難合。陽剛居上，剛之極也。剛極則不能虛受。在離之上，用明之極也。明極則反明而惑疑。睽極則咈戾而難合，咈戾，皆言逆其常行。剛極則躁暴而不詳，不詳，慮不周審也。明極則過察而多疑。過察則幻生，豬負途鬼一車也。

上九有六三之正應，實不孤，而其才性如此，處睽極明極，自有幻生而不察。自睽孤也。多疑而不信，自絕下而孤也。如人雖有親黨，而多自疑猜，妄生乖離，雖處骨肉親黨之間，而常孤獨也。

上之與三，雖為正應，然居睽極，無所不疑，其見三如豕之污穢，而又背負泥塗，見其可惡之甚也。上處明極，三為坎底，明極見坎底之物，惡極而生此幻象也。

既惡之甚，惡則情好隨之，而蔽其明也。則猜成其罪惡，猜忌所指而成其罪惡。如見載鬼滿一車也。鬼，陰類，具人形而非正之物。鬼本無形，而見載之一車，言其以無為有，妄之極也。

物理極而必反，以近明之：如人適東，東極矣，動則西也；如升高，高極矣，動則下也；既極則動而必反也。上之睽乖既極，三之所處者正理。大凡失道既極，則必反正理，故上於三，始疑而終必合也。

先張之弧，始疑惡而欲射之也。疑之者妄也，妄安能常？故終必復於正。三實無惡，故後說弧而弗射，說，脫也。睽極而反，故與三非復為寇讎，乃婚媾也。此匪婚媾之語，與他一作屯卦同，而義則殊也。陰陽交而和暢則為雨。

上於三，始疑而睽，睽極則不疑而合。睽離之極必反合。陰陽合而益和則為雨，故云往遇雨則吉。往行而遇於三。往者，自此以往也，謂既合而益合則吉也。

【釋義】

上九概言暌合之難，始睽疑載鬼一車，終遇雨而和合。

睽違必孤，孤則不信，不信則多疑，多疑則幻生：「見豕負塗，載鬼一車」。三上正應，三處坎底，坎為豕、為輿，豕負車也；坎多眚，多眚則幻生，載鬼一車也。上九處明極，明極則疑生。離為戈兵，張弓之弧也。三處坎底而往見上九，上賤之、疑之，始張弓欲射之，然終必睽合，後脫也。

睽時道違，必有信任危機，然睽有必合之理，故幻滅則睽合。

【補遺】

「往遇雨則吉」，此處「往」不以「來內往外」去解，睽時之「往」皆如此，如九五「往何咎」、「往有慶」，皆為下往正應，六五往應九二，上九往應六三。

《象》曰：遇雨之吉，群疑亡也。

【程傳】

雨者，陰陽和也。雨，天地解也。始睽而能終和，故吉也。嘉善其終和也。所以能和者，以群疑盡亡也。其始睽也，無所不疑，故云群疑；睽極而合，則皆亡矣一作「疑皆亡矣」。

【釋義】

睽時，處孤絕之地，必多生疑也，故見豕見車見鬼，群疑也。上又處離明之極，剛過亢，遇陰柔和合成雨，中和其亢極，群疑始消。

【小結】

睽違時，途中艱危，然終則合睽无咎，皆以初睽而終合，以明萬類殊睽而共成天。睽合之道，天地之道也！

䷦蹇卦第三十九　艮下坎上

【程傳】

蹇，《序卦》：「睽者，乖也。乖必有難，乖離而不相與，事必難也。**故受之以蹇，蹇者難也。」睽乖之時，必有蹇難，蹇所以次睽也。蹇，險阻之義，故為蹇難。**

為卦，坎上艮下。坎，險也，艮，止也，險在前而止不能進也。前有險陷，後有峻阻，故為蹇也。

【釋義】

蹇，又作蹇。《說文》：「蹇，跛也。」《雜卦傳》：「蹇，難也。」跛則不良於行，引申為難於行。自家跛了，不便於行，又外遇險阻，往則入蹇也。睽違之時，行必艱難，蹇次之也。

為卦，上坎下艮，艮止於險，君子見難知止，不往行於外，安止畜德，內足則自能於行則行、於止而止。

互卦坎離，遇險而麗乎正，當止則止，處險之道也。

蹇：利西南，不利東北，利見大人，貞吉。

【程傳】

西南，坤方。坤，地也，體順而易。處蹇時，當順行於平易，不犯難而履高山之險。**東北，艮方。艮，山也，體止而險。**君子觀此，行當有止而有艱困之思。**在蹇難之時，利於順處平易之地，不利止於危險也。處順易，則難可紓；止於險，則難益甚矣。**

蹇難之時，必有聖賢之人，則能濟天下之難，故利見大人也。濟難者必以大正之道，而堅固其守，故貞則吉也。凡處難者，處難之道。**必在乎守貞正。**正則不妄動，不僥倖，不趨利而視短。**設使難不解，**紓解。**不失正德，是以吉也。**雖處困中，義正則吉。**若遇難而不能固其守，入於邪濫，**邪，不正也；濫，縱肆不反也。**雖使苟免，亦惡德也，知義命者不為也。**行義而守命者。

【釋義】

艮在東北，險難也，不可履蹇而往；地在西南，平易之所，履順行夷，蹇難可解。所謂順夷者，主德也。蹇難時，唯有履德而行，則自能順夷而安，不可逐利僥倖，蹈於白刃，非處蹇之道也。

上卦坎自震變，四陽上進於五，動則入坎蹇，故君子當艮止不進，貞固其德，以待時變，如此則吉。時變者，聖德之人現於天下。蹇難之時，聖人定制度、聚眾力以新天下，拯萬民於水火，故利見大人。

非聖人不能聚眾力，非聖人不可革舊弊；不新制度則不能聚眾力，不新制度則不能革舊弊，則不能紓解天下之蹇矣。

《彖》曰：蹇，難也，險在前也。

【程傳】

蹇，難也。蹇之為難，如乾之為健，若易之為難，「難」有多義，不可以「難」替「蹇」。**則義有未足**一作盡。「難」不能盡「蹇」義。**蹇有險阻之義，屯亦難也，困亦難也，同為難而義則異：屯者始難而未得通，**始生難出。**困者力之窮，**己不足脫困，困也。**蹇乃險阻艱難之義，**險阻在外，艱難在己。**各不同也。險在前也：坎險在前，下止而不得進，**下，內也；內跛難行，故遇險自止。**故為蹇。**

【釋義】

蹇，足跛，又遇坎險；內難以阻，外難以險，內外皆有難，蹇之難也。德不充，內難也；時遇蹇，外難也。知此不足，知彼險難，安止不進，蹇之義也。能修者此也，不可變者彼也，修此待彼，安靜勿躁，處蹇之道。

見險而能止，知矣哉。

【程傳】

以卦才言處蹇之道也。艮止坎險，蹇之卦才。**上險而下止，見險而能止也。犯險而進，則有悔吝**一作咎，**故美其能止為知也。方艱難之時，唯能止為善，故諸爻除五與二外，皆以往為失，**往則不能艮止。**來為得也。**來內則反正，故為得。

【釋義】

《說卦》云，坎為堅、多心。多心則知，堅則貞固。見險知進退、能艱貞，則能安止。止，非僅指行止，安止其身也為止，處蹇而不能安其身，則不能篤實於止也，不能篤實於止，非知也。知者，附麗於德也，德輝光則知生。

蹇，利西南，往得中也；不利東北，其道窮也。

【程傳】

蹇之時，利於處平易。不可犯蹇而行。**西南坤方，為順易；東北艮方，為險**

阻。九上居五而得中正之位，九五中正。是往而得平易之地，故為利也。五居坎險之中而謂之平易者，蓋卦本坤，程子認為蹇卦由明夷變來：明夷之初九上行至五，六五下來至於初，則為蹇。明夷上卦為坤，故程子云蓋卦本坤。由五往而成坎，故但取往而得中，不取成坎之義也。方蹇而又止危險之地，東北為險地。則蹇益甚矣，故不利東北。其道窮也，謂蹇之極也。

【釋義】

坤平順，行西南，往就平順之地。坤為眾，往之所以順眾，順眾所以紓蹇也。

上卦本為震，剛居四，震而上行，進位於五，往而精進於中德。進於德，所以脫蹇之道。德為平順之地、安止之所，蹇時安止於德，即安於平順。

蹇時，犯險則道窮，東北險阻，往則入蹇，不往則紓困。

利見大人，往有功也；當位貞吉，以正邦也。

【程傳】

蹇難之時，非聖賢一有大人字不能濟天下之蹇，故利於見大人也。大人當位，處中正之尊位。當位，也有處其位擔當其責之義。則成濟蹇之功矣，往而有功也。往得中，大人也；往而有功，臣屬也。能濟天下之蹇者，唯大正之道。不大，不能容眾，不正，不能剛立。遇險需剛立，紓困需眾力。

夫子又取卦才而言，蹇之諸爻，除初外，餘皆當正位，故為貞正而吉也。初六雖以陰居陽而處下，亦陰之正也。柔宜處初，遠離於蹇是其正也。以如此一作如以正道正其邦，「以正邦」者，舉一隅而言，非謂其才智只能正一邦也。可以濟於蹇矣。

【釋義】

紓解蹇難，大人也。大人以剛明之德居尊位，往而就之則有功。處尊位而居中正，行正於邦，則邦寧，行正於天下，則天下安。

蹇時，當以正處於平易，不可行僻以僥倖。行僻，險中行險也。

蹇之時用大矣哉！

【程傳】

處蹇之時，濟蹇之道，其用至大，不蹇何以見大人之德也？故云大矣哉。天下之難，豈易平也？非聖賢不能，其用可謂大矣。順時而處，量險而行，從平易之道，由至正之理，乃蹇之時用也。順、量、從、由，四者皆所以時用之大也。

【釋義】

時用者，遇時而見其仁智勇也：如初之見幾待時、二之義勇、三、四之順眾，五履剛中、上窮則知反，皆是蹇時之用。凡《易》講「時用」皆是言：唯有處此時，方見其德才之大用。

《象》曰：山上有水，蹇，君子以反身修德。

【程傳】

山之峻阻，上復有水，坎水為險陷之象，上下險阻，故為蹇也。君子觀蹇難之象，而以反身修德。君子之遇艱阻，必反求諸己而益自修。蹇時，君子當貞定不亂，乾乾惕厲，以應其變。**孟子曰：「行有不得者，皆反求諸己。」**外遇阻必反於內。**故遇蹇難，必自省於身：有失而致之乎？是反身也。有所未善則改之，無歉於心則加勉，乃自修其德也。君子修德以俟時而已。**

【釋義】

山上有水：水居高就卑，流不已也。君子觀水蹇不已之象，反諸己，修身不怠，不已其德。君子處蹇時，唯勵德不已，方是居易濟蹇正途。

山上有水，若解為山阻水，使水蹇阻不流，應孟子「行有不得者，皆反求諸己」，意思也大好。程子解為蹇之復蹇，不能進，故需反身，意思也好。

初六，往蹇，來譽。

【程傳】

六居蹇之初，往進則益入於蹇，往蹇也。當蹇之時，以陰柔無援而進，上無正應，往無所依，陷蹇益深也。**其蹇可知。來者，對往之辭。上進則為往，不進則為來。**外爻下行於內為「來」，初處內卦之始，來止於初，故程子以不進為「來」。**止而不進，是有見幾知時之美，**見彖辭之「時用」。**來則有譽也。**「止而不進」即「來」義。

【釋義】

往，上行於外；來，居內不進。

蹇時，必有剛明之才方可濟蹇。陰柔居蹇之初，非濟蹇之才，往則深陷於蹇。處蹇之初，居艮之始，遠離於蹇，若能見幾而止，危邦不入，亂邦不居，明順俟時，則有譽也。

來，來順於止，反己之柔止也。譽，贊其見幾而止，不犯蹇難，順於艮止。

初柔居剛位，便有動往之意，見蹇阻，心退而為「來」，知反也。

《易》之根本乃以變動為義，變動乃所以陽動而生，諸爻皆有動往之意，止息為動之間息，非根本義。蹇初是心欲往而跡未顯，拇欲動而足未進，便剎止了，心動而回，便是它的「來」，因跡未顯動而得譽也。

《象》曰：往蹇來譽，宜待也。

【程傳】

方蹇之初，進則益蹇，時之未可進也，故宜見幾而止以待時，可行而後行也。諸爻皆蹇往而善來，蹇往，蹇阻其往，往則蹇；善來，嘉善其來，來則善。**然則無出蹇之義乎？曰：在蹇而往，則蹇也；**往則犯難而進，違道非順德。**蹇終則變矣，**待變而行。**故上已**一作六字**有碩義。**

【釋義】

「往蹇來譽」也作「往訐來譽」，往則被攻訐，來則得譽。

進不得，必待時可則進。

往，行道，君子出仕也，在蹇時，往則犯蹇而行，非能順道而行，故往則蹇阻。宜，有適宜，也通「義」，初之義為待：進則入蹇，待則合於處蹇之義；且居艮體，艮義為止。待，一觀時，二修德，賢者退隱之時必有此二事，如諸葛隆中之時。

六二，王臣蹇蹇，匪躬之故。

【程傳】

二以中正之德，柔居二處中，為中正之德。**居艮體，**居艮體當止，二卻進，依止以中正之德而進也。**止於中正者也；**言能貞固中正也。止於中正，止於中正之德而不偏。**與五相應，是中正之人為中正之君所信任，故謂之王臣。**中正為順德，故為王臣。**雖上下同德，而五方在大蹇之中，致力於蹇難之時，其艱蹇至甚，故為蹇於蹇也。**

二雖中正，以陰柔之才，豈易勝其任？所以蹇於蹇也。志在濟君於蹇難之中，其蹇蹇者非為身之故也。為身，計私也。**雖使不勝，**勝任救王之蹇。**志義可嘉，故稱其忠藎不為己也。然其才不足以濟蹇也，**柔不可濟蹇。**小可濟，則聖人當盛稱以為勸矣。**勸勉藎忠藎職、勇為大義。

【釋義】

五剛中居尊，有王者之德，為王；二柔中居下，有中順之德，為臣；二五以中正之德相應，二為王之臣也。蹇蹇，二已處蹇，復救他人之蹇，難之又難，蹇蹇也；重言之，戒之也，重蹇當周備待之，備難則易，見幾而務之則有功。

以爻位言，五居上卦之坎，王之蹇也；二三四為坎，二居之，臣之蹇也，故為王臣蹇蹇。

「匪躬」者：王臣蹇蹇，行止於義，非為己也。此處「躬」非指反身的「身」，而是「求身顯貴」的「身」，不依於德而傍於利。

六二蹇蹇，非不量己之才德，其自蹈險難，不計遠近，乃為君上；故能竭己盡忠，忘其安危，故言「匪躬之故」。

初、三、四、上皆以「往來」為辭，唯獨二、五不以此為說。蹇時，必有濟蹇之人，二五乃濟蹇之人也。五為濟蹇之君，二為濟蹇之臣，君臣合力以濟蹇難，故二五不以居易為安，知其蹇難而勇往，臨難不苟，處蹇不懼，知其不可而為之，道在己身，義無反顧。

【補遺】

《二三子問》作「非今之故」——

孔子曰：「『王臣蹇蹇』者，言其難也。夫唯知其難也，故重言之，以戒今也。君子知難而備［之］，［則］不難矣；見幾而務之，［則］有功矣，故備難［則］易。務幾者，成存其人，不掩吉凶焉。［非今之故］者，非言獨今夜，古以狀也。」「成存其人」，成者成德也，存者存德也，成存乃所以修身者；君子素習不怠，處蹇蹇而不息其志，所以務幾也。

《象》曰：王臣蹇蹇，終無尤也。

【程傳】

雖艱戹於蹇時，然其志在濟君難，二五正應，濟君難是其當任之責，雖不量而行，但可以激勵忠良。**雖未成功，然**一無然字**終無過尤也。聖人取其志義，而謂其無尤，**尤，過錯。盡忠犯難，無過錯也。**所以勸忠盡也。**

【釋義】

盡忠履蹇，蹈死不顧，義不屈也，六二陰柔，才雖不足，然居德則不繫於一身安危，故能處困終無尤也。楊萬里曰：「諸爻聖人皆不許其往，惟六二、九五，無不許其往之辭者，二為王者之大臣，五履大君之正位，復不往以濟，而誰當任乎？」

九三，往蹇，來反。

【程傳】

九三以剛居正，處下體之上，當蹇之時，在下者皆柔，必依附於三，蹇時，唯剛能濟，柔必附剛也。**是為下所附者也。三與上為正應，上陰柔而無位，**上常不居祿位。不足以為援，故上往則蹇也。來，下來也。反，還歸也。歸其正位。三為下二陰所喜，故來為反其所也，稍安之地也。

【釋義】

三與上正應，蹇時，陽不可附陰，故不可往應；外卦為坎，往上則蹇；三為艮體，處艮之上，義當行止，往則悖也。

蹇時，孤往不可濟，必有朋助，九三來下就位，以待二陰之來附於我，來反也。來反者，來內而反下。孔穎達曰：「來則得位，故曰來反。」

三重剛正位，重剛則躁進，居正則能剛斷不惑而立於止。此二義，爻辭皆未及言，重在「來反」。

《象》曰：往蹇來反，內喜之也。

【程傳】

內，在下之陰也。方蹇之時，陰柔不能自立，故皆附於九三之陽而喜愛之。九之處三，在蹇為得其所也。處蹇而得下之心，可以求安，故以來為反，猶春秋之言歸也。

【釋義】

內，初、二兩陰也。蹇時，柔當附剛，故下兩柔皆欲麗附於三。三不往而來反，二陰喜其降尊就己也。

六四，往蹇，來連。

【程傳】

往則益入於坎險之深，往蹇也。居蹇難之時，同處艱戹者，戹同「厄」。其志不謀而同也。志同則不謀也。又四居上位，而與在下者同有得位之正，三四皆居正位。又與三相比相親者也，四陰三陽，有比近而親。二與初同類相與者也，是與下同志，眾所從附也，故曰來連。連類並進，茹進也。來則與在下之眾相連合也，能與眾合，得處蹇之道也。

【釋義】

連，連其類也。艮，連山綿綿，三剛居艮，山之連連，四之來連於三，與之結盟。

四居近臣之位，義當贊君以濟蹇，然柔弱之質，不能獨往，故必下來與朋類共往濟之，來連而往也。四柔居正，三剛居正，皆居處實位，三四正位來連，共力以助五。

蹇時所講「來」，皆為退反結盟，以畜德畜力；畜聚德力，非結盟者自家就能濟蹇，乃所以助大人濟蹇。九五為濟蹇之主，蹇時定制度者。眾人結盟，只是畜力，無新制度則不得濟蹇。

荀爽曰：「蹇難之世，不安其所，故曰往蹇也。來還承五，則與至尊相連，故曰來連也。」四已處蹇中，其往乃獨力出蹇，然陰柔不能獨立脫蹇，故往蹇也。往困則來歸其正，四為近君之臣，來則就五，來與五連，君臣通力。意思也好。

【補遺】

六四往在深入坎險，來乘剛且受艮阻，亦往來蹇蹇。故諸家對「連」字有解讀為「難」。馬融：「連亦難也。」王弼：「往則無應，來則乘剛，往來皆難，故曰往蹇來連。」孔穎達曰：「馬云連亦難也，鄭云遲久之意。六四往則無應，來則乘剛，往來皆難，故曰往蹇來連也。」鄭玄：「連，遲久之意。」遲久也因有難。

《象》曰：往蹇來連，當位實也。

【程傳】

四當蹇之時，居上位，不往而來，與下同志，下三爻。固足以得眾矣；又以陰居陰，為得其實，以誠實與下，誠實相交。故能連合而下之。二三亦各得其實，初以陰居下，亦其實也。當同患之時，相交以實，其合可知，故來而連者，當位以實也。初至四皆居實。處蹇難，非誠實何以濟？當位不曰正而曰實，上下之交，主於誠實，用各有其所也。

【釋義】

三四來連，二爻皆當正位，位實也。來連所以結盟，結盟必以誠，居實位，所以誠也。

九五，大蹇，朋來。

【程傳】

五居君位，而在蹇難之中，是天下之大蹇也。大蹇之時，必待剛中之君，聚天下之賢才，方可濟之。當蹇而又在險中，亦為大蹇。非剛中之君擔之，亦不可稱大。有其人必有其事副之。

大蹇之時，而二在下，以中正相應，是其朋助之來也。方天下之蹇，而得中正之臣相輔，其助豈小也？

得朋來而無吉，何也？曰：未足以濟蹇也。以剛陽中正之君，而方在大蹇之中，非剛陽中正之臣相輔之，不能濟天下之蹇也。二之中正，固有助矣，欲以陰柔之助，濟天下之難，非所能也。

自古聖王濟天下之蹇，未有不由賢聖之臣為之助者，湯、武得伊、呂是也。中常之君，得剛明之臣而能濟大難者則有矣，劉禪之孔明，唐肅宗之郭子儀，德宗之李晟是也。雖賢明之君，苟無其臣，則不能濟於難也。故凡六居五、九居二者，則多由助而有功，蒙、泰之類是也；九居五、六居二，則功一作助多不足，屯、否之類是也。蓋臣賢於君，則輔君以君所不能；臣不及君，則贊助之而已，故不能成大功也。君強臣弱，難以濟蹇。

【釋義】

九五，剛中處尊位，擔天下之蹇，故為大蹇。濟蹇必有剛中之才，又需居得尊位，方可擔大蹇。剛中居尊位，處大蹇之中，必能來聚天下之朋，共濟此蹇。朋，非獨指二，其他五爻皆是。

九五不言吉，只言朋來，以明必以剛明中德聚朋之來。剛明不處中，朋則不來。有此明德，自有朋來，有此朋來，自有吉相，故不言吉而吉已在德中矣。

《象》曰：大蹇朋來，以中節也。

【程傳】

朋者，其朋類也。五有中正之德，而二亦中正，雖大蹇之時，不失其守，二五皆不言往蹇，因二五居蹇以但出蹇之任。蹇於蹇以相應助，蹇於蹇：困於蹇中，猶物於物。是以其中正之節也。上下中正而弗濟者，臣之才不足也。自古守節秉義，而才不足以濟者，豈少乎？漢李固、王允，晉周顗、王導之徒是也。

【釋義】

蹇時，以剛濟蹇，以中節來朋。中節，中德也，所以言「節」者，告戒之辭，唯「中」可虛受眾，故告之：節之以「中」也。

上六，往蹇，來碩，吉，利見大人。

【程傳】

六以陰柔居蹇之極，冒極險而往，所以蹇也。不往而來，從五求三，比五應三。得剛陽之助，是以碩也。碩功也。蹇之道，戹塞窮蹙。碩，大也，寬裕之稱。其道寬也。道寬，則可以成碩功。來則寬大，就陽從剛，心安止而寬大。其蹇紓矣。

蹇之極，有出蹇之道。上六以陰柔，故不得出，得剛陽之助，可以紓蹇而已，紓，暫緩之。在蹇極之時，得紓則為吉矣。非剛陽中正，豈能出乎蹇也？

利見大人：蹇極之時，見大德之人，則能有濟於蹇也。大人謂五，以相比發此義。上六相比近於五。五，剛陽中正，而居君位，大人也。

在五不言其濟蹇之功，而上六利見之，何也？曰：在五不言，以其居坎險之中，無剛陽之助，故無能濟蹇之義；在上六，蹇極而見大德之人，則能濟於蹇，故為利也。五時蹇在中，不言吉；上時蹇在極，自有脫蹇之時。各爻取義不同，如屯初九之志正，而於六二則目之為寇也。

諸爻皆不言吉，上獨言吉者，諸爻皆得正，各有所善，然皆未能出於蹇，故未足為吉，唯上處蹇極而得寬裕，乃為吉也。

【釋義】

柔居上位，獨往則蹇，故下來親比於五、正應於三，以成其脫蹇之碩功，吉也。上六處蹇之極，乃變蹇而能脫蹇之時，故言碩功為脫蹇。上處脫蹇之時，故利見九五之大人。

《象》曰：往蹇來碩，志在內也；利見大人，以從貴也。

【程傳】

上六應三而從五，志在內也。蹇既極而有助，是以碩而吉也。六以陰柔當蹇之極，密近剛陽中正之君，自然其志從附，以求自濟，故利見大人，謂從九五之貴也。所以雲從貴，恐人不知大人為指五也。

【釋義】

上不能獨脫蹇，必順從三之剛臣、親比五之聖君然後可以濟，故言志在內也。五為濟蹇之君，尊高而貴，上順從之，利見大人。

䷧解卦第四十　坎下震上

【程傳】

解，《序卦》：「蹇者難也，物不可以終難，故受之以解。」物無終難之理，難極則必散，蹇解相因也。解者散也，疏散其難。所以次蹇也。

為卦，震上坎下。震，動也，坎，險也，動於險外，出乎險也，故為患難解散之象。又震為雷，坎為雨，雷雨之作，蓋陰陽交感，和暢而緩散，故為解。解者，天下患難解散之時也。

【釋義】

解者，散也、寬也，困窮而能寬處之，則蹇解也。達摩有云：「寬則遍法界，窄則不容針。」心寬則觸處為解，終日乾乾而心不繫累，雖未脫困，而解已自生。若不能寬其心，芥末之忿纏繞其心，耿耿於懷，則不能解縛也。

生於斯世，無時不困繫，又無時不解蹇，二者循環，無有盡了。困與解，不在事之如何蹇阻，而常繫一念之正否。所繫之念邪，則心縛身困而不能寬以解，故解之道，當先正心。君子處蹇艱之時，心不繫於艱阻，則處困不窮，安之若素，聽命樂順，若天之廣闊容受，則居蹇而若解散也，如此方能奮力一搏，雷震獅吼，而蹇自解也。若心有羈絆，有所畏怖，豈能脫困乎？故解之道，在內不在外，在心不在蹇。

為卦，內坎外震，震而脫繫於險，動在險外，剛出險也；順剛而動，不繫於陰柔，為患解之象。雷震雨下，天地冰解，亦為解之義。

《大宗師》有「懸解」一說：「安時而處順，哀樂不能入也，此古之所謂縣解也。」解為蹇之倒卦，安時順處則蹇解。卦辭「利西南」，西南坤順，坤順乾而生物，解時順守坤德，寬大其懷，不與物對，安時處順也。

解：利西南，無所往，其來復吉。有攸往，夙吉。

【程傳】

西南，坤方。坤之體，廣大平易。當天下之難方解，人始離艱苦，不可復以煩苛嚴急治之，條文多為煩，不仁為苛，罰重為嚴，躁進為急。**當濟以寬大簡易，**寬大容眾，簡易好從。**乃其宜也。如是，則人心懷而安之，**懷，自內悅服，非自外懼服。**故利於西南也。**寬易則有利。**湯除桀之虐，而以寬治；武王誅紂之暴，而反商政，**復歸商湯廣大平易之政。**皆從寬易也。**寬則容眾，簡則易從。

「無所往，其來復，吉有攸往，夙吉」：無所往，謂天下之難已解散，無所為也；寬政而不擾民。**有攸往，謂尚有所當解之事也。**修治道。**夫天下國家，必紀剛法度廢亂，而後禍患生。聖人既解其難而安平無事矣，是無所往也；則當修復治道，正紀剛，明法度，進復先代明王之治，**進復，進而復修。復，歸也。**是來復也，**來復於明王之治。**謂反正理也，**返也、歸也。**天下之吉也。其，發語辭。自古聖王救難定亂，其始未暇遽為也；**為，新制度之類。天下新定，以安撫為主，不宜大作制度，故言未暇遽為。遽，馬上也。**既安定，則為可久可繼之治。**定制度、作禮樂也。**自漢以下，亂既除，**亂既除去，當革除舊政，定制度新天下。**則不復有為，**不復作制度。**姑隨時維持而已，故不能成善治，**王霸雜用，不復仁政，不得為善治也。**蓋不**

知來復之義也。復歸王道也。

有攸往夙吉，夙，言其速也。言往於王道之正，則速吉也。程子解「夙」為「早」，能早，即速也。**謂尚有所當解之事，則早為之乃吉也。當解而未盡者，**當解之時而未盡除舊弊。**不早去，**去除舊政。**則將復盛；**亂政復盛。**事之復生者，**虐暴之事。**不早為，**為，解去也。**則將漸大，**馴順則漸大。**故夙則吉也。**夙，夙改就正也。

【釋義】

天下處蹇時，政法苛嚴，上下不交通，萬物不生，民生疾苦；蹇難初解，瘡痍未愈，當治之以寬大，行西南之道以寬受承載萬民，則民心順附，眾往歸之，利西南也。西南坤體，坤體直方大能載物，患解之後，民皆欲就平易之所，故云利行西南；坤為眾，利西南以從眾願，與民同心共利，方能解也。

無所往者，謂九四。四乃尊居其上，當大臣之位，處解之時，當無所往也，往則與下民絕通。解時，舊患初解，當修補瘡痍，不宜有大舉措，且陽剛居上，乃大臣之位，且處柔地，固非用剛之時，當來通於下，「來復」而應於初，修復內政，居內則大有作為，則吉。

有攸往者，謂九二。二乃卑居其下，為賢臣居下者，處解之時，道行於天下，君子修德進業，當有所往而行其志，不往而僻處，則與上絕通，非解時君子處下之道。二往應於五，臣進仕於君，下交通於上，君子往治天下之時，當夙興夜寐，趨時之敏，不可緩怠，故言夙吉。

【補遺】

兩個「往」為解卦兩陽之動，陽居上則來復於下，安定下民，不可往作也；陽處下則往行向上，君子當食於朝，不可不往也。

復，使天下復歸於正，修制度而已，非敢作也。《說文》：「夙，早敬也。」勤敬於事為夙。九二田獲三狐，勤於政事，夙吉也。

《彖》曰：解，險以動；動而免乎險，解。

【程傳】

坎險震動，險以動也。不險則非難，不動則不能出難。動而出於險外，是免乎險難也，故為解。

【釋義】

解之卦象「險以動」。處險之時，不思動而出險，則與險相繫縛而不能免於險；剛動而出險，不為陰柔所束，解除與險難之縛繫，天下解困。

動於險內，奮力出險，是為脫解。動於險外，有所動皆履平順，是為出解。

解利西南，往得眾也。

【程傳】

解難之道，利在廣大平易，廣大則容眾，平易則易遵循。故為治之道，必廣大平易，近乎中庸。**以寬易而往濟解，則得眾心之歸也。**歸心於平易之道，君子必藏此器於身，方能得眾而為萬民之主。

【釋義】

往行平易之政，可得眾之助，以解天下之困，往得眾也。

西南為坤方，坤有平易庶眾之象。解時，若以廣大平易之道紓難解困，則民心歸附；處眾庶之地，與民同心共利，則得民助。九二剛中居柔，尊高處卑，我視自我民視，我聽自我民聽，與民休戚同體，卑順下來就民，寬而得眾之象。若進德修業，往居尊位，作制度以新民，聖人居正位，平治天下也。

利西南，利踐行西南之道。往，乃自願為之，降尊而謙順，以從民欲，同其心同其德，則能盡其誠而得眾。得眾者，得民心也。

【補遺】

往，非說居上者要自家親去，就近下民，只是往行其正，便是卑順，居上者行寬大之政，便是往行西南之道。

其來復吉，乃得中也。

【程傳】

不云無所往，省文爾。救亂除難，一時之事，未能成治道也，治道必有制作。**必待解難，無所往然後來復先王之治，**沿革先王之制作。**乃得中道，**復，復歸中道也。在天地曰陽復，在人世曰復聖人之道。**謂合宜也。**

【釋義】

朱熹以為，《解》為《小過》之變：三來二往——《小過》九三來復居二，為得中。

來，剛來內居二之中。處蹇時，柔不能濟難，非剛不能脫險，故剛要來內入於險中。剛來內不居中，也不得脫險，故剛需來內居二，唯剛處內以行中道，因時制宜，方是脫險之道。

【補遺】

下民陷於蹇難，不有剛正大人拯溺，豈能脫難？剛正大人也需行中正大道，方能成事，故言「來復吉」，來內而復其剛中之位，方有吉。

有攸往，夙吉，往有功也。

【程傳】

有所為則夙吉也。早則往而有功，緩則惡滋而害深矣。雷震雨行，萬物隨興，必有順義、速義；臣子傚之，當速往輔君。往者，往順君也。有功者，臣子受命而後有功，故有功當歸之於君，臣不敢居有功也。

【釋義】

天下難解，天變也，君子傚之，當進而仕於朝，立於君側，有攸往也。臣子輔君，新天下作制作，當快宜速，夙吉也。往，二剛往應於五，以剛中之德輔助君上，刑範於天下，革舊政作新制。新中國初始，天下安定，各類新制相續而作，以示天下百姓，將不復舊。

【補遺】

九四下來安民，維持秩序；九二上行輔六五作制度，新天下新民。上行必有作，下來則復舊秩，一來一往，各有其功，各有其事。

天地解而雷雨作，雷雨作而百果草木皆甲坼，解之時大矣哉！

【程傳】

既明處解之道，復言天地之解，以見解時之大。天地之氣開散，陽復而上行，陰歸而下行。**交感而和暢，則成雷雨；雷雨作而**一作則**萬物皆生發甲坼。**種子外皮裂開為甲坼。**天地之功，由解而成，**解為成物之始。**故贊解之時大矣哉。王者法天道，行寬宥，**天地解，容萬物之生，天地之寬也。**施恩惠，養育兆民，**天地解以生物，天地之施恩惠也。王者定制度安民，使民各得其所，王者之養育。**至於昆蟲草木，乃順解之時，**萬物順解而甲坼。**與天地合德也。**

【釋義】

陰陽交和，天地冰解。雷雨大作，乃為立春之際。雷雨行，萬物興起而作，生機釋放，百果草木皆甲坼，順天而行也。甲，種子外皮。坼，破裂。甲坼，種子發芽，外皮裂開。

處解之際，居上者解困要及時從速，居下者待命要待時順命，上動下順，和合共處，君民交心，解之時大矣哉！

《象》曰：雷雨作，解。君子以赦過宥罪。

【程傳】

天地解散而成雷雨，天地交合，天地解散也。故雷雨作而為解也。交通為解。與明兩而作離，語不同。赦，釋之。赦免也。宥，寬之。宥，減緩也。過失則赦之可也，罪惡而赦之，非義也，故寬之而已。君子觀雷雨作解之象，體其發育，體其發育在己者，則有仁德在身。則施恩仁；推己之仁。體其解散，體其解散在己者，則有寬裕在身。則行寬釋也。推己之寬。

【釋義】

程子云：「君子觀雷雨作解之象，體其發育則施恩仁，體其解散則行寬釋也。」君子觀天地和解之象，反諸己、體其寬仁，推而行之，以赦免過錯、寬宥罪責，順行天之寬解之道也。

初六，无咎。

【程傳】

六居解初，患難既解之時，以柔居剛，以陰應陽，柔而能剛之義。居剛、順剛，皆是能剛之義。如坤順乾有牝馬無疆，是順天而有健義。既無患難，而自處得剛柔之宜。患難既解，安寧無事，安，安其位；寧，心無旁騖；無事，柔不自作，臣不自進，靜守待命而已。唯自處得宜，則為无咎矣。方解之初，宜安靜以休息之。當自處無為，百姓安寧以寧天下。爻之辭寡，所以示意。示安靜無事，無費辭也。

【釋義】

解時而能解者，為陽、為尊、為上也。初陰柔居卑，力不逮於自振，是不能解者，而為待解者，故初當不作為，不妄動，安寧以俟，靜處則无咎。爻辭簡寡，以無事為安。

解卦六爻，除上六，其餘五爻皆為剛柔錯位，何以如此？天地解，以陰陽交合為義，無交合則不成解，故以爻錯位以明陰陽相交之義。初六陰居陽位，在他卦為處不正，解時卻是柔際遇剛而解，故无咎也。

《象》曰：剛柔之際，義无咎也。

【程傳】

初四相應，是剛柔相際接也。柔處剛位，亦是剛柔相際。剛柔相際為得其宜，難既解而處之剛柔得宜，其義无咎也。

【釋義】

解時，當處剛柔交通之際，則解脫，故陰居陽位而為義正，義无咎也。

九二，田獲三狐，得黃矢，貞吉。

【程傳】

九二以陽剛得中之才，上應六五之君，用於時者也。中者，隨時而合宜，故必以時言。天下小人常眾，剛明之君在上，則明足以照之，明照事之曲直、情之公私。威足以懼之，居位而行其正則有威。剛足以斷之，剛立而不改，則可斷以正也。故小人不敢用其情，謂不敢用其私情也。然尤常存警戒，能明、威、剛，又益之以常存警戒，慎之又慎也。慮其有間而害正也。邪間於正，害正也。慮，憂患；其，小人。

六五以陰柔居尊位，其明易蔽，柔則易私繫，私則蔽明也。其威易犯，柔不能剛立，故其威易於為下所犯。其斷不果而易惑，優柔寡斷，易於被人蠱惑。小人一近之，則移其心矣。況難方解而治之初，善惡交際之時，善俗不固，易於反惡。其變尚易。

二既當用，必須能去小人，為六五去小人，三狐也。則可以正君心而行其剛中之道。六五順九二而得剛中之道。田者，去害之事。狐者，邪媚之獸。君側之小人。三狐指卦之三陰，時之小人也。獲謂能變化除去之，以正變化其邪。如田之獲狐也，獲之則得中正之道，乃貞正而吉也。

黃中色，土居中色黃。矢直物，直紓本心，言能盡忠竭誠也。黃矢謂中直也。中直，直出自中德也。群邪不去，君心一入，入於邪。則中直之道無由行矣。桓敬之不去武三思是也。桓敬之，即桓彥範，因得罪武三思，被貶至貴州，後被虐殺。武三思，武后侄子，禍亂朝綱，淫亂後宮，被太子李重俊矯詔誅殺。

【釋義】

九二「有攸往」，往應於五，凡歷三爻，獵三狐，清君側也。狐雖害小，然三以成黨，小人黨聚則害深，解時不除其黨，則不能為天下紓難解困。

九二解除小人之黨禍，修得剛中之德，得黃矢也。黃言中，矢言直；得黃矢，謂行修中直之道，敬守臣道也。

二以剛明之臣，清除君側而不犯上，貞固之則吉。

《象》曰：九二貞吉，得中道也。

【程傳】

所謂貞吉者，得其中道也。去三狐而得中道。除去邪惡，使其一無其字中直之道得行，除去，解也。解其邪惡繫於正也。乃正而吉也。

【釋義】

九二剛居柔中，剛能斷，柔能順，中則不偏於正，以行中直之道而得貞吉。

六三，負且乘，致寇至，貞吝。

【程傳】

六三陰柔，居下之上，處非其位，柔居剛，不正也，以不正而臨下，下皆不正也。**猶小人宜在下以負荷，**小人以負荷為其職分，用其氣力。**而且乘車，非其據也，**非其居所。**必至寇奪之至，**行不正必致不正之物。**雖使所為得正，亦可鄙吝也。小人而竊盛位，**三居下之上，在下之盛位也。**雖勉為正事，而氣質卑下，**在乘而負物，氣質卑下也。**本非在上之物，**本宜在下負物而行。**終可吝也。**居處不正而致寇，終可咎也。

若能正大則如何？柔正其所居，也不可為大。**曰：大正非陰柔所能也，若能之，則是化為君子矣。三，陰柔小人，宜在下而反處下之上，猶小人宜負而反乘，當致寇奪也。難解之時，而小人竊位，復致寇矣。**

【釋義】

三柔居剛位，行不正也；且柔居兩剛之間：負於四，輕慢其上；乘於二，橫暴其下；負且乘，不正之甚，必招寇至。

子曰：「負也者，小人之事也。乘也者，君子之器也。小人而乘君子之器，盜思奪之矣。上慢下暴，盜思伐之矣。慢藏誨盜，冶容誨淫。」小人習於負重而行，即或乘車，也不免於車上負重而坐，積習所至，難以驟改。盜賊觀之，知為小人乘君子之器，非其所有而居之，是故競欲奪之。

柔居剛位，不堪其任，不能正下也；不能正下，下必犯之，必致寇至。程子云：「難解之時，而小人竊位，復致寇矣。」

《象》曰：負且乘，亦可醜也，自我致戎，又誰咎也？

【程傳】

負荷之人，而且乘載，承乘兩剛，象為負乘。**為可醜惡也。處非其據，德不稱其器，**器，有才器，有德器。**則寇戎之致，乃已招取，將誰咎乎？**

聖人又於《繫辭》明其致寇之道，謂「作易者，其知盜乎！」居上不正則盜竊生，故當正上以息盜。**盜者乘釁而至，**釁，釁字也。**苟無釁隙，則盜安能犯？負者，小人之事；乘者，君子之器。以小人而乘君子之器，非其所能安也，故盜乘釁而奪之。小人而居君子之位，非其所能堪也，故滿假而陵慢其上，**滿，驕滿也。假而，至於也。**侵暴其下，盜則乘其過而伐之矣。伐者，聲其罪也。盜，橫暴而**

至者也。

貨財而輕慢其藏，是教誨乎盜，使取之也。女子而夭治其容，是教誨淫者，使暴之也。小人而乘君子之器，是招盜使奪之也，皆自取之之謂也。

【釋義】

柔承乘上下兩剛，負且乘也，又居處不正，不安之甚，其行可醜也。

小人才德不配，不可居君子之器，居之則致寇。才德不配而居上，不能正己亦不能正人，下必犯之，又誰咎也。

九四，解而拇，朋至斯孚。

【程傳】

九四以陽剛之才，居上位，外卦、近君皆為上。承六五之君，承，下敬順於上，承其責任其勞之謂。大臣也，而下與初六之陰為應。拇，在下而微者，謂初也。喻小人也。居上位而親小人，則賢人正士遠退矣。斥去小人，則君子之党進，而誠相得也。君子相得非由他也，由誠也。四能解去初六之陰柔，則陽剛君子之朋來至而誠合矣。以正行則正應之，以邪行則邪應之，類以聚也。不解去小人，解小人者，解心中之賊也，故解去之則為盡誠。則己之誠未至，安能得人之孚也？初六其應，初言卑，六言柔；柔居卑而欲繫應於在上之陽剛，邪也，故當遠之。故謂遠之為解。正己則心遠邪僻，繫自解也。

【釋義】

解，解繫也；而，汝也；拇，足大指，居下且微，喻小人。初、四正應，初為拇，小人也。

解時以解繫為正，應與則不正。九四剛居上，繫於下陰為不正，故當解繫初之應與，以歸其正。四居人臣之位，剛居解時，當為天下解其繫，然親近小人，是不能取信於君子而來朋，故當解去小人之私昵而從君子。解而拇，四解繫不正之私應，還歸於正，故信實伸而朋自來。朋，同志之謂，九二也。

何楷曰：「解，去小人之卦也。卦惟二四兩陽爻，皆任解之責者。而，汝也。拇，足大指也。九四居近君之位，苟昵近比之小人而不解，則君子之朋雖至，被必肆其離間之術矣。」

《象》曰：解而拇，未當位也。

【程傳】

四雖陽剛，然居陰，於正疑不足，疑者，兩取之義，故不能安定而疑惑也；居大臣之位，取捨疑惑，豈能勝其任也？**若復親比小人，**復親比小人，增益其不正之疑；增其惑而不減損，固其不正也，故程子云「其失正必矣」。**則其失正必矣，故戒必解其拇，**拇動當以行為正，然拇能擅動而不以行為志，故以小人喻之，不安其位也。**然後能來君子，以其處未當位也。解者，本合而離之也，**初四正應，故言本合。**必解拇而後朋孚。**除私繫，伸其孚信於朋類。**蓋君子之交，而小人容於其間，**間隔君子也。**是與君子之誠未至也。**誠至則無間可間也。

【釋義】

九四剛居柔，當大臣之位，卻私繫於小人，是處其尊高之位，而未盡其解繫天下小人之責，未當位也。四若能解其私繫，除山中賊，進君子去小人，則當位而任。

解當以剛斷其私，剛居柔則失剛斷之公，不免於私，故程子以為「於正疑不足」。

六五，君子維有解，吉。有孚於小人。

【程傳】

六五居尊位，為解之主，解天下也，天下之解系於五，故為主。主，猶主持之主，主持解之重任。**人君之解也，以君子通言之。君子所親比者，必君子也；所解去者，必小人也；故君子維有解則吉也。**維有解，心繫於解去天下之小人也。**小人去，則君子進矣，**為政在正己，正己則君子進小人退也。**吉孰大焉？有孚者，世云見驗也，**見諸於解去小人之繫也。**可驗之於小人。小人之黨去，**不居位也。**則是君子能有解也。**當解之任也。**小人去，則君子自進，正道自行，天下不足治也。**言易治也。

【釋義】

維，繫也。解天下之困者，維繫於五；六五處於至尊，擔當解系之任，君子維有解也。處其位，不避其任，居之不怠，故能有孚信於下民，事順而吉。

二、四陽剛為君子，為五所心繫；初、三、上為陰柔小人，是五所必解系者。五若能繫君子之朋，而解小人之黨，則吉。人君散其小人之黨，君子進、小人退，下民觀之，則信之矣，故言有孚於小人。

《象》曰：君子有解，小人退也。

【程傳】

君子之所解者，謂退去小人也。小人去，則君子之道行，是以吉也。

【釋義】

解小人之繫，以成君子之繫，君子有解也。小人解系於廟堂，不居政要，小人退也。

上六，公用射隼於高墉之上，獲之无不利。

【程傳】

上六尊高之地，而非君位，故曰公，公，言其公心無私。非公不能解天下之私繫。但據解終而言也。尊高而非王，公也。隼，鷙害之物，象為害之小人。墉，牆內外之限也。害若在內，則是未解之時也；若出墉外，則是无咎矣，復何所解？已解，不需復解。故在墉上，離乎內而未去也。戒之也。云高，見防限之嚴；設高險以防。而未去者，上解之極也。解極之時，而獨有未解者，乃害之堅強者也。上居解極，解道已至，器已成也，故能射而獲之。既獲之，則天下之患解已盡矣，何所不利？

夫子於《繫辭》復申其義曰：「隼者禽也，弓矢者器也，射之者人也。君子藏器於身，可藏身之器，德也。待時而動，待時而行其道也。何不利之有？動而不括，括，塞也、阻也。行順而無阻也。是以出而有獲，道能順行，風行草上必偃，故必成功而獲也。語成器而動者也。成器，成大人之德也。大人之德成，必有光輝及天下之人，小人聞之而偃伏，獲隼也。」鷙害之物在墉上，苟無其器，與不待時而發，君子成德，必待時而行，時不至，潛龍而已。則安能獲之？德不能行於天下，天下也不為我所用，安能除害，安能獲隼也？所以解之之道，器也；弓矢者，君子之德也；射弓矢，君子行道也；獲隼，行有功也。事之當解與已解之之道至者，時也。如是而動，故無括結，括結：捆縛，阻隔也。時至道行，故無阻隔。發而不利矣。行而無不成也。括結謂阻礙。

聖人於此發明藏器待時之義。君子行不離輜重，藏器也。夫行一身至於天下之事，苟無其器，君子之器，道也。與不以時而動，小則括塞，時未至，則道阻隔。大則喪敗。道不行也。自古喜有為而無成功，或顛覆者，皆由是也。或不待時而出，或時至而無器，皆敗喪之道。

【釋義】

上六居高而尊，公也。二三四為離，離為隼，六三也。墉，城牆，隔內外也。六三居下之上，高也，處上下卦之間，墉也。六三負乘，小人竊位，高非其履也。隼止墉上，墉非其處也。公射殺之，阻強敵之入侵，解繫天下之悖亂者。

九二言獲狐，狐乃穴城內，媚上為事，為亂邦者，獲狐者，解繫內亂也。上六曰射隼，隼為猛禽，居野外，為外侵者，射隼者，解繫外侵也。

象以「解悖」為解，則上六任王公之職，當為天子平叛諸侯之悖上者，似周公與武庚管蔡之事。

《象》曰：公用射隼，以解悖也。

【程傳】

至解終而未解者，悖亂之大者也。射之，所以解之也，解其侵害也。**解則天下平矣。**

【釋義】

大害除，悖亂解，天下安矣。

前五爻皆是解邦內之困，獲三狐、負乘寇至、解拇、維解，皆為解散邦內小人之繫。上六自邦內至於墉牆之上，欲推出去，平治天下，解繫諸侯之悖亂者，故言獲隼。

周易下經中・卷五

䷨損卦第四十一　兌下艮上

【程傳】

損，《序卦》:「解者緩也，緩其約束也。緩必有所失，失其則也。故受之以損。」縱緩則必有所失，縱緩，緩而不束，猶放其心而不收。失則損也，失其約束，有損於道。損所以繼解也。

為卦，艮上兌下。山體高，澤體深，下深則上益高，為損下益上之義；又澤在山下，其氣上通，潤及草木百物，是損下而益上也；損其澤氣以益山上草木百物。又下為兌說，三爻皆上應，是說以奉上，亦損下益上之義；悅乃是循於人而損於己。又下兌之成兌，由六三之變也，上艮之成艮，自上九之變也，程子以為六子皆有乾坤父母變化而來，上卦在上卦內變，坤變為艮；下卦在下卦內變，乾變為兌。三本剛而成柔，剛變柔，損下也。上本柔而成剛，柔變剛，益上也。亦損下益上之義。損上而益於下則為益，取下且益於上則為損。天地損上益下，人道損下益上。

在人，上者施其澤以及下則益也，澤及於下民則益。取其下以自厚則損也。剝削下民而自肥於上，為損。譬諸壘土，損於上以培厚其基本，則上下安固矣，豈非益乎？取於下以增上之高，則危墜至矣，豈非損乎？故損者損下益上之義，益則反是。

【釋義】

緩解則必有失，損繼之也。

為卦，三爻之剛上行至上位，上爻之柔下行至三位，損下剛益上柔，為損下益上之象。蘇軾：「自陽為陰謂之損，自陰為陽謂之益。」

其他，如澤氣上行潤山、下兌悅順於上艮、澤深益山高，皆取損下益上之義。為政者觀此象，當損上益下，培育民之根本，若竭澤而漁，剝民以自肥，必自取滅亡。

【補遺】

《說苑》記錄孔子說損益——

孔子讀易至於損益，則喟然而歎，子夏避席而問曰：「夫子何為歎？」

孔子曰：「夫自損者益，自益者缺，吾是以歎也。」

子夏曰：「然則學者不可以益乎？」

孔子曰：「否，天之道，成者未嘗得久也。夫學者以虛受之，故曰得；苟不知持滿，則天下之善言不得入其耳矣。昔堯履天子之位，猶允恭以持之，虛靜以待下，故百載以逾盛，迄今而益章。昆吾自臧而滿，意窮高而不衰，故當時而虧敗，迄今而逾惡，是非損益之徵與？吾故曰：謙也者，致恭以存其位者也。夫豐，明而動故能大，苟大則虧矣。吾戒之。故曰：天下之善言不得入其耳矣。日中則昃，月盈則食，天地盈虛，與時消息；是以聖人不敢當盛。升輿而遇三人則下，二人則軾，調其盈虛，故能長久也。」

子夏曰：「善，請終身誦之。」

損：有孚，元吉，无咎，可貞，利有攸往。

【程傳】

損，減損也。凡損抑其過，損過以就中。**以就義理，皆損之道也。損之道，必有孚誠，**損弗人情，不有誠孚，難取信於人。五虛中，二剛中，皆中道誠孚以應。**謂至誠順於理也。損而順理，則大善而吉；所損無過差，**損不過中。**可貞固常行，而利有所往也。人之所損，或過，**過於中。**或不及，**不及於中。**或不常，**不常則不中。**皆不合正理，理者，**事物之中也。**非有孚也。非有孚，則無吉而有咎，非可貞之道，**貞守損而有孚信。**不可行也。**

【釋義】

損人益己，損下益上，皆不可久繼。唯損己之私欲，損己之克、伐、怨、欲之情，或損下以益公事，取之於民，用之於民，當損而損，損與時行，時損則損，損在理上，方能損而有孚信，則大吉，行之无咎也。

貞守此損，何事不成？必當利行於天下。

曷之用？二簋可用享。

【程傳】

損者，損過而就中，損而過中謂嗇，嗇不可為常道。損浮末而就本實也。浮言虛，末言無根。聖人以寧儉為禮之本，較之世俗浮誇僭越於禮，故曰寧儉。故為損發明其義，以享祀言之。享祀之禮，其文最繁，然以誠敬為本，多儀備物，備，備也。備物，多器用以盡祭禮，備物也。所以將飾其誠敬之心，飾過其誠，則為偽矣。飾過則蔽其誠心。損飾所以存誠也，損外必存內。故云「曷之用？二簋可用享。」二簋之約，約以二簋以盡其誠。約，簡約也。可用享祀，約損其多儀備物。言在乎誠而已，誠為本也。

天下之害無不由末之勝也。末勝本，蔽其誠。峻宇雕牆，本於宮室；酒池肉林，本於飲食；淫酷殘忍，本於刑罰；窮兵黷武，本於征討。凡人慾之過者，皆本於奉養，其流之遠，其流，如「峻宇雕牆」、「酒池肉林」之類。則為害矣。

先王制其本者，制度以固其本者。天理也；後人流於末者，人慾也。損之義，損人慾以復天理而已。

【釋義】

曷者，何也。損而有孚之道，何處見其用也？

——祭以二簋。

以二簋祭祀，損過飾而見孚信。舉約損祭祀之多儀備物，以明損浮末以顯孚誠，損而有孚之用。

孚信，中道也，損必以中道為依止。過損則嗇，嗇則過於中道，亦不見孚信，不可為用也。

《彖》曰：損，損下益上，其道上行。

【程傳】

損之所以為損者，以損於下而益於上也。損下之過剛（三陽），益上之過虛（三陰）。取下以益上，故云其道上行，夫損上而益下，則為益；損下而益上，則為損。損基本以為高者，基本，本也。豈可謂之益乎？

【釋義】

下卦本為乾，三陽過盈；上卦本為坤，三陰過虛，損三之陽至上位，坤變艮；上六下行至三位，乾變兌，如此之損，乃所以使陽剛之道上行。

乾處卑下，損之以就高尚，剛道上行也。

損而有孚，元吉，无咎，可貞，利有攸往。

【程傳】

謂損而以至誠，損浮末而顯其至誠。則有此元吉以下四者，損道之盡善也。

【釋義】

孚信為損道之本，損而有孚，損約浮末，所以培育其根本，有此根本，則元吉、无咎、可貞、利有攸往等四者皆根於此，故根本固則繁茂不息。

曷之用？二簋可用享。二簋應有時，損剛益柔有時。

【程傳】

夫子特釋「曷之用？二簋可用享」，卦辭簡直，謂當損去浮飾。曰何所用哉？二簋可以享也。享神也。厚本損末之謂也。厚其敬慎之本，損其禮備之繁。

夫子恐後人不達，遂以為文飾當盡去，有二簋，非盡去文飾也。故詳言之。二簋之用，也宜順時。有本必有末，有實必有文，天下萬事，無不然者。無本不立，無文不行。二簋之祭，其本為敬，其文為簋。無二簋，則敬無以寄存，故云「無文不行」，無二簋之文則無以行敬畏之心。父子主恩，內思孝敬。必有嚴順之體；外行嚴順。君臣主敬，必有承接之儀；禮讓存乎內，待威儀而後行；尊卑有其序，非物採則無別；文之與實，相須而不可缺也。

及夫文之勝，末之流，文之勝實之時，末之流放之際。遠本喪實，乃當損之時也。故云曷所用哉。二簋足以薦其誠矣。向祖神薦獻其敬誠之意。孔穎達：「曷之用二簋可用享者，明行損之禮，貴夫誠信，不在於豐。二簋至約，可用享祭。」謂當務實而損飾也。飾多則蔽其誠敬之意。夫子恐人之泥言也，泥執而死於言語，不能通達大義。故復明之曰：二簋之質，用之當有時，非其所用而用之，不可也。謂文飾未過而損之，與損之至於過甚，損之過甚，則慳嗇而慢神。則非也。損剛益柔，有時剛為過，柔為不足，損益皆損剛益柔也，必順時而行，不當時而損益之，當時：不當其時，適時也。則非也。

【釋義】

文過於質，如八佾舞於庭、三家者以雍徹之類，則可用二簋矯枉文過僭越之失。柔居上，剛卑下，可損剛益柔，使陽剛之道上行，柔卑順於剛。若不得其時而用，皆有過猶不及之失：過質則嗇，過剛則亢。

損益盈虛，與時偕行。

【程傳】

或損或益，或盈或虛，唯隨時而已。時盈則盈，則盈不過中；時虛則虛，則虛不過中。**過者損之，不足者益之；虧者盈之；實者虛之，與時偕行也。**

【釋義】

損益盈虛，需順時而行，皆以彼時之經驗損益之。

理不可浮於事而濫用，理浮於事而用為西方的理性膨脹，用所謂的「普遍真理」來宰割事實，使事實屈從於「理」。

【補遺】

《說苑》記錄孔子說「欹器」，發明損滿之理——

孔子觀於周廟而有欹器焉，孔子問守廟者曰：「此為何器？」

對曰：「蓋為右坐之器。」

孔子曰：「吾聞右坐之器，滿則覆，虛則欹，中則正，有之乎？」

對曰：「然。」

孔子使子路取水而試之，滿則覆，中則正，虛則欹，孔子喟然歎曰：「嗚呼！惡有滿而不覆者哉！」

子路曰：「敢問持滿有道乎？」

孔子曰：「持滿之道，挹而損之。」

子路曰：「損之有道乎？」

孔子曰：「高而能下，滿而能虛，富而能儉，貴而能卑，智而能愚，勇而能怯，辯而能訥，博而能淺，明而能闇；是謂損而不極，能行此道，唯至德者及之。《易》曰：『不損而益之，故損；自損而終，故益。』」

《象》曰：山下有澤，損，君子以懲忿窒欲。

【程傳】

山下有澤，氣通上潤，澤氣上潤於山，損下益上。**與深下以增高，皆損下之象。君子觀損之象，以損於己：在修己之道所當損者，唯忿與欲，故以懲戒其忿怒，**懲，戒也。私忿私欲，皆過中，故當懲戒之。**窒塞其意欲也。**

【釋義】

山為仁剛，艮止象；澤為人慾，流放象，君子觀此，艮止其流放：懲其私忿，窒其欲流，以就仁剛也。

初九，已事遄往，无咎，酌損之。

【程傳】

損之義，損剛益柔，剛立德，柔失德，故言損剛益柔。**損下益上也。**下三爻皆剛，三爻乃是上行益上六之柔而變陰。**初以陽剛應於四，四以陰柔居上位，賴初之益者也。下之益上，當損己而不自以為功，所益於上者，事既已，**功成也。**則速去之，不居其功，**臣道順後，有響後應，不敢居功也。**乃无咎也。若享其成功之美，**臣乃是受賜而享，不能居之而享。**非損己益上也，於為下之道為有咎矣。四之陰柔，賴初者也，故聽於初；初當酌度其宜，而損己以益之，過與不及，皆不可也。**

【釋義】

已事，損己也；遄往，急往而順命也；所以无咎者，酌損己事而就君上之命。

已事，虞翻謂祭祀之事：已通祀。程子謂「事既已」，成事也；朱熹謂「輟所為之事」，放下手中未竟之事。遄，音 chuán。遄往，速往也。往是向四而行，「往」在「已事」之後，故「事」非四之事，程子之說不確。

上之事為重，下之事為輕，且損下益上貴以速，故言放下手中未竟之事，速往就上，已事遄往也。

事未竟，已有損矣，若事已成，何為損？「君命召，不俟駕行矣」，上有召，臣可顛倒衣冠前往，則臣之禮儀未竟成而有損也。「已事遄往」，非此類乎？不獨臣事君如此，臣治天下也如此，周公三吐脯，膳事未竟而就賢者，損己而益賢也。

上，六四也。初四正應，初損己之剛，益四之柔，雖已事未竟，然能趨時之敏，酌損之也。

《象》曰：已事遄往，尚合志也。

【程傳】

尚，上也，時之所崇用為尚。初之所尚者，與上合志也。四賴於初，初益於四，與上合志也。

【釋義】

尚，上也，上行也。合志，初四合志。初上行與四合志共事，損剛益柔，宜速往就之。

九二，利貞，征凶。弗損，益之。

【程傳】

二以剛中，當損剛之時，居柔而說體，悅體，和順從人為悅體之性。**上應六五陰柔之君，以柔說應上則失其剛中之德，**悅，則以順他人之道，六五之道陰柔，九居陰位兌體，故易以陰柔從六五。**故戒所利在貞正也。**貞固剛中，不可失也。**征，行也。**

自內出外為征，二上應於五，故言征。**離乎中**，失中德也。中德失，則剛健亦隨之失。**而失其貞正而凶矣，守其中乃貞也**。守其中，乃所以守其剛健。**弗損益之：不自損其剛貞，則能益其上，乃益之也；若失其剛貞，而用柔說**，以柔悅從人，奉己從人也。**適足以損之而已，非損己而益上也**。柔媚事人，不益反損於人。**世之愚者，有雖無邪心，而唯知竭力順上為忠者**，竭力順上，則不能剛立，如冉有為季氏聚斂。**蓋不知弗損益之之義也**。弗損其臣子剛健之德，乃所以益君上之志。

【釋義】

朱熹：「九二剛中，志在自守，不肯妄進，故占者利貞，而征則凶也。弗損，益之，言不變其所守，乃所以益上也。」

剛居柔，非其正也；且二五正應，二居兌體，易於取悅五而失其剛健之德，故戒之以「利貞」，當自守也。若九二不能「貞」己，而往益六五，則以不正之道輔其君，不益反損，故言「征凶」。九二若能弗損其剛健之德，剛中而行，不損其正，以應於五，則益之也。

《象》曰：九二利貞，中以為志也。

【程傳】

九居二非正也，處說非剛也，處悅體，易柔順於人，非剛也。**而得中為善**。中則能正，則能剛立，中則能不遷其義。**若守其中德，何有不善？豈有中而不正者？豈有中而有過者？**中則正也。**二所謂利貞，謂以中為志也。志存乎中，則自正矣。大率中重於正，中則正矣，正不必中也。能守中**，忠也，忠於己之正道，所以忠於上也。**則有益於上矣。**

【釋義】

中道不偏，則能剛立而弗損，故能利貞。

六三，三人行則損一人，一人行則得其友。

【程傳】

損者，損有餘也；益者，益不足也。三人，謂下三陽，上三陰。三陽同行，則損九三以益上；九至上位，損三位之剛，益上陰虛不足。**三陰同行，則損上六以為三**，六至三位，損上位之柔，益三剛過亢。**三人同行則損一人也。**

上以柔易剛而謂之損，上六至三，變易三之剛性。**但言其減一耳。上與三雖本相應，由二爻升降而一卦皆成，兩相與也。初、二二陽，四、五二陰，同德相比，三與上應，皆兩相與，則其志專**，專志於「相與」。**皆為得其友也。三雖與四**

相比，然異體而應上，非同行者也。三人則損一人，一人則得其友。蓋天下無不二者，一與二相對待，生生之本也，三則餘而當損矣，三則對陰陽有餘，故當損之。此損益之大義也。損益本於陰陽。

夫子又於《繫辭》盡其義曰：「天地絪縕，萬物化醇。男女構精，萬物化生。易曰：『三人行則損一人，一人行則得其友。』言至一也。」絪縕，交密之狀。天地之氣，相交而密，則生萬物之化醇。天地生萬物，專而不已；萬物順受之，專而不已，皆以「醇」言。醇謂醲厚，醲厚猶精一也。醲厚不雜，故言「精一」。男女精氣交構，男女，猶物之陰陽。則化生萬物，唯精醇專一，所以能生也。一陰一陽，豈可三也？故三則當損，言專致乎一也。致一之道唯有陰陽，三則多餘也。天地之間，當損益之，明且大者莫過此也。損益之道，以數言之：獨則益，三則損。獨則益一以成陰陽，三則損一以成陰陽。

【釋義】

一陰一陽之謂道，故三人行必有一人損，損減其一而成陰陽之道。一人行則得其友，增益以成道。

三人行，陽爻之行也。下卦本為乾，乾三陽損去一陽，進位於上，三損己以補上，三人行損一人。六三上行，與上正應，一人行得其友。

王弼：「損之為道，損下益上，其道上行。三人，謂自六三已上三陰也。三陰並行，以承於上，則上失其友，內無其主，名之曰益，其實乃損。故天地相應，乃得化淳；男女匹配，乃得化生。陰陽不對，生可得乎？故六三獨行，乃得其友，三陰俱行，則必疑矣。」王弼以為三、四、五之三陰為三人，三人並行於上，上九不益反損其匹配，損上九一人也。如六三獨應於上，則一人行，兩者皆得友。意思也可。

【補遺】

《周易全解》：「《說苑・敬慎》孔子與子夏論損益：『升輿而遇三人則下，二人則軾，調其盈虛，故能長久也。』此爻講的似乎是古代乘車的規則。乘車理當兩人才能保持車輿的平衡，車子才能行得長久。如果三人就要減損一人；若是一人出行，則要增加一人。」此說頗切實用，可參酌。

《象》曰：一人行，三則疑也。

【程傳】

一人行而得一人，乃得友也。若三人行，則疑所與矣，與，助也。理當損去

一人，損其餘也。損一而合乎陰陽之道。

【釋義】

一人行，得一人，陰陽和合，兩情則專。三人行，損一人，則得陰陽而成道，不損其一，三人皆惑。

六四，損其疾，使遄有喜，无咎。

【程傳】

四以陰柔居上，與初之剛陽相應。在損時而應剛，能自損以從剛陽也，損不善以從善也。徙義也。**初之益四，損其柔而益之以剛，**柔，四之不善。**損其不善也，故曰損其疾。疾謂疾病，不善也。損於不善，唯使之遄速，**速改過也。**則有喜而无咎。人之損過，唯患不速，速則不至於深過，為可喜也。**

【釋義】

疾，言行有虧欠處。齊宣王言：「寡人有疾，寡人好貨，寡人好色」，增修其德則損其不善之疾。損以剛柔相補，以就中為正。六柔居正，在他卦為善，然柔之又柔，是有過柔之疾，且居近君之位，本為多憂之所，有疾固然；另，四處坎體，坎乃有疾之象。初四正應，初以剛益四，損其陰柔之疾，使四遄速就善，則有喜。四能速改其過，自行向善，故无咎。

《象》曰：損其疾，亦可喜也。

【程傳】

損其所疾，固可喜也。云亦，發語辭。

【釋義】

改過則喜。蘧伯玉欲寡過而未能。子以聞過為幸：「丘也幸，苟有過，人必知之。」子路聞過則喜。

六五，或益之十朋之龜，弗克違，元吉。

【程傳】

六五於損時，以中順居尊位，陰以順為德，居中，為中順之德。**虛其中以應乎二之剛陽，**虛中，謂能順聽下臣又能貞固君德。陰唯有居中，方不易柔順失己。**是人君能虛中自損，**人君，位尊高也；自損，謂能損其尊高而就卑也。**以順從在下之賢也。能如是，天下孰不損己自盡以益之？**自盡，自盡其忠順之心。**故或有益之之事，則十朋助之矣。**十朋之助，極言臣下以赤誠之忠奉事君上。**十，眾辭。**眾，多也。眾辭，表達「多」

的語言。**龜者，決是非吉凶之物。眾人之公論，必合正理，雖龜策不能違也。如此，可謂大善之吉矣。古人曰：「謀從眾，則合天心。」**

【釋義】

朋，錢幣單位。龜，決疑之物。漢代元龜，長一尺二寸，值大貝十朋；公龜，九寸以上，值壯貝十朋；侯龜，七寸以上，值麼貝十朋。子龜，五寸以上，小貝十朋。按漢代標準，十朋之龜為一尺二寸元龜，但爻辭時代古遠，未必近同於漢，故難確定。

龜越大，決疑越準，益以十朋之龜，眾望所歸，天助之象也。言天助即所以言眾望，天聽自我民聽也。楊簡：「十朋之龜，皆從而弗違，天與龜神佑之也。鬼神佑之，故龜筮協從。」獻龜略如獻玉璽，得之者認為天命降臨，人當順之勿逆，故言「弗克違，元吉」。

六五柔中居尊位，能謙退虛懷以容眾，萬民「大同」於五，得此十朋之龜，受之無疑。《洪範》：「汝則從，龜從，筮從，卿士從，庶民從，是之謂大同。」

或，不定之辭，不期而得，自外至也。十朋之龜，意外得之，天假手九二益之，故稱為「或」。蘇軾以為，不求益而益為「或」，無意欲求之也：「六五者，受益之主，而非受益之地也。以受益之主而不居受益之地，不求益者也。不求益而物自益之，故曰或。或者，我不知其所從來之辭也。」意外之「或」，能顯天命之歸也。

六五修己而不求於外，物不招而自來，不求而得，不思而成，十朋之益自然而然。六五本無求得之望，物來而順應，受之泰然，不必推辭，命當如此，人謂我自然。

【補遺】

《周易全解》：「根據饒宗頤說法，卜辭中有『益龜』一語，並引損卦及益卦爻辭說：『殷周行卜，每用多龜，增益卜龜之數，故曰益龜。』（《殷代貞卜人物通考》第三六頁）那麼損益兩卦可能講的都是古代在龜卜的過程，『或益之十朋之龜』可能是占卜時有人增益了一隻『十朋之龜』來讓占卜結果更為神準而讓人不可違逆。」

《象》曰：六五元吉，自上佑也。

【程傳】

所以得元吉者，以其能盡眾人之見，合天地之理，故自上天降之福佑也。

【釋義】

五為人君至尊，五之上為天；六五能謙卑容眾，貞固中德，故能獲天之佑，自上佑也。

上九，弗損益之，无咎，貞吉，利有攸往，得臣無家。

【程傳】

凡損之義有三：損己從人也，見賢思齊，損其不善而就其善。自損以益於人也，屈己而悅順於人。行損道以損於人也。損己從人，徙於義也；自損益人，及於物也；損己之錢財。行損道以損於人，行其義也；各因其時，取大者言之。

四五二爻，取損己從人；從陽剛之德，故言「從人」。從人，從仁也。下體三爻，取自損以益人；損時之用，行損道以損天下之當損者也。上九則取不行其損為義。

九居損之終，損極而當變者也。損極而益，損後為益卦：損上益下，與上九同。以剛陽居上，若用剛以損削於下，非為上之道，其咎大矣。若不行其損，變而以剛陽之道益於下，則无咎而得其正，且吉也。如是，則宜有所往，往則有益矣。

在上能不損其下而益之，天下孰不服從？服從之眾，無有內外也，故曰得臣無家。得臣，謂得人心歸服；無家，謂無有遠近內外之限也。

【釋義】

上九居損之極，不損下而益之，光明施於天下者，損道變矣。

行己光明之德，何咎之有？貞固持之，則吉。

上九能行利天下之道，無往不通，以天下為家，天下歸心，不以私小為家，得臣無家也。家，以私言也；無家：大其家，以天下為家，不以遠近內外為限，以得天下之臣為家，言其廣大無私，義之與比，無適無莫，不以安土為念也。

【補遺】

損卦，皆是下三爻自損以益上三爻：如四得初陽剛之益而損其陰柔；五得九二十朋之龜之益，上九得益於六三之友。然上九處損卦之極，當變其道，不私利於一己，而當公惠於天下，故不損其下而當益之，得臣無家也。

《象》曰：弗損益之，大得志也。

【程傳】

居上，不損下而反益之，是君子大得行其志也。君子之志，唯在益於人而已。

【釋義】

上九志行天下，光被萬民，弗損下而益之也。

䷩益卦第四十二　震下巽上

【程傳】

益，《子夏易》：「雷以動之，風以散之，萬物皆益。」風以散之，取風遍觸於物，故萬物皆益。《序卦》：「損而不已必益，故受之以益。」天道不窮，損極必益。盛衰損益如循環，損極必益，理之自然，益所以繼損也。

為卦，巽上震下。雷風二物，相益者也；內震動外巽順，巽順如風，應之疾也。風烈則雷迅，雷激則風怒，兩相幫助，所以為益，風雷上下相益。此以象言也。

巽震二卦，皆由下變而成。陽變而為陰者，損也；陰變而為陽者，益也。初陰變為陽。上卦損而下卦益，損四為巽，益初為震。損上益下，所以為益，此以益言也。下厚則上安，厚本也。故益下為益。

【釋義】

益，《歸藏》作「諴」。《說文》：「諴，和也。」蓋取損上益下，固其根本，本固邦寧，天下和平。益，為溢之初文，從皿從水，像水從器皿中溢出，水滿則自上溢出而益下，也為損上益下。

損，下實上虛，損下之剛益上之柔，損下益上也。益，上實下虛，損上之剛益下之柔，為損上益下。

為卦，巽上震下，居上者動而號令天下，萬民翕然應從，震巽也。雷震以鼓，萬物奮順，上順而從之，損上益下也。且雷震於內，風順於外，雷震鼓蕩於下，風巽以正氣應之，君子修身以振作，天下巽順以風從。

君子以正修身，益己也；以正風行天下，益萬民也。剛正以上，下來以鼓正風俗，上下皆益。

互卦坤順艮止，順於則之謂，損上益下，固本之則也，順之則上下和。

《淮南子》：「孔子讀《易》，至於損、益，未嘗不喟然而歎，曰：『或欲利之，適足以害之；或欲害之，適足以利之。利害禍福之門，不可不察。』」

益，利有攸往，利涉大川。

【程傳】

益者，陸贄曰：「約己而裕於人，入必悅而奉上矣，豈不謂之益乎？上蔑人而肆諸己，人必怨而畔上矣，豈不謂之損乎？」益於天下之道也，上益下，震動萬民以奮作，益於天下之道也。向秀云：「明王之道，志在惠下，故取下謂之損，與下謂之益。」**故利有攸往。益之道，可以濟險難，利涉大川也。**蔡清：「損上益下，民富則君不能獨貧，益道也，故為益。」民獲利則居上者也獲利，故能齊同萬民以濟大川。

【釋義】

居上者其道下濟，損上之剛，益下之柔，剛下柔上，剛柔相濟，君民與共；六爻相應，上下相通；二柔正而中，五剛中而正，上下君臣皆得至正之位；上下通且正，互濟共難，則無往而不利，利涉大川也。

巽上震下，雷動風行，上下齊心，居上者能順從民意，庶民能奉行王令，王道大行也。王道大行，則利天下之民；能利天下之民，必能聚天下之心；天下之心聚，則能率天下人涉大川，共濟時艱。

鄭玄：「雷動風行，二者相成，猶人君出教令，臣奉行之，故利有攸往。」雷像人君出教令，風像臣子奉行，上下志一，利有攸往也。

《彖》曰：益，損上益下，民說無疆，自上下下，其道大光。

【程傳】

以卦義與卦才言也。卦之為益，以其損上益下也。損於上而益下，則民說之無疆，謂無窮極也。自上而降己以下下，降尊高而處卑下，剛居柔下，下下也。**其道之大光顯也。**光照於下民，大光顯也。**陽下居初，陰上居四，為自上下下之義。**

【釋義】

剛道下濟，柔道上往，損上益下也。四剛下行至初為震，震為君，初柔上行於四為兌，兌為民，君下民上，尊高者處卑，卑下者居高，自上下下。剛處卑而振作，柔處高而順從，上下交通，乃治理者敬民愛民之象，故其道光大，民喜悅無疆。

剛道下行，則震為君長；民有欲求，則震為民眾。

內震外巽，也可解為君子一人之事，君子修於內行於外，修內要剛，似雷；行外要順，似風；責己需嚴，治人需柔；蓋嚴內則德立，柔外則民懷，內外修治平皆為君子之事。

觀卦象，角度不同，義也大變，不必自設藩籬，自畫不進。

利有攸往，中正有慶；

【程傳】

五以剛陽中正居尊位，二復以中正應之，是以中正之道益天下，天下受其

福慶也。

【釋義】

五以剛居中正，二以柔居中正，剛柔正應，上下交通，君民同心，天下人皆有慶也。

利有攸往：中正之德，可行於天下；利民的政策，可暢通無阻。上有正，下有順，「正」以就「順」，「順」以順「正」，上下親比，同心同德，才是居上者可行之道。若，「正」不下來就「順」，則其「正」必不能順行，政策不為百姓認可，正而不順，則「正」自然不為「正」了，道便行不通。

利涉大川，木道乃行。

【程傳】

益之為道，於平常無事之際，其益猶小，當艱危險難，則所益至大，故利涉大川也。於濟艱險，乃益道大行之時也。益誤作木，利涉大川，取木道無妨。**或以為上巽下震，故云木道，非也。**

【釋義】

川為水、為民眾，木為舟、為君上。舟柔順於水，君順從民意，則能行其道而涉大川。木道，言其柔接而順行，治民不柔接、不順行，如何懷民？木居東、主生，木道也為生民利民之道，天地上下通順，生民之道大通，木道乃行也。巽為風為木，雷震木長，也為木道。

益，動而巽，日進無疆，

【程傳】

又以二體言卦才。下動而上巽，動而巽也。為益之道，其動巽順於理，則其益日進，廣大無有疆限也。動而不順於理，豈能成大益也？

【釋義】

動而巽，下動上順，內動外順，君動民順，民動君從，剛下柔上，上下交動而通；君日新其德，民日增其富，日進無疆也。

天施地生，其益無方，

【程傳】

以天地之功，言益道之大，聖人體之以益天下也。天道資始，地道生物，天施地生，化育萬物，各正性命，其益可謂無方矣。方，所也。有方所，則有

限量。無方，謂廣大無窮極也。天地之益萬物，豈有窮際乎？

【釋義】

剛下，天施也；柔上，地生也。天地各居其正，天覆地載，萬物生生，無所不益，其益廣大公正，無所偏私，無所隔限，其益無方所也。

凡益之道，與時偕行。

【程傳】

天地之益無窮者，理而已矣。聖人利益天下之道，應時順理，與天地合，與時偕行也。

【釋義】

順雷而動，必與時偕行。君得其民，民得其君，相遇有時，故君順民之意，民順君之正，皆為順時。

《象》曰：風雷益，君子以見善則遷，有過則改。

【程傳】

風烈則雷迅，雷激則風怒，二物相益者也。也需有先後，雷震在先，風巽在後，震下行，風上應，然後成鼓蕩相推之勢。君子觀風雷相益之相，而求益於己：為益之道，無若見善則遷，有過則改也。見善能遷，則可以盡天下之善；見人善，一一體踐在自己身上，則可以踐行天下之善。有過能改，風巽順雷之象：雷才動了，風便順動了，順正速改也。則無過矣。益於人者，則無大於是。學外善，改內過，雙修。雷是改過，風是遷善。改過了必振作動物，物受其動而遷而改。

【釋義】

雷動風行，柔順巽於剛，陰順從於陽，益也。君子觀柔順剛之象，善念起動，向善而動，故見善則遷，有過則改。

風雷益，乃是雷在內先震，而後推動風去行；風受此雷震之動，便鼓蕩革新。君子反己，先要正己修身，遷向善，改己過，是內震動了，再推出去平治天下，民順從而自革其舊俗之非，似那風鼓蕩滌除惡臭污穢。先有個「正」起，磨礪它，後有「順」正，巽從它。

初九，利用為大作，元吉，无咎。

【程傳】

初九，震動之主，剛陽之盛也。居益之時，其才足以益物，雖居至下，而上有六四之大臣應於己。四，巽順之主，上能巽於君，下能順於賢才也。在下者不能有為也，得在上者應從之，則宜以其道輔於上，作大益天下之事，利用為大作也。鄭玄：「小謀，小臣之謀也。大作，大臣之所為也。」初為受益之主，為大臣乎？

居下而得上之用，以行其志，必須所為大善而吉，則無過咎。不能元吉，則不唯在己有咎，乃累乎上，為上之咎也。在至下而當大任，小善不足以稱也，故必元吉，然後得无咎。朱熹：「初九在下，為四所任而大作者，必盡善而後无咎。若所作不盡善，未免有咎也。」

【釋義】

大作，厚事也。

剛體震居初，震動上行，大作為之象。

初為震之主，一卦之主，也為受益之主，故能任大事者；四為巽之主，益下之主，能順任賢者；初四正應，四益下順初，初當報之以大功，竭力盡誠，承其所任，如此則大吉无咎。

【補遺】

虞翻曰：「大作謂耕播耒耨之利，蓋取諸此也。坤為用，乾為大，震為作，故利用為大作。體復初得正，朋來无咎，故元吉无咎。震，三月卦，日中星鳥，敬授民時，故以耕播也。」侯果曰：「大作，為耕植也。處益之始，居震之初。震為稼穡，又為大作。益之大者，莫大耕植。故初九之利，利為大作。若能不厚勞於下民，不奪時於農畯，則大吉无咎矣。」

觀象傳「下不厚事」，「大作」只作「厚事」解，孔子不糾結於「大作」為何種厚事。

《象》曰：元吉，无咎，下不厚事也。

【程傳】

在下者本不當處厚事。厚事，重大之事也，以為在上所任，所以當大事，必能濟大事而致元吉，乃為无咎。能致元吉，則在上者任之為知人，己當之為勝任，「己」為初九。不然，則上下皆有咎也。

【釋義】

初居一卦之始，乃君子處微之時，本不當任大事；然在益時，初為受益之主、震作之主；震作之主，必有大作為；受益之主，必有厚報，故有厚事之任。

六二，或益之十朋之龜，弗克違，永貞吉，王用享於帝，吉。

【程傳】

六二處中正而體柔順，陰居柔，體柔順也。有虛中之象。人處中正之道，虛其中以求益，夫子溫良恭儉讓以求之也。而能順從天下，孰不願告而益之？孟子曰：「夫苟好善，則四海之內，皆將輕千里而來，不以千里之途為難，輕千里也。告之以善。」夫滿則不受，虛則來物，理自然也。故或有可益之事，則眾朋助而益之。十者，眾辭。眾人所是，理之至當也。龜者，占吉凶、辨是非之物，言其至是龜不能違也。至是，至於此德也。六二有虛中來眾之德，六二能至是德，則鬼神不違，有占則吉。所謂順天而天弗違，天且不違，鬼神更不敢違也。龜，言鬼神也。

永貞吉，就六二之才而言。二，中正虛中，能得眾人之益者也；然而質本陰柔，故戒在常永貞固，則吉也。

求益之道，非永貞則安能守也？損之六五，十朋之則元吉者，蓋居尊自損，應下之剛，以柔而居剛，柔為虛受，剛為固守，剛益柔，也為柔益剛，柔得剛能固守，剛得柔能虛受，所謂益之至善。求益之至善，故元吉也。六二虛中求益，亦有剛陽之應，而以柔居柔，疑益之未固也，故戒能常永貞固則吉也。六二受九五之益，恐不能固其所益，當戒以永貞則吉。

王用享於帝吉，如二之虛中而能永貞，用以享上帝，猶當獲吉，況與人接物，其意有不通乎？求益於人，有不應乎？祭天，天子之事，故云王用也。

【釋義】

損、益互為倒卦，損之五倒為益之二，故益二、損五爻辭近同。

損五：「或益之十朋之龜，弗克違，元吉。」損為上中爻君位受益，受益自內、自下，吉自中出、自臣來，故只言元吉。益為下中爻臣位受益，受益自外、自上，吉自外來、自君來，故宜貞固。損五為柔居剛位，貞守易；益二是陰居柔，貞固難，故益之六二有「永貞」為戒。

「王用享於帝」對應「永貞吉」，吉自外來，又自君上，故當敬誠奉事，不敢忽怠。

《象》曰：或益之，自外來也。

【程傳】

既中正虛中，能受天下之善而固守，則有有益之事，眾人自外來，眾人，十朋。益之矣。或曰：自外來，豈非謂五乎？曰：如二之中正虛中，天下孰不顧益之？五為正應，固在其中矣。

【釋義】

二得益於五，五自外來。益自外來，非「吾欲仁斯仁至矣」，故不能篤實無疑，或也。

六三，益之，用凶事无咎，有孚中行，告公用圭。

【程傳】

三居下體之上，處下位之高者。在民上者也，乃守令也。居陽應剛，柔居剛位，上正應於上九之剛。處動之極，居民上而剛決，居民上，民之長官，居於百姓之上。果於為益者也。果敢。果於為益，用之凶事則无咎。凶事當臨危能斷，有果敢之德則可行。若非凶事，當順承上命，不宜果敢猛進而犯上。凶事謂患難非常之事。三居下之上，在下當承稟於上，承，擔當；稟，順受。安得自任，擅為益乎？受上則益，順承上賜也。唯於患難非常之事，則可量宜應卒，量宜，權衡適宜；應卒：應付倉促之變。奮不顧身，力庇其民，故无咎也。

下專自任，上必忌疾，居下而果敢，果敢易擅任不聽命，不聽命必遭上之猜忌。雖當凶難，以義在可為，然必有其孚誠，而所為合於中道，則誠意通於上，而上信與之矣。專為而無為，上愛民之至誠，固不可也；雖有誠意，而所為不合中行，亦不可也。

圭者，通信之物。《禮》云：大夫執圭而使，所以申信也。凡祭祀朝聘用圭玉，所以通達誠信也。有誠孚而得中道，則能使上信之，是猶告公上用圭玉也，其孚能通達於上矣。在下而有為之道，固當有孚中行。又三陰爻而不中，故發此義。

或曰：三乃陰柔，何得反以剛果任事為義？曰：三，質雖本陰，然其居陽，乃自處以剛也。應剛乃志在乎剛也。居動之極，剛果於行也。以此行益，非剛果而何？《易》所以所勝為義，故不論其本質也。

【釋義】

三柔居剛，處震極，是勇求進益者；然居處不正，躁慮妄動，本不當受益，若困之於艱凶，勞其筋骨，磨礪其德，動心忍性，安其浮狂，靜其躁慮，則益之也。

凶事，危厲時所遇之險厄，應為凶災、饑荒、暴亂之類。三居坤之中、震之上，震陷地中為凶象。无咎者，三處危厲本有咎，然凶事受命於上，勇於擔當，且見危致命而能遂事，可謂能濟時艱，居功偉矣，故无咎。

三四爻皆居益之中，有中行之象；三處震體坤中，三伏陽為陰，有中實孚信之象。三唯於處理凶事中，方能見其中孚。《周禮》：「珍圭以徵守，以恤凶荒。」民以口食為天，其凶事多為饑荒。三持圭以拯救饑荒，功成，執圭告公，告公用圭也。圭，符信之物，權力象徵，如後世官印。

三、四皆有「告公」之辭：三「告公用圭」，四「告公從」；三柔居剛，處震體之上，動而躁進者，故為上行告公；四居近君之位，處兌體之下，悅上順下者，其位其德皆當為公。

【補遺】

三柔居剛，躁動不能靜處，又得上益之，更增其躁妄，必遇危厲之事方能息其妄動，故言凶事无咎。能遂成大事，則上下信孚，故能上告於公以合圭也。

《象》曰：益用凶事，固有之也。

【程傳】

六三益之獨可用於凶事者，以其固有之也，謂專固自任其事也。居下當稟承於上，乃專任其事，唯救民之凶災，拯時之艱急，則可也，乃處急難變故之權宜，故得无咎，若平時，則不可也。

【釋義】

三居凶地，外難不可逃也，然能動忍心性，安躁息妄，而成濟時之功，內制躁外平難，一併兼得益，非固有此人以成此事，孰能為之？

六四，中行告公，從，利用為依遷國。

【程傳】

四當益時，處近君之位，居得其正，以柔巽輔上，而下順應於初剛陽，如是可以益於上也。唯處不得其中，而所應又不中，是不足於中也。故云：若行得中道，則可以益於君上，告於上而獲信從矣。以柔巽之體，非有剛特之操，剛特皆言固守不改。故利用為依，遷國為依，依附於上也。遷國，順下而動也。上依剛中之君而致其益，下順剛陽之才以行其事，利用如是也。自古國邑，民不安其居則遷，遷國者，順下而動也。

【釋義】

三以中行之德遂事成功，執圭告公，公信允而從之。凶難剛平，當定新制以備患，遷國，所以備患者。三告四：凶事雖了，宜當遷國，利用為依，以避後事之凶，四允從之，順下而動也。

遷國，當依山河之險、鄰國之助，「為依」也。依者，依山河之險、鄰國之助，有時兩者皆有所依，有時依靠其一，皆據形勢而定。利用為依遷國，用其依靠地利之險、鄰國之助以遷國，則利而無害。

四乾體，剛下行成坤體，遷土之象。

《象》曰：告公從，以益志也。

【程傳】

爻辭但云，得中行則告公而獲從，《象》復明之曰：告公而獲從者，告之以益天下之志也。志苟在於益天下，上必信而從之。事君者，不患上之不從，患其志之不誠也。患在己，外事不成反責諸己。

【釋義】

從三遷國之請，以益其勤王之志，以益於勵天下人之志。

九五，有孚惠心，勿問元吉，有孚惠我德。

【程傳】

五，剛陽中正，居尊位，又得六二之中正相應，以行其益，何所不利？以陽實在中，有孚之象也。以九五之德、之才、之位，而中心至誠，在惠益於物，其至善大吉，不問可知，故云勿問元吉。人君居得致之位，操可致之權，苟至誠益於天下，天下受其大福，其元吉不假言也。有孚惠我德，人君至誠，益於天下，天下之人，無不至誠愛戴，以君之德澤為恩惠也。

【釋義】

有孚惠心，惠人之心誠而无妄。惠心，益下之心，因民之利而惠之，是為惠心。王弼云：「為益之大，莫大於信；為惠之大，莫大於心。因民所利而利之焉，惠而不費，惠心者也。」

九五剛中而實，有孚信於下。處益時，上益下是其常處之心，二五正應，二為其所惠，益下得遂，惠心也。取信於下，惠愛於下：愛民而取信於民，吉在其中，勿卜問。

孚信於人惠人之心者，所以增益我之德，有孚惠我德也。惠我德，增益我德（惠己）。

九五之孚、惠、吉、德，皆以益下而成。

《象》曰：有孚惠心，勿問之矣；惠我德，大得志也。

【程傳】

人君有至誠惠益天下之心，其元吉不假言也，故云勿問之矣。天下至誠懷吾德以為惠，是其道大行，人君之志得矣。

【釋義】

大吉在我，不在鬼神，勿問之。益人以財，不如益人以德；財益，自外也，為小得志；德益，自我也，為大得志。益德，或自他人為之，如六三受凶事而益其德；大多為自勵，自進其德。九五「有孚惠我德」，乃獲信於下而增益其德，彼於愛民惠民中，磨礪自己的德行。

上九，莫益之，或擊之，立心勿恒，凶。

【程傳】

上居無位之地，非行益於人者也；剛處極高而不能下，非能行益於人者。以剛處益之極，求益之甚者也；所應者陰，非取善自益者也。

利者。眾人所同欲也。專欲益己，其害大矣。欲之甚，則昏蔽而忘義理；求之極，則侵奪而致仇怨。故夫子曰：「放於利而行多怨。」孟子謂先利則不奪不饜，聖賢之深戒也。

九以剛而求益之極，眾人所共惡，故無益之者，而或攻擊之矣。立心勿恒凶：聖人戒人存心不可專利，義利相須，利在義上，不可專利。云勿恒如是，凶之道也，所當速改也。

【釋義】

帛書《要》篇云：「君子安其身而後動，易亓心而後定，位而後求。君子修此三者，故存也。危以動，則人弗與也；無立而求，則人弗予也。莫之予，則傷之者必至矣。易曰：『莫益之，或擊之。立心勿恒，凶。』此之胃也。」亓，其也。胃通謂。君子安處其位，所求益皆當，處非其位，所求益皆非當，不當而求之不已，傷之者必至矣。

孔穎達：「上九處益之極，益之過甚者也。求益無厭，怨者非一，故曰『莫益之，或擊之』也。勿，猶無也。求益無已，是立心無恒者也。無恒之人，必凶咎之所集。」

為德不恒，貪求不已，以益己為益，人所厭棄，被擊而凶也。

《象》曰：莫益之，偏辭也；或擊之，自外來也。

【程傳】

理者，天下之至公；利者，眾人所同欲。苟公其心，不失其正理，則與眾同利，無侵於人，人亦欲與之。若切於好利，蔽於自私，求自益以損於人，則人亦與之力爭，故莫肯益之，而有擊奪之者矣。

云莫益之者，非其偏己之辭也。苟不偏己，合於公道，則人亦益之，何為擊之乎？既求益於人，至於甚極，則人皆惡而欲攻之，故擊之者自外來也。人為善，則千里之外應之。六二中正虛己，益之者自外而至，是也。苟為不善，則千里之外違之。上九求益之極，擊之者自外而至，是也。

《繫辭》曰：「君子安其身而後動，安其身，立本也；本立而後動，順也。易其心而後語，易其心，忠恕也。能忠恕，則人信之，故言必出於忠恕，後語也。定其交而後求，定其交，情固也。君子修此三者故全也。危以動，處危而妄動。當安以動。則民不與也；民以安土為志，上危以動，豈能安民？不能安民，民豈與之？懼以語，懼以語，心不安而多語，輕躁也。則民不應也；上以持重為德；上輕躁，故民不應。無交而求，交，心交則同欲同志。無交，則志欲不同。則民不與也；莫之與，則傷之者至矣。易曰：『莫易之，或擊之，立心勿恒，凶。』」君子言動與求，皆以其道，乃完善也；不然，則取傷而凶矣。

【釋義】

上偏於益己，以成一己之私，故莫人益之。貪求不已，居非己有，必被人所剝奪。

䷪夬卦第四十三　乾下兌上

【程傳】

夬，《序卦》：「益而不已必決，剛晉進不已，必決斷去陰。故受之以夬。夬者，決也。」陽決陰。益之極，必決而後止，理無常益，益而不已，已乃決也，夬所以次益也。

為卦，兌上乾下。以二體言之：澤，水之聚也，乃上於至高之處，有潰決之象。以爻言之：五陽在下，長而將極；一陰在上，消而將盡；眾陽上進，決去一陰，所以為夬也。

夬者，剛決之義。眾陽進而決去一陰，君子道長，小人消衰，將盡之之時也。非說盡除小人之身，乃行君子之教化，為盡去小人之教。

【釋義】

《說文》:「夬，分決也。」陰陽分離而決絕。陰陽析然判分，不可逾越，陽決絕以去陰，決也。為卦，五陽自下而進逼不已，一陰處極，陽剛斷然而決去陰柔，譬如君子在朝，小人在野，君子群進而決去小人，勢必勝，故為夬。

夬時以群剛並進為義，不尚獨往，故以五陽群剛健進，不尚孤陽獨往。從卦體看，上兌下乾，下剛健、上和悅，決小人不任剛強，當決之以悅、決之以寬，也為夬決之義。澤在天上，水處至高，聚集不已則盈，盈則決也；務使水決於外，不使浸染於內，絕小人於外，也為夬之義。

卦辭有「厲」，爻辭多「憂」，彖辭居「危」。夬時，君子道長而盛，當常懷惕厲，去其驕態與滿盛之姿，決之以悅和，處決之道也。

夬：揚於王庭，孚號有厲。

【程傳】

小人方盛之時，君子之道未勝，安能顯然以正道決去之？顯然：直道而行之，危言危行也。**故含晦俟時，**含隱其剛鋒，以待時至而行剛。**漸圖消之之道。**漸，緩也；消之，消陰柔小人。**今既小人衰微，君子道盛，當顯行之於公朝，**行之：行決小人之事。**使人明知善惡，**顯明善惡，知以決斷。**故云揚於王庭。**揚，顯行。**孚，信之在中，**剛居五，孚實在中。**誠意也。號者，命眾之辭。君子之道雖長盛，而不敢忘戒備，故至誠以命眾，使知尚有危道，雖以此之甚盛，決彼之甚衰，若易而無備，**易，忽怠也。**則有不虞之悔，是尚有危理，必有戒懼之心，則無患也。聖人設戒之意深矣。**

【釋義】

揚，顯揚也。王庭，五之尊位，有庭象。五為至尊之位，禮樂征伐所自出者，故決去小人，號令當出九五之庭，名正言順，揚於王庭。既出征伐之號令，則當顯揚小人之罪孽，亦為揚於王庭之義。

孚，九五剛實居中，有孚信。號，王之號令，兌口有號令象。不曰「孚令」而曰「孚號」者，「號」兼有顯揚之義，如號哭；「令」為中性辭，無顯揚之義，如密令。孚號，有顯揚孚信之號令。

有厲者：五陽強盛，一陰柔弱，決去其柔，易如反掌；然夬時，若剛決以去小人，剛盛氣凌人，失君子之謙和，則有危厲；當和平去之，此最需智慧，故當戒懼謹慎，不任剛而行，處之若有危厲也。厲通癘，如臨瘟癘。

【補遺】

來知德云：「揚於王庭，孚號有厲，皆指上六小人。揚者，得志放肆之意。於王庭，在君側也。」《彖》曰「柔乘五剛」，可以解讀為來知德之義。易無達詁，言之成理即是。

告自邑，不利即戎，利有攸往。

【程傳】

君子之治小人，以其不善也，必以己之善道勝革之，正己正人。勝，偃小人之氣焰。革，革除小人之道，使之不行於王庭。**故聖人誅亂，**誅，誅戮、征討、剪除。**必先修己。**行己而治之有本，本治則根除。己不治，亂除則又復生。**舜之敷文德是也。**敷，陳布也；敷文德，顯揚其文德。**邑，私邑。告自邑，**有厲，則自邑地始生。**先自治也。**決邑地之小人。

以眾陽之盛，決於一陰，力固有餘，然不可極其剛至於太過，剛猛過盛則不能反於正，失君子謙恭之道。**太過乃如《蒙》上九之為寇也。戎，兵者，強武之事。不利即戎，謂不宜尚壯武也。即，**馬上、遽；當先文治，文治不服，而後用戎。程子解讀為「從」，「即」本有「隨」、「從」之義。即戎，用過剛之道。**從也。從戎，尚武也。**

利有攸往：陽雖盛，未極乎上；上有陰柔小人。**陰雖微，猶有未去；是小人尚有存者，君子之道有未至也。**未臻至於至善。**故宜進而往也。**往者，修己進德以決陰。

不尚剛武，而其道益進，乃夬之善也。

【釋義】

和而決去小人，當慎之又慎，敦厚己德，牢固根基，又勿必以兵戎相見，方可和決。

告自邑，牢固其根基。天子先告其邑，使邑民一心，厚其根本，然後推之於邑地之外，往決於天下。告，告罪也，小人不決，責不在天下萬民，罪在朕躬一人，在於朕躬邑地不治，故當先敦厚邑地風俗，使邦內一心。

不利即戎，不以及時兵戎為利；夬時決去小人，不利用強，利在和悅而去之。

「告自邑」以敦厚根本，「不利即戎」以不尚武決，有此兩者，則「利有攸往」，可決小人於天下矣。

利者，行「告自邑」、「不利即戎」之道則有利。往者，往治於邑地之外，往邑地之外以決小人，若能「告自邑、不利即戎」，則可「往」決天下之小人。

《彖》曰：夬，決也，剛決柔也。健而說，決而和。

【程傳】

夬為決義，斷私為決，公私相決而去其私。**五陽決上之一陰也。健而說，決而和，**悅而不失其健，和而不失其決。**以二體言卦才也。下健而上說，**健：剛健而決小人之私，明而不隱也。**是健而能說，決而能和，**決小人之私，小人順從而悅服。**夬之至善也。兌說為和。**和，不爭忿。能和而各行其道。

【釋義】

夬，剛決柔，君子去小人。君子明德以臨天下，健行其道而和處於世，小人知其所過，無怨尤而去，君子、小人之道相決離，而不起爭忿，健而悅、決而和也。

夬，需「決」斷，也需「和」平，方是善處，決而不和，健而不悅，非夬義。決而和，需有大智慧大寬仁。凡人得勢之時，對失勢一方易流於粗暴簡單，豈能和處？人類戰爭亦如此，一邊倒的獲勝，最易對失敗一方進行無差別的屠殺，哪裏用「和」去寬受？

夬之決，是剛明之決，非有剛明仁賢之德，不得當此「夬」。夬時，貞固其剛明，光明用之，恒持不衰，方能始終。

揚於王庭，柔乘五剛也。

【程傳】

柔雖消矣。居上無位之地，消也。**然居五剛之上。**五剛，九五之剛；能乘九五之剛，必也能乘天下之剛，故五剛也指五個剛爻。**猶為乘陵之象。陰而乘陽，非理之甚。君子勢既足以去之，**勢足：五陽在下。**當顯揚其罪於王朝大庭，**明其罪也。**使眾知善惡也。**懲後也。

【釋義】

所以顯揚小人之罪過者，以其柔乘五剛也。

六柔居五剛之上，乘凌君子也。小人揚其道於王庭，所恃者口舌。兌上為口，小人以口舌悅順於王，柔乘剛也。

揚，即可作君子顯揚小人之過，也可作小人顯揚其道。

孚號有厲，其危乃光也。

【程傳】

盡誠信以命其眾，而知有危懼，任剛不能悅決，則有危懼。**則君子之道，乃無**

慮而光大也。

【釋義】

厲，任剛有危厲。危乃光：處危時乃顯其光。處危懼而不失其剛中之德，其德必光大。居危中，正是磨礪之機，動心忍性，困中進取，為進德修業之時。德有光，則政策順達，號令順暢。

孚號有厲：孚信於中，不必張揚，張揚而號則有危厲。此處解讀與上面「號令」之說不一致，也不必盡同。危，也可解為，以惕厲之心處之，戒慎恐懼則其德光大。

告自邑，不利即戎，所尚乃窮也。

【程傳】

當先自治，萬邦有罪，罪在朕躬。有惡不除，反躬自治。**不宜專尚剛武。**先告罪而後用剛。**即戎，則所尚乃至窮極矣。夬之時所尚，謂剛武也。**夬時，五剛進逼，勢若摧枯，剛盛易習於尚武。

【釋義】

告罪於邑地，先自治，敦厚根本，示天下尚德、不尚戎也。若尚其剛武，任其肆行，非能和決，夬道窮矣。

利有攸往，剛長乃終也。

【程傳】

陽剛雖盛，長猶未終，長，進德修業也。**尚有一陰，更當決去，則君子之道純一而無害之者矣，乃剛長之終也。**粹乎至善，純一也、剛長之終也。

【釋義】

邑地治平，出號令於天下，利有攸往也。推至其道，剛長也。剛長陰退，自始至終，健德不已，故言「終」也。終，不已也，德不已則能恒持其剛明之德而至於終。

或釋為，乃，乃至於；終，上之位，剛長至於上之位，夬去陰柔，至此乃終。

《象》曰：澤上於天，夬；君子以施祿及下，居德則忌。

【程傳】

澤，水之聚也，而上於天至高之處，故為夬象。君子觀澤決於上而注溉於下之象，則以施祿及下，謂施其祿澤以及於下也。觀其決潰之象，則以居德則忌：居德，謂安處其德則約也；約猶克己之克；安於德者必約束於己。忌，防也，謂約立防禁，有防禁，則無潰散也。五陽強盛，當約束自己，防其德潰而散。王弼作明忌，亦通。不云澤在天上，而雲澤上於天，上於天，則意不安而有決潰之勢；雲在天上，乃安辭也。

【釋義】

澤本卑處，而上於天，非其居處，必自高而決流於下，行其素常——夬而潤澤於下，為夬象。君子觀水澤自高下流之象，思施澤於下，囤聚恩澤則忌。

居，囤聚；德，恩澤也；居德，囤聚恩澤而不施下。忌，大忌，不順道施澤為忌。德本以安居為好，此處「居德」若「居功」，非善言。

程子以為，觀澤上於天，君子外需施恩，內需防束——約束自己，防己德潰散，同時，施祿於天下。

初九，壯於前趾，往不勝，為咎。

【程傳】

九，陽爻而乾體，剛健在上之物，九之剛健，本當為處上之物。乃在下而居決時，壯於前進者也。夬則壯勇。前趾，謂進行。處初而尚前，前趾也。人之決於行也，行而宜，則其決為是，往而不宜，則決之過也，故往而不勝則為咎也。夬之時而往，往決也，故以勝負言。九，居初而壯於進，躁於動者也，故有不勝之戒。陰雖將盡，而已之躁動，自宜有不勝之咎，咎在己之躁，勝人者當先能勝己。所謂勝己者，知己知彼而能靜慮，不為外誘、不受情緒所控制。不計彼也。計，考較、斟酌也；彼，上六也。

【釋義】

初剛居正位，處健體之初、夬之微時，下三剛皆以上進為義，故初有壯於前趾之象。

大壯初九「壯於趾，征凶有孚」，與此爻義相近，皆不可於初始時壯勇而進。往不勝，則不能往決陰而去之。夬時，以決去陰為順，不能決去，則有咎也。蓋夬時，剛決柔，需以悅決為義，壯決則非其正，故往而不勝，咎在己之不能「和」而決去。

以「前趾」為言，有急促躁動之貌，也有獨往之象。過剛則行不正，處微賤而尚躁進，又決勝於尊高之陰，固不能勝。

夬時，五剛並用則為夬，若孤行獨往而決，則不能勝。初、三皆獨往，夬時為大忌。

《象》曰：不勝而往，咎也。

【程傳】

人之行，必度其事可為，然後決之，則無過矣。理不能勝，孤決則不勝。而且往，其咎可知。凡行而有咎者，皆決之過也。

【釋義】

躁進壯往，不觀時勢，內不省外不察，自咎也。

九二，惕號，莫夜有戎，勿恤。

【程傳】

夬者，陽決陰，決斷其牽繫。君子決小人之時，不可忘戒備也。夬決，戒剛決有猛。陽長將極之時，而二處中居柔，不為過剛，能知戒備，處夬之至善也。內懷兢惕，兢，戰戰兢兢，如臨深淵。而外嚴誡號，外嚴防，戒備以號角。雖莫夜有兵，亦可勿恤矣。

【釋義】

剛居柔位，變乾為離，離有兵戎之象；二為地位（初二為地位，三四為人位，五六為天位），離處地中，有莫夜之象。莫，暮也；惕，惕戒也；恤，憂懼也。有說，二、四剛皆居柔位，故二三四變為坎，坎，憂懼也，故有「惕、恤」象。

夬時，剛居柔中，不亢而知進退也；惕厲，內能知戒懼；號，外能求眾助，故雖莫夜有戎，可以勿恤也。

夬時，君子群進則可決去小人，既戒過剛，也戒獨往。初前趾，過剛獨往，故不勝。二居柔號眾，自防勿恤。

觀象玩辭為解易之法，然歧義紛出，各家說法迴異，無一定之常理，又多涉及玄虛，不在卦爻辭、十翼之列，程子有見於此，故尚辭以從簡，還易道簡易之質。

《象》曰：有戎勿恤，得中道也。

【程傳】

莫夜有兵戎，可懼之甚也，然可勿恤者，以自處之善也。既得中道，又知惕懼，且有戒備，何事之足恤也？九居二，雖得中，然非正，其為至善，何也？曰：陽決陰，君子決小人，而得中，豈有不正也？知時識勢，學易之大方也。夬時，柔決為佳。

【釋義】

內惕外號，剛居柔中也。

九三，壯於頄，有凶。君子夬夬，獨行遇雨，若濡有慍，无咎。

【程傳】

爻辭差錯，定安胡公移其文曰：「壯於頄，有凶，獨行遇雨，若濡有慍，君子夬夬，无咎。」亦未安也。當云：「壯於頄，有凶，獨行遇雨，君子夬夬，若濡有慍，无咎。」胡瑗之義：九三獨行遇雨有私交，受小人濡澤而所行不正，為人所慍，然君子若能夬夬而決斷其私，則无咎。程子之義：九三雖獨行遇雨有私交，然能斷然絕去小人，有濡則慍，則无咎。

夬決，尚剛健之時。三居下體之上，又處健體之極，剛果於決者也。頄，音 qiú。顴骨也，在上而未極於上者也。三居下體之上，雖在上而未為最上，上有君而自任其剛決，壯於頄者也，有凶之道者也。

獨行遇雨：三與上六為正應，方群陽共決一陰之時，已若以私應之，故不與眾同而獨行，則與上六陰陽和合，故云遇雨。《易》中言雨者，皆謂陰陽和也。君子道長，決去小人之時，而己獨與之和，三上正應。其非可知。非，處不正也。君子處夬夬之時，當遠絕交於小人，不可私昵而親。

唯君子處斯時，則能夬夬，剛居正又健體，夬夬也。謂夬其夬，果決其斷也。雖其私與，私相交與。當遠決之，若見濡污，濡，漸浸也。濡污，漸浸於私而虧污其德。有慍惡之色，如此則無過咎也。三，健體而處正，非必有是失也，因此義以為教耳。因三上正應，故設此義，以為警戒。爻文所以交錯者，由有遇雨字，又有濡字，故誤以為連也。程子以為「獨行遇雨」與「若濡有慍」不當相連，中間應該是「君子夬夬」。程子所以與胡瑗的先後次序排列不一樣，主要是對「慍」字兩人解讀不同，胡瑗以為「慍」當為君子慍怒於九三，故「君子夬夬」放在後面，因九三能反省而无咎；而程子以為「慍」乃九三反省，故與「无咎」直接相因果。

【釋義】

王安石曰：「九三乾體之上，剛亢外見，壯於頄者也。夬夬者，必乎夬之辭也，應乎上六，疑於污也，故曰若濡。君子之所為，眾人固不識，若濡則有慍之者矣。和而不同，有夬夬之志焉，何咎之有。」何楷曰：「上六為成兑之主，澤上於天，故稱雨。以其適值而非本心也，故稱遇。本非濡也，而跡類之，故稱若。或觀其跡而不察其心也，故稱有慍。」

三重剛，過亢而壯於頄，易於為形色所牽引，不由乎正，故戒之曰：若往而不反，則有凶也。

獨行、遇雨、有濡，三者皆為三、上正應而有此諸象。重剛健體，有夬夬之象。與上正應，獨行也。獨行應於上，與小人和而夬，遇雨也。眾不知其所為，故疑之以為有私繫於小人，有濡污之私，為眾人所慍怒，若濡有慍也。

程子解為，九三若能能反己而慍惡於己之濡污，則無過咎。夬時，當夬其私繫，夬夬則无咎也。夬夬，夬之又夬，果於夬行，則能去私交之濡澤。

夬時，除五居中，其餘居剛位皆不好，居剛任剛，易於獨行，夬決需君子群進，戒獨行。因九三為決私之夬，故有獨行往決之舉，然能夬夬無私，雖獨決无咎也。

【補遺】

「壯於頄，有凶，君子夬夬」，自爻位看，有此象。「獨行遇雨，若濡有慍」，自三上應與上看，有如此之象。

《象》曰：君子夬夬，終无咎也。

【程傳】

牽梏於私好，梏，手械也。牽梏於私好，遏制私繫之好。**由夬決也。**順由夬之道，以決私好。**君子義之與比，**比親於義。**決於當決，故終不至於有咎也。**

【釋義】

君子夬其當夬者，絕私繫，故无咎。

九四，臀無膚，其行次且，牽羊悔亡，聞言不信。

【程傳】

臀無膚，居不安也。行次且，進不前也。次且，進難之狀。九四以陽居陰，剛決不足，欲止則眾陽並進於下，勢不得安，猶臀傷而居不能安也；欲行則居柔，失其剛壯，不能強進，故其行次且也。馬融：「次，卻行不前也。且，語助也。」王肅：「趑趄，行止之礙也。」**牽羊悔亡：羊者，群行之物；牽者，挽拽之義；**被拽而行於後。**言若能自強，而牽挽以從群行，則可以亡其悔。然既處柔，必不能也，雖使聞是言，亦必不能信用也。**信而行之。**夫過而能改，聞善而能用，**能用，能行也。克己以從義，唯剛明者能之。在它卦，九居四，其失未至如此之甚，在夬而居柔，夬要剛健，柔弱不能進，失夬義。其害大矣。

【釋義】

臀為安處殿後之物，臀無膚，不可退而安處。次且通趑趄，行艱之貌；其行次且，不可前行而進也。夬乃群剛並進之時，若四則不能合於時用，故當牽引之以從群行，牽羊也。牽而與群陽並進，則合於夬時，則悔亡。

夬時，君子群進，九四剛處柔，互卦為坎，行於坎險，欲安不得，欲進不能，其行次且；然若能順從九五，為其所牽扯，群行而後進，悔亦自亡。然四居陰，處兌之中，悅於上六之陰柔，不信從君子之言，聞言不信也。

【補遺】

「臀無膚，其行次且」，可作兩處看：安處不得，前行不得；也可作一處看：臀無膚，故其行次且。或以為九四「臀無膚」乃九三牴觸成傷。

「聞言不信」似在「牽羊悔亡」之前，九四其行次且，不能與群並進，人來勸說，不能信之，非能自改者，故當牽引使之就範。

《象》曰：其行次且，位不當也；聞言不信，聰不明也。

【程傳】

九處陰位，不當也；以陽居柔，失其剛決，故不能強進，其行次且。剛然後能明，處柔則遷，遷，遷改其剛健之性。失其正性，豈復有明也？故聞言而不能信者，蓋其聰聽之不明也。

【釋義】

九二剛居柔，然能處中，故惕厲勿恤，能自守。九四剛居柔，不能處中，位不當則不能以中正之，不中不正，不知所處，內不明，外必不聰。

九五，莧陸夬夬，中行无咎。

【程傳】

五雖剛陽中正，居尊位，然切進於上六，上六說體，而卦獨一陰，陽之所比也。五為決陰之主，而反比之，其咎大矣，故必決其決，如莧陸然，xiàn 音。則於其中行之德，為无咎也。中行，中道也。莧陸，今所謂馬齒莧是也，曝之難乾，感陰氣之多者也，而脆易折。五若如莧陸，雖感於陰而決斷之易，則於中行無過咎矣，不然，則失其中正也。感陰多之物，莧陸為陰多之物。莧陸為易斷，故取為象。

【釋義】

莧陸，又稱商陸、馬齒莧，乃陰柔之物，根莖枝蔓，即或盡拔除，從旁根又復生出，喻小人之難絕如此。夬夬，言除之又除，斷然決去，除惡務盡之義。五與上親比，又同處悅體，關係密切錯綜，五受上六之牽攪，與之相繫如莧陸然，不易從中脫離，故戒知務當盡除，夬之又夬，以根絕其私繫，如此則能貞固其中行之德而无咎也。

《象》曰：中行无咎，中未光也。

【程傳】

卦辭言夬，夬則於中行為无咎矣。夬行於中道則无咎。**《象》復盡其義云：中未光也。**卦辭只及盡已「无咎」而已，故《象》申之「中未光」，回應「无咎」。**夫人心正意誠，乃能極中正之道，而充實光輝。五心有所比，**有莧陸之比也。**以義之不可而決之，**夬夬也。**雖行於外，**五處外卦，行於外也。**不失中正之義，**剛居五也。**可以无咎，**剛居中而能夬夬。**然於中道，未得為光大也。**夬夬尚不暇，何能光大乎？**蓋人心一有所欲，則離道矣，夫子於此，示人之意深矣。**

【釋義】

與上六親比，如莧陸糾葛不清，雖中行无咎，只是自保，未能光大。

上六，無號，終有凶。

【程傳】

陽長將極，五陽將決陰而進。**陰消將盡，獨一陰處窮之地，是眾君子得時，決去危極之小人也，其勢必須消盡，故云無用號咷畏懼，終必有凶也。**

【釋義】

途窮道終，號則無應與，無號也。終者，處窮極之地，其道終也。小人處孤高無位之地，自知號之無用，凶必也。

【補遺】

號，一作號令義，小人居高道窮，號令則下無應與。一作君子惕號小人，雖至於卦終，君子夬絕小人，不可一時忽怠，忽怠則終必有凶。君子為政，雖欲盡去小人，然陰柔終不可盡去，理必有復，故當於陽極盛之際，也不可有絲毫忽怠，意思也通。楊簡云：「柔已決去，剛道已長，然不可不敬戒。苟忽焉不敬不戒，不警號，則亦終有凶。雖未必凶遂至，而既不警戒則放逸，逸則失道矣，失道者終於凶。」

《象》曰：無號之凶，終不可長也。

【程傳】

陽剛君子之道，進而益盛。小人之道，既已窮極，自然消亡，豈復能長久乎？雖號咷，無以為也，故云終不可長也。

先儒以卦中有孚號、惕號，欲以無號為無號，作去聲，謂無用更加號令，號令無用而更加號令頻繁。非也。一卦中適有兩去聲字，一平聲，何害？而讀易者率皆疑之。或曰：聖人之於天下，雖大惡，未嘗必絕之也，今直使之無號，謂必有凶，可乎？曰：夬者，小人之道消亡之時也。決去小人之道，豈必盡誅之乎？使之變革，乃小人之道亡也，道亡乃其凶也。

【釋義】

處夬之極，凶將必至，小人居窮高之地，為眾矢之的，其道不可久長。

䷫姤卦第四十四　巽下乾上

【程傳】

姤，古文作「遘」，殷墟卜辭：「其遘上甲」、「上甲王其遘」，為相遇之義。《說文》：「姤，偶也。」有偶則遇。《序卦》：「夬，決也。決必有遇，陽夬陰則遇陰。故受之以姤。姤，遇也。」決，判也，物之決判，決斷而分。則有遇合，本合則何遇？姤所以次夬也。

為卦，乾上巽下，以二體言之，風行天下：天之下者萬物也；風之行，無不經觸，風經拂萬物而觸及之。乃遇之象。風行天下，有王道行天下之義，但卦爻辭皆非是。又一陰始生於下，陰與陽遇也，陰遇陽而消之。故為姤。

【釋義】

夬顛倒為姤，陰窮於上必反於下；陽夬離陰，必有重遇，柔遇剛，姤次於夬也。陰居下漸長而壯，長壯則抵遇於陽，不好遇也，為姤。

為卦，巽下乾上，風行天健，風不住天不息，皆非久留之物，為不長久之象。

復為一陽復來，姤為一陰歸來，陽主生，陰主殺；復為生生之始，興盛之始；姤為蕭殺之始，衰敗之始。

姤，女壯，勿用取女。

【程傳】

一陰始生，自是而長，漸以盛大，是女之將長壯也。女壯，戒辭。陰長則陽

消，女壯則男弱，故戒勿用取如是之女。取，娶也。**取女者，欲其柔和順從，以成家道。**主內為女子家道。**姤乃方進之陰，**方，言其不息。**漸壯而敵陽者，**敵，對待之義，可與陽對待而並立，言其不順巽也。**是以不可取也。女漸壯，則失男女之正，**女不甘於主內，失男女之正。**家道敗矣。**序亂則事敗。**姤雖一陰甚微，然有漸壯之道，所以戒也。**戒其漸浸之勢。

【釋義】

一陰始生，雖巽居卑下，然其勢必漸生而壯，從陰將盛而言象女壯。女壯則不能巽順，不能安止於正家，必將上行而往出於外。卦辭勿用，戒意深矣。

馬融：「壯者，傷也。」虞翻：「女壯，傷也。陰傷陽，柔消剛，故女壯也。」女壯而不巽順，必將傷陽剛，勿用取是女也。

孔穎達云：「此卦一柔而遇五剛，故名為姤。施之於人，則是一女而遇五男，淫壯至甚，故戒之曰『此女壯甚，勿用取此女』也。」

《彖》曰：姤，遇也，柔遇剛也。

【程傳】

姤之義，遇也。卦之為姤，以柔遇剛也。柔獨往而遇剛，故此柔行為壯行，無需巽順剛而後行。**一陰方生，始與陽相遇也。**

【釋義】

一陰上行遇五陽，巽下乾上，一陰巽順於五陽之下，皆為柔遇剛。遇，遭遇，陰壯大而敵遇剛，陰擬於陽，且將不以柔道順剛。

勿用取女，不可與長也。

【程傳】

一陰既生，漸長而盛，陰盛則陽衰矣。取女者，欲長久而成家也，安於內則長久；成家，家道成也。**此漸盛之陰，將消勝於陽，**消蝕於陽而取代之。**不可與之長久也。**位正則久長，壯女勝男，位將顛倒。**凡女子、小人、夷狄，勢苟漸盛，何可與久也？故戒勿用取如是之女。**

【釋義】

陰息而將剝削於陽，女壯則不巽順於男，不由順德，如此，則家道不能安固，娶之不能長也。與，相與共處也。

天地相遇，品物咸章也；

【程傳】

陰始生於下，與陽相遇，天地相遇也。陰陽不相交遇，則萬物不生；天地相遇，則化育庶類，品物咸章，萬物章明也。

【釋義】

夬剝盡陰則為乾，乾為四月卦，姤為五月卦，陰始生也。坤始於姤，天地相遇於姤，故言「天地相遇」，天地遇則交合生物。五月，萬物興旺，生機勃勃，品物咸章也。

品物，萬類也，以次類有別而為品；章，彰顯也，彰顯其性、彰顯其文。咸章：咸皆章顯其性，生生不息，不遺一物，萬物不爭而和處共榮，文繁多而不競，各只自章自性，不相侵奪，安安以相忘，以見天覆地載之容物無量。

唯我大中華文化，尊奉天道，大倡共同富裕、文化並存、種族平等之品物咸章之道，美、歐、印、阿拉伯文明皆無有此咸章包容之義。

剛遇中正，天下大行也，

【程傳】

以卦才言也。五與二皆以陽剛居中與正，中正相遇也。剛居二居五，與中正相遇。君得剛中之臣，臣遇中正之君，君臣以剛陽遇中正，其道可以大行於天下矣。陽剛逢其時，則能行其正。陽剛不逢其時，則不能行其正。如君子，盛世為一般行為，衰世又是一般行為。

【釋義】

「剛遇中正，天下大行」，夫子自歎之辭。賢人君子如能逢遇其時，自處二五中正之位，則其剛中之道將大行於天下也。

剛陽為性，中正為時，二五之剛遇其時而處中正，剛遇中正也。六爻之位皆以時言之，不在其時，則不在其位，故位以時言，故程子云「遇中正」，「遇」以時言。

姤之時義大矣哉！

【程傳】

贊姤之時，與姤之義至大也。義，宜也，德之宜也，必遇時而後有合宜之舉措，故義者時義也。天地不相遇，則萬物不生；獨不生物，必相遇而有生，故仁者二人也。君臣不相遇，則政治不興；相遇於道，志相合也。聖賢不相遇，則道德不亨；夫子遇七十二賢，其道方廣大亨通。**事物不相遇，則功用不成。姤之時與義，皆甚大也。**

【釋義】

時義者，遇時而行其宜也。大者，剛遇二五而成其大功。

君子姤遇中正之位則駕，不遇則蓬累而行。時則命，命則時，時命也！天不遇夫子以此命，夫子則不得其時命也。

君子修己以待遇，時不遇則不可強為，必以待遇為正，君子處姤之道也。

易凡言時，皆為天命，時在天，故姤不姤在天不在人，人行己而待即可。

《象》曰：天下有風，姤，後以施命誥四方。

【程傳】

風行天下，風行，言其無阻而遍達於萬物。**無所不周，為君後者，**後，謙稱，謙退、不敢居先也。**觀其周徧之象，**遍。**以施其命令，周誥四方也。**遍告四方，四方皆能順達不阻。**風行地上，與天下有風，皆為周徧庶物之象，而行於地上，徧觸萬物，則為觀，經歷觀省之象也；**王省察四方，四方觀其行止。**行於天下，周徧四方，則為姤，施發命令之象也。**王發令四方，四方遵其政令。

諸象或稱先王，或稱后，或稱君子、大人。稱先王者，有德而作制度者，為先王。**所以立法制建國，作樂省方，敕法閉關，**見復卦。**育物、享帝皆是也。**皆制度事。**稱後者，**守先王之成法，非能作制度垂統者，為後王。**後王之所為也，財成天地之道，**裁成制宜也。**施命誥四方是也。**奉行先王之命，昭告四方。**君子則上下之通稱，**有德處尊，有德位卑，皆可用於君子之稱謂。**大人者王公之通稱。**有德之王公，為大人，在卦為上三爻。

【釋義】

天下有風，風過草偃，遍及萬物，公而不遺，天行令之象。王觀之，行命於四方諸侯，以行其天道之公，天下臣服。

初六，繫於金柅，貞吉；有攸往，見凶。羸豕孚蹢躅。

【程傳】

姤，陰始生而將長之卦。大略言：在內卦言生，在外卦言成。陰處內卦之初，始生之時，處二三則為漸盛之時。如處外卦，則不能生矣，功成將去之時。**一陰生，則長而漸盛，陰長則陽消，小人道長也，制之當於其微而未盛之時。**

柅，止車之物；金為之，堅強之至也。止之以金柅，而又繫之，止之固

也。固止使不得進，則陽剛貞正之道吉也。使之進往，則漸盛而害於陽，是見凶也。

羸豕孚蹢躅，羸豕，羸弱之豬，王弼以為母豬：「羸豕，謂牝豕也。群豕之中，豭強而牝弱，故謂之羸豕也。」蹢躅，原地亂跳，焦慮不安之狀。孚蹢躅，信實於蹢躅，羸豕本性好蹢躅。**聖人重為之戒，言陰雖甚微，不可忽也。**不可忽其牽附而上也。**豕，陰躁之物，**躁，不安難馴順，故以初始制之，防其壯也。**故以為況。羸弱之豕，雖未能強猛，然其中心在乎蹢躅。蹢躅，跳躑也。陰微而在下，可謂羸矣，然其中心常在乎消陽也。**中心，釋爻辭之「孚」。**君子小人異道，**剛柔有別，尊卑有序，異道也。**小人雖微弱之時，未嘗無害君子之心，防於微則無能為矣。**不能壯而敵剛。

【釋義】

初為姤之主爻，初始防遇女壯，姤義在此。

金，堅固之物；柅，止動之物；所繫於四，初四正應，四為遏止初躁動之金柅，止其攸往之欲，於初始而強止之，繫之以順陽從後。係止之道為正，其事必順而吉。貞，務使初由陰順之性，貞固之則吉。

姤以遏制陰長為正，陰有所往，對陽為凶。豬為性躁之物，處於初始，如羸豬之躁，即使蹢躅而行，其志也不在安靜貞守，其性為蹢躅上行，本不安於下也。孚蹢躅，羸豬篤行其躑躅，信而不虛。

【補遺】

繫於金柅，即可以繫於九四，也可繫於五陽爻，姤乃一陰遇五陽，巽順於五陽，則遇之於正而吉。有所往，則不為陽所繫，陰柔獨行不順，故凶。

《象》曰：**繫於金柅，柔道牽也。**

【程傳】

牽者，引而進也。不使陰獨進逼剛，引之以巽順之道，使之順陽而動，則止其躁進也。**陰始生而漸進，柔道方牽也。**牽，言其繫縛於陽而上，如藤繫樹木而上。柔道不能獨立，必有牽附，有牽附於陽，而後能順而從。**繫之於金柅，所以止其進也。**止其牽附而進也。**不使進，則不能消正道，乃貞吉也。**

【釋義】

繫於金柅，使之順由柔道，隨陽而進退，不使犯上逼剛。

陰必牽繫於陽，繫陽則能止其躁妄，復歸於柔順；初繫於二之金柅，制止其躁，使之不害群陽，故言陰柔之道牽繫於陽剛而成，柔道牽也。

九二，包有魚，无咎，不利賓。

【程傳】

姤，遇也。陰陽相遇也。二與初密比，相遇者也。在他卦，則初正應於四，在姤則以遇為重。遇之義，以先後。相遇之道，主於專一。專一，則遇人以誠。二之剛中，剛以實言，中以專言：不偏於他，專也。遇固以誠，唯以誠遇人，關係方可固。然初之陰柔，群陽在上，而又有所應者，其志所求也，陰柔之質，陰柔易附，不能獨立。鮮克貞固，鮮，少也；克，能也。二之於初，難得其誠心矣。所遇不得其誠心，遇道之乖也。乖違於遇道之專誠。包者，苴裹也。以苴草包裹也。魚，陰物之美者。九二為悅體，悅於初，故以陰美言魚。陽之於陰，其所悅美，故取魚象。二於初，若能固蓄之，蓄之堅固。如包苴之有魚，苴葉層層包紮為固。則於遇為无咎矣。賓，外來者也。以自己固有之物待客，乃為盡誠。魚為初，非己所有，故不利賓。不利賓：包苴之魚豈能及賓？專愛對象，不可與他人共之。謂不可更及外人也。遇道當專一，二則雜矣。雜，心不純，雜以利心。

【釋義】

虞翻：「巽為白茅，在中稱包。詩云：『白茅包之。』」二剛居柔中，以柔中之道畜止初之進，包有魚也。

初、二親比，二畜止初，使之不進犯陽，受國之垢，為社稷之主，義固无咎也。

二包畜初之不正而能制其進，於己固然无咎，然不可以不正享遇賓客，防其邪侵出，故不利賓也。不正者，初之魚也。賓，三上之諸陽。

詩云：「敝笱在梁，其魚魴鰥。齊子歸止，其從如雲。」魚簍破敝，不能制止魚之往來；禮法廢弛，不能制止文姜之亂淫。九二包魚，防邪漸長而出，遏其壯盛而侵上。

《象》曰：包有魚，義不及賓也。

【程傳】

二之遇初，不可使有二於外，二，心不專，二心也；外，賓也。當如包苴之有魚，包苴之有魚，義不及於賓客也。

【釋義】

禮遇賓以正，初不正，不可以不正示於賓。

【補遺】

九二剛居柔中，能包初之陰柔，它爻皆無此德，不可包也，故義不及賓。

九三，臀無膚，其行次且，厲，无大咎。

【程傳】

二與初既相遇，三說初而密比於二，說，悅也。非所安也，不能悅遇於初。又為二所忌惡，其居不安，若臀之無膚也。處既不安，則當去之，而居姤之時，志求乎遇，一陰在下，是所欲也，故處雖不安，而其行又次且也。次且，進難之狀，謂不能遽捨也。顧望徘徊，故次且。然三剛正而處巽，剛處正位，能剛斷捨欲；處巽，能遜讓於二，情遜讓於理。有終不迷之義。悅而不得，設割之。若知其不正，而懷危懼，處不安之所、難進之地，憂思惕厲，則无大咎。不敢妄動，則可以无大咎也。非義求遇，初二相遇，義也；欲奪人正遇，非義也。固已有咎矣；知危而止，則不至於大也。

【釋義】

二四剛居柔，三剛亢居中，則二三四變為坎，九三行坎之中，次且有厲也。

三已過剛，上無應，下無親，居不安，行不進，行次且也。

夬四「臀無膚」，以「聞言不信」而有悔吝。姤三欲親遇初，隔二而不能近，姤時以不獲其遇而有厲，然以居正，嚴以自律，絕其浸染，且不遇邪妄也無大失，終无大咎。

《象》曰：其行次且，行未牽也。

【程傳】

其始志在求遇於初，故其行遲遲未牽，不能牽引初而上行。不促其行也；既知危而改之，故未至於大咎也。

【釋義】

姤以陰陽相遇為義，三以二相隔，不得牽於初，故行次且也。

九四，包無魚，起凶。

【程傳】

包者，所裹畜也。猶如，今天黑社會講的「罩」。魚，所美也。魚，民也，養於上、也為上所養。民以納稅養政府，政府以好政策養民。四與初為正應，當相遇者也，而初已遇於二矣，遇，主先後遠近。失其所遇，猶包之無魚，亡其所有也。四當姤遇之時，居上位而失其下，下之離，由己之失德也。處柔不正。四之失者，不中正也。不中則偏私，不正則行失範；偏私則民不信，行失範則不能率眾。以不中正而失其民，中，言施利不公；正，言舉止失範。所以凶也。

曰：初之從二，以比近也，比鄰而近。豈四之罪乎？曰：在四而言，義當有咎，不能保其下，由失道也。豈有上不失道而下離者乎？遇之道，君臣、民主、夫婦、朋友皆在焉。皆在焉：遇道涉及四倫關係。民主，百姓與君上。四以下睽，以，因也；下，民也；睽，不順、背也。四因下民悖逆於己。故主民而言。為上而下離，必有凶變。起者，自下、自伏也。將生之謂。民心既離，難將作矣。

【釋義】

初為二所包畜，四不得包畜初，包無魚也。魚，陰類處下之物，喻下民，當為居上者潤澤之、包容之、寬納之；然四剛居柔，自處不正而失範於民，不為民所信，不能包魚也。

起，言民自下興作，將犯上而行，凶將至。

《象》曰：無魚之凶，遠民也。

【程傳】

下之離，由己致之。遠民者，為道而遠人，不可以為道也。己遠之也。為上者有以使之離也。

【釋義】

居上者不恤愛民，遠離於民，民也遠之。陽居陰，無剛健之德，不能畜陰愛民也。

九五，以杞包瓜，含章，有隕自天。

【程傳】

九五，下亦無應，非有遇也，然得遇之道，得遇之道：謂有含章之德，此遇人之道也。故終必有遇。此懷明珠，終必能沽。夫上下之遇，由相求也。求，言其外合也。真相遇，遇合於道也。杞，高木而葉大。處高體大，而可以包物者，杞也。美實之在下者，九二也，剛處中，有美且實也。瓜也。美而居下者，側微之賢之象也。九五尊居君位，而下求賢才，以至高而求至下，猶以杞葉而包瓜，能自降屈如此；降尊屈己，就卑從人。又其內蘊中正之德，充實章美，剛居中正，自有章美。人君如是，則無有不遇所求者也。懷璧以待。雖屈己求賢，屈己，不屈德；屈己，所以光顯其德也。若其德不正，賢者不屑也，故必含蓄章美，內積至誠，不誠乎己，則不能致遠人。**則有隕自天矣，猶云自天而降，**德自天降，天命予也。**言必得之也。**生而具有，必得之也。**自古人君至誠降屈，以中正之道，求天下之賢，未有不遇者也。高宗感於夢寐，**武丁遇傳說。**文王遇於漁釣，**姜尚。**皆由是道也。**修己待賢之道。

【釋義】

杞，枸杞之木，木之美者，九五之君也；瓜，匏瓜，瓜之美者，九二之臣也。姤時，明君與賢臣相遇，以杞包瓜也。二五皆剛居中正，若枸杞、匏瓜有含章之美，喻明君與賢臣。二五章美皆天降之，有隕自天也。姤時，君臣有含章美德而遇之，為姤之美者。

「含章，有隕自天」也可釋為君子不遇於時，含其章美，韞櫝待沽；然而，杞匏章美，自天降之，豈能終為時俗所掩？

【補遺】

「以杞包瓜」為「吾豈匏瓜」？傳記所誤乎？匏瓜含章美之德，自天降之，必能待時而用於世。

《象》曰：九五含章，中正也，

【程傳】

所謂含章，蓄含不耀。**謂其含蘊中正之德也。**中正之德不自顯，而必有章美。**德充實，**剛在中，德充實也。**則成章而有輝光。**成章，成己德也。光者，明德也；輝光者，明明德也。

【釋義】

剛居中正，充實有含章之美。

有隕自天，志不捨命也。

【程傳】

命，命，天與之任也；勞筋骨苦心志，皆是命降之謂。**天理也。捨，違也。**君子順命，不敢捨也。**至誠中正，屈己求賢，存志合於天理，所以有隕自天，必得之矣。**

【釋義】

志，弘道也，命，天隕也。含章之德自天隕降於己，我奉天不敢違，志不捨命也。夫子云：「天之未喪斯文也，匡人其如予何？」夫子之不捨命也。

上九，姤其角，吝，无咎。

【程傳】

至剛而在最上者，角也。九以剛居上，故以角為象。以角為象，言其剛強。人之相遇，以降屈以相從，降尊屈己。和順以相接，故能合也。上九高亢而剛極，人誰與之？以此求遇，剛強居上而不謙順於人。固可吝也。道不廣，可羞也。己則如是，人之遠之，非他人之罪也。由己致之，故無所歸咎。

【釋義】

乾為首，九在首上，角也，至高無遇之象，姤其角也。

姤，為陰陽相遇。上九處極高之上，遠於初，無所遇，姤其窮高之角，姤道窮矣。不遇壯陰而制之，吝也；不遇壯陰，不起敵爭，遠於不正，無邪妄所侵，无咎。

角，至剛牴觸之物。「姤其角」也可如程子之說：以角姤遇下，強使人從己，非謙下寬容之道。吝，言其不廣。无咎，姤極道反，故无咎。

《象》曰：姤其角，上窮吝也。

【程傳】

既處窮上，窮，困厄也；窮上，困厄於上。剛亦極矣，極高之剛，不能謙下就陰，剛道窮極也。是上窮而致吝也。困厄於上，而至於為人所羞吝。以剛極居高而求遇，剛極難為卑，居高難為下；處高求下，而不以禮敬順之，無所得也。不亦難乎？

【釋義】

道者，陰陽而已；居上而遠於所遇，孤陽不逢陰，非道也。居上而其途窮也。

䷬萃卦第四十五　坤下兌上

【程傳】

萃，《序卦》：「姤者，遇也。物相遇而後聚，故受之以萃。萃者，聚也。」物相會遇則成群，萃所以次姤也。為卦，兌上坤下，澤上於地，水之聚也，故為萃。不言澤在地上，澤在地上，謂澤已聚在地。而云澤上於地，澤正上聚於地。言上於地，則為方聚之義也。

【釋義】

萃，聚也，草叢生以聚為萃。澤為草萃聚之地，地上有澤為萃之象。

物相遇，必萃聚，萃久必為眾、為大、為富，故萃乃物聚之後以行大事之時。

為卦，坤下兌上，水聚地上，水萃之象；內虛外悅，謙以容眾之象，皆為萃義。且水在地上，水下浸潤地，地上畜聚水，水、地親比無間，物聚而不爭，必有其統序也。

萃：亨，王假有廟。

【程傳】

王者萃聚天下之道，王者能順天之道、承地之極、體民之情，能統合三才也。天下之道，統言之為天道，析言之為三才。**至於有廟，**有廟，繼祖述先，萃聚天下之道也。**極也。**德光及於祖先，天下一其信仰，極也。

群生至眾也，而可一其歸仰，使其歸仰於一祖神。歸，歸心也；仰，仰瞻也。**人心莫知其鄉也，**人慾各異，心至於何鄉，莫知也。**而能致其誠，**推其誠。**敬鬼神之不可度也，**度，測度也。鬼神不可利誘來，只可精誠致之，精誠不至，鬼神不來。《中庸》：「神之格思，不可度思。」程子本於此。**而能致其來格，**感而通鬼神之道，致其來格。**天下萃合人心，**格，來也；格天下，使天下人來歸我。**總攝眾志之道非一，**總攝，合而收束也。道，途徑、方法。**其至大莫過於宗廟，**宗廟，敬誠之大者。**故王者萃天下之道，至於有廟，**王能祭祀祖先，則享有天下，又以此等精誠，萃聚天下人心。**則萃道之至也。**

祭祀之報，本於人心，不忍祖之精魂撕滅，故設廟祭之，以述其志、聚其氣。**聖人制禮，以成其德耳。**敬祭者在彼，成德者在我。**故豺獺能祭，其性然也。**

萃下有亨字，羨文也。羨，多餘。**亨字自在下，**自在下：萃必有亨也。**與渙不同。**程子云：「萃、渙皆立廟，因其精神之萃，而形於此，為其渙散，故立此以收之。」**渙則先言卦才，萃乃先言卦義，彖辭甚明。**

【釋義】

水地無間，則能生物，能生物則來聚，王能生育百姓，則天下歸心，萃者亨也。

王來聚天下萬物，其道何也？

——王假有廟也。

王假有廟者，至誠之心也。

唯至誠能通鬼神，能通鬼神，即能通天下萬民之心。

王以至誠之心，敬順天下萬民，使天下萬民皆來萃聚於我，王假有廟也。

假，至，格致也。王以至誠之心，感格神至，王假有廟也。若無神降，何來有廟？神所以來降，乃王有至誠篤厚之心，感神下臨以享。王以至誠之意萃合天下之心，亦為王假有廟。能知禘之說者，其治天下如運於掌，王假有廟也。

從另一個角度看，王假有廟，也為王統合天下信仰，齊同天下人之心，使天下之人百慮一致，殊途同歸。古之廟者，乃統聚信仰、萃合人心者，猶今日意識形態之教育，祭祀黃帝、孔子之舉。萃時，以祭祖來格至天下人心，為「有廟」。

利見大人，亨，利貞。

【程傳】

天下之聚，必得大人以治之。人聚則亂，利不同則亂。各安其利，教之以禮，則天下賓服。**物聚則爭，事聚則紊，非大人治之，則萃所以致爭亂者也。**大人制作，如雷振作天下，惠及百姓，天下方能歸仰於一心，萃而不亂。**萃以不正，**大人以正萃聚，小人以利萃聚。**則人聚為苟合，財聚為悖入，**悖於義而入，如貪腐所得。**安得亨乎？故利貞。**

【釋義】

能萃合天下人之心者，必為大人；故萃聚人心，必光顯其聖德。九五剛明居尊位，以大人正德以正人，正人以正物，正物以正事，自本至末，皆得其正，故人聚而安泰，物聚而不爭，事聚而順成，利見大人也。

萃卦，二五中正，上下得位，內順外悅，其道亨通，貞守其正則利也。

用大牲吉，利有攸往。

【程傳】

萃者，豐亨之時也，物聚為豐，道通為亨。**其用宜稱，**其用，用牲也；稱，稱其萃亨之大。**故用大牲。**大牲：牛、羊、豬為祭品。**吉事莫重於祭，**事順必告祖。**故以祭享而言。上交鬼神，**萃其敬，鬼神來格，上交鬼神之道。**下接民物，**萃其信，百姓信服，下接民物之道。**百用莫不皆然。**日用莫不用其敬誠之心。**當萃之時，而交物以厚，**交以誠信，交物以厚也。交物，交人以誠信，交物以敬事。**則是享豐富之吉也，天下莫不同其富樂矣。若時之厚，而交物以薄，乃不享其豐美，天下莫之與，而悔吝生矣。**天下財貨豐美之時，當惠民以厚，若不能薄斂而交物以薄，則民不與也。**蓋隨時之宜，順理而行，故《彖》云順天命也。夫不能有為者，力之不足也。當萃之時，故利有攸往。大凡興工立事，貴得可為之時，萃而後用，**萃聚必統合人心，人心合一然後可用。**是以動而有裕，**動，興工立事也。萃合人心去做事，不必強驅，任其自然，有裕也。**天理然也。**

【釋義】

萃時，天下歸心，國泰民安，享神以大牲，薄賦惠民，以養天下，百姓信從，則利有攸往。

為卦，內順外悅，二五中正，四爻正應，天下人心皆歸仰，政令所至，無不通達，往則有利。

《彖》曰：萃，聚也；順以說，剛中而應，故聚也。

【程傳】

萃之義，聚也。順以說，坤順兌悅。說悅通。**以卦才言也。上說而下順，為上以說道使民，**悅道，順人心之道。民不悅從，則不使民。**而順於人心；**從民志，通民心，以百姓之心為心，方可順人心。**下說上之政令，**政令悅順人心，則下悅上之政令。**而順從於上。既上下順說，又陽剛處中正之位，而下有應助，**二五應也。**如此故能聚也。欲天下之萃，才非如是不能也。**才，卦才也：順以說。

【釋義】

萃，聚也。聚天下之道如何？順以悅也。居上者能體恤民情，順從民心，居下者必能順隨之。如何體恤民情？剛明之德處以至中，利天下而不私，天下人必來應順，故能萃聚也。

二五正應，剛柔皆處中正，剛中而應。

王假有廟，致孝享也。

【程傳】

王者萃人心之道，道，方法也。**至於建立宗廟，**所謂建立，非指宗廟屋宇之建立，乃為在天下人心上建立一祖神之歸仰也。**所以致其孝享之誠也。祭祀，人心之所自盡也，**自內盡其敬誠之心。自盡，由內出也。**故萃天下之心者，無如孝享。**致其孝敬之心，使祖神來享。**王者萃天下之道，至於有廟，則其極也。**

【釋義】

王萃聚天下之心，以天下人之孝心而敬祭先王。

孝者，效而順之也。致享者，九五之尊也。致孝，致天下人之孝順先王，設祭享告先王，非我一人之致享，我實萃聚天下人之心而致享於先王之神。

利見大人，亨，聚以正也；

【程傳】

萃之時，見大人則能亨，見，現也；見大人：推大人之德於天下，使天下人皆被其光澤。**蓋聚以正道也。**以德聚，不以利聚。**見大人，則其聚以正道，**眾星拱之，以德也。**得其正則能亨矣。**聚時用其正，為得其正。**萃不以正，其能亨乎？**唯正能公，唯公能容眾、來眾，故非正豈能亨乎？

【釋義】

無大人，則不能萃聚人心；大人萃聚人心者，莫如中正之道；剛明在尊位，中正之道也，以此萃天下人，聚以正也。正與邪對，邪者，利也；聚以邪，聚以利也。利可誘聚一時，不可至其終而萃聚天下之心。

用大牲，吉，利有攸往，順天命也。

【程傳】

用大牲，祭祀用太牢，牛、羊、豕全備，大牲也。**承上有廟之文，**文，祭禮也。**以享祀而言。凡事莫不如是。豐聚之時，交於物者當厚，**厚以處之：交於祖神，祭用大牲，厚處也。**稱其宜也。**豐聚則厚處，稱其宜也。**物聚而力贍，乃可以有為，**資用足，故可大有為。**故利有攸往。皆天理然也，故云順天命也。**

【釋義】

萃聚乃豐大之時，告祭於先王，必用大牲，以配萃時物聚而豐贍也。萃時，物來聚而悅順於剛正之德，其道亨通，其用豐贍，何往不利？往者，往就中正也。內卦三陰爻皆往行而上，萃聚於九五，順於至正，所以順天命也。

觀其所聚，而天地萬物之情可見矣。

【程傳】

觀萃之理，可以見天地萬物之情也。天地之化育，萬物之生成，凡有者皆聚也。有無動靜終始之理，聚散而已。萃於有則散於無，聚於動則散於靜，萃於始則散於終，故云天下萬物聚散而已。**故觀其所以聚，則天地萬物之情可見矣。**程子所論未見彖之真義。

【釋義】

萃者，萃聚於剛明中正也；萃於剛明中正，乃能使天下之物皆能寬裕自處，萬物之情始可畢現。

天地萬物皆萃聚於其正位：天萃高，地萃低，水萃濕，火萃燥，雲萃龍，風萃虎，君子萃於義，小人萃於利，各居其位，各從其類。然大公中正，是萬物共所萃聚，為萬物之通情也。故言「觀其所聚，而天地萬物之情可見矣。」

《象》曰：澤上於地，萃，君子以除戎器，戒不虞。

【程傳】

澤上於地，為萃聚之象。君子觀萃象，以除治戎器，用戒備於不虞。凡物之萃，必有雜也，雜則不純，亂生也。**則有不虞度之事，故眾聚則有爭，物聚則有奪。大率既眾則多故矣，**故，變故，變其故常也。**故觀萃象而戒也。除，謂簡治也，去弊惡也。除而聚之，**之，戎器。**所以戒不虞也。**

【釋義】

澤聚於地易潰，人聚於利易亂，君子觀此，當整修兵戎之器，以備不虞之亂。

卦辭「亨、利、吉、往、用大牲」，皆是順善亨通之事，彖傳則於亨通之中，又生出憂患的意思：順悅不可久居，惕厲之意深矣。

初六，有孚不終，乃亂乃萃，若號，一握為笑，勿恤往，无咎。

【程傳】

初與四為正應，本有孚以相從者也。初與四正應，初相從於四，為「有孚」。**然當萃時，三陰聚處，柔無守正之節，**柔無，陰柔本無有；守正，守正應；節，操守也。**若捨正應而從其類，乃有孚而不終也。**終，持守；不終，初不能持守孚信於四，中道而改。**乃亂，**亂其正應之志。**惑亂其心也。乃萃，與其同類聚也。初若守正，不從號呼，以求正應，則一握笑之矣。一握，俗語一團也，**小人利合，不能獨立，其聚如一握，醜之也。**謂眾以為笑也。**眾者，初坤體為眾，二三之陰爻。**若能勿恤，而往從剛陽之正應，則無過咎，不然，則入小人之群矣。**

【釋義】

初四正應，初往萃聚於四則得萃之正，有孚也。然初陰柔處坤體，陰柔易附從於眾，坤，眾也；故初易附從二三兩陰，萃聚於西南，得其朋類，喪萃之正，不終其孚，故云「乃亂乃萃」。萃於朋類則亂。當此時，初當貞固其正應，呼號九四，痛改前非，若為同類所譏笑，勿恤顧也，往萃於四則无咎。

孔穎達：「一握者，小之貌也。自比一握之間，言至小也。」一握為笑，群小之譏嘲也。一握，群小也，以一握喻之。恤，顧慮。

《象》曰：乃亂乃萃，其志亂也。

【程傳】

其心志為同類所惑亂，故乃萃於群陰也。不能固其守，則為小人所惑亂，而失其正矣。

【釋義】

初之志乃往萃於四，若從眾於同類，則亂其心志，萃於不正也。

六二，引吉，无咎，孚乃利用禴。

【程傳】

初陰柔，又非中正，柔則易於馳逐於外，不自守。恐不能終其孚，終，持守也。故因其才而為之戒。二雖陰柔，而得中正，故雖戒而微辭。中正易持，微辭戒之。凡爻之辭，關得失二端者，為法為戒，法，示人；戒，為己。亦各隨其才而設也。引吉无咎：引者，相牽也。人之交，相求則合，相待則離。待，對立。二與五為正應，當萃者也，同為中道，當相萃遇。而相遠，又在群陰之間，必相牽引，則得其萃矣。程子以為，六二必上下牽引而得以見九五，猶處卑者欲見尊者，必有人居中牽引。五居尊位，有中正之德，二亦以中正之道往與之萃，正則誠孚，中則相容，既有誠孚又能容人，必萃遇也。乃君臣和合也。其所共致，豈可量也？是以吉而无咎也。无咎者，善補過也。二盡其中正，改其不能堅愨之弊。二與五不相引，則過矣。孚乃利用禴：孚，信之在中，誠之謂也；禴，祭之簡薄者也。菲薄而祭，如二簋之食。不尚備物，備物：周備於儀。直以誠意交於神明也。孚乃者，謂有其孚則可不用文飾，專以至誠交於上也。以禴言者，謂薦其誠而已，上下相聚而尚飾焉，尚飾，務外也；盡己誠，則不暇於外。是未誠也。蓋其中實者，不假飾於外，假，借助也。用禴之義也。直見其中心。孚信者，萃之本也。萃，交合也，交合以誠。不獨君臣之聚，凡天下之聚，在誠而已。

【釋義】

引，牽引向前、引而上行也，對應九五。《說文》：「引，開弓也。」開弓向外，「引」乃指「向外」，猶內爻「往」而向外，六二外向應於五。

引吉无咎：六二受五牽引，順萃於剛中則吉，柔萃於剛，在己為无咎。六二柔居中正，又處坤體，坤為眾，二為眾陰之主，易於居位不進、從眾而萃於同類，故「引吉」以戒：必順隨九五，牽而上行，乃吉。

二信從五之牽引，堅心不惑，篤信不變，不尚浮文而顯其「孚」。禴，夏祭，四祭中最簡薄者，簡減文飾，尚其誠孚，莫如「利用禴」，不事多儀也。

卦辭、彖傳言「王假有廟」、利用「大牲」，九五用大牲以顯其至誠，六二當報以「禴」祭乃盡己誠。二五中道萃遇，中則正其應而見其誠矣。

卦辭「用大牲吉，利有攸往」，六二則云「孚乃利用禴」，王者因於時，用大牲以備物；臣子薄祭以盡誠，故所用皆異。

《象》曰：引吉无咎，中未變也。

【程傳】

萃之時，以得聚為吉，萃之剛爻，皆居位不動，以萃聚群陰；若剛動而往聚於陰，則不吉。**故九四為得上下之萃。二與五雖正應，然異處有間，**處群陰之中，間也；又間隔三四，亦間也。**乃當萃而未合者也，故能相引而萃，則吉而无咎。以其有中正之德，未遽至改變也，**未遽至：未馬上至於。**變則不相引矣。**變其孚信，不與四應，則不相引矣。

或曰：二既有中正之德，而《象》云「未變」，辭若不足，中德不足，故外有「未變」之辭。**何也？曰：群陰比處，**三陰萃聚於下，群陰親比而相處也。**乃其類聚。**陰類相聚。**方萃之時，居其間，**其，群陰。**能自守不變，遠須正應，**隔三四為「遠」。須，待也。**剛立者能之。二陰柔之才，以其有中正之德，可覬其未至於變耳，**覬，期也。**故《象》捨其義以存戒也。**義，中德之義。

【釋義】

引以向正則吉无咎，持守中道，不變初志。中，作動詞解，謂二本柔質，處於群陰之間，遠隔於剛中，尚能持守中道而未變，其貞可贊也。中，不偏比於陰。

六三，萃如嗟如，无攸利，往无咎，小吝。

【程傳】

三，陰柔不中正之人也，求萃於人，而人莫與求。初四、二五皆有相應，故比近而不得。**四則非其正應，又非其類，是以不正，為四所棄也。與二，則二自以中正應五，是以不正為二所不與也。故欲萃如，則為人棄絕而嗟如，不獲萃而嗟恨也。上下皆不與，無所利也。惟往而從上六，則得其萃，為无咎也。**

三與上雖非陰陽正應，然萃之時，以類相從，皆以柔居一體之上，三居下體之上，上居上體之上。**又皆無與，**皆無比親者。**居相應之地，上復處說順之極，**悅體之上。**故得其萃而无咎也。易道變動無常，在人識之。然而小吝，何也？三始**

求萃於四與二，不獲而往從上六，人之動為如此，上下往求，心不專篤，求利而來，故為羞吝。雖得所求，亦可小羞吝也。

【釋義】

三居二四之間，欲萃於四，四正應於初，欲親比於二，二正應於五，求萃而不能，嗟如也。萃時，以萃聚為利，上下皆不得萃，无攸利也。三若往求萃於上六，上為兌體，三為巽體，巽悅相合而成其萃，故言「往无咎」。然萃時，陰萃遇柔，不萃於剛，小人親比，西南求朋，不絕其類，小有吝也。程子云，求而不專篤，不利則他求，也為小吝。

俞琰以為三往上萃於四，可備一解：「萃之時利見大人，三與五非應非比，而不得其萃，未免有嗟歎之聲，則无攸利矣。既曰无攸利，又曰往无咎，三與四比，則其往也。捨四可乎？三之從四，四亦巽而受之，故无咎。第無正應，而近比於四，所聚非正，有此小疵耳。」

《象》曰：往无咎，上巽也。

【程傳】

上居柔說之極，三往而无咎者，上六巽順而受之也。

【釋義】

上六兌體，三為巽體，巽兌道合，巽順而悅納，往萃得其人，行无咎也。

九四，大吉，无咎。

【程傳】

四當萃之時，上比九五之君，得君臣之聚也；下比下體群陰，得下民之聚也。得上下之聚，可謂善矣。萃時能得萃則善。然四以陽居陰，非正也，雖得上下之聚，必得大吉然後為无咎也。大為周遍之義，無所不周，上下皆得萃聚，無所不周。然後為大，無所不正，則為大吉，大吉則无咎也。

夫上下之聚，固有不由正道而得者。非理枉道而得君者，自古多矣；非理枉道而得民者，蓋亦有焉；如齊之陳恒，魯之季氏是也。然得為大吉乎？得為无咎乎？故九四必能大吉，然後為无咎也。

【釋義】

九四剛居柔，處巽體，有柔巽之才，上順巽於九五之尊，下順巽於臣下群民，剛柔上下皆得其萃，進賢盡忠，善處中道，事順而大吉，故能居處不當而无咎也。

《象》曰：大吉无咎，位不當也。

【程傳】

以其位之不當，疑其所為未能盡善，故云必得大吉，然後為无咎也。功抵消其過。非盡善，安得為大吉乎？

【釋義】

居臣位而能萃聚下民之心，有逼君之象，位不當此之德，有咎也。然四能順巽上下，成大萃之功，克任大臣之任，功消其咎也。

九五，萃有位，无咎。匪孚，元永貞，悔亡。

【程傳】

九五居天下之尊，萃天下之眾而君臨之，以君道臨之。當正其位，行其當行之道，正其位也。修其德。剛中之德。以陽剛居尊位，稱其位矣，為有其位矣，有陽剛之德者當配享至尊之位，為有其位。得中正之道，無過咎也，處尊位行中正，無過咎。如是而有不信而未歸者，則當自反以修其元永貞之德，則無思不服，思，助辭。而悔亡矣。元永貞者，君之德，民所歸也，民歸君之元永貞之德。故比天下之道與萃天下道，比，類「義之與比」。皆在此三者。王者既有其位，又有其德，中正無過咎，而天下尚有未信服歸附者，蓋其道未光大也，元永貞之道未至也，在修德以來之。如苗民逆命，順來，逆去。帝乃誕敷文德。誕敷：廣布施展。舜德非不至也，蓋有遠近昏明之異，故其歸有先後，既有未歸，則當修德也。所謂德，剛居五之德，剛中之德也。元永貞之道也。元，首也，長也。首、長，言其可為萬民範。為君德首出庶物，首出庶物：德為庶物之首也。君長群生，君德長於群生。有尊大之義焉，首、長，皆尊奉之辭。有主統之義焉，唯其德，可萃聚群生，主統也。而又恒永貞固，則通於神明，光於四海，四海，中國之內；處東夷、西戎、南蠻、北狄之中，為四海。海，為邊際，中國文化之邊際，不可出其邊際，名之為「海」。無思不服矣，乃無匪孚而其悔亡也。所謂悔，志之未光，心之未慊也。未安也。

【釋義】

四居臣位而萃得下民，分五之萃，於五則有失位之咎；然萃時，剛處至尊，行中正，最能萃聚天下之心，五若能以正居位則无咎。

居下者有孚信於四而不孚信於五者，五當修其「元永貞」之德，則雖有悔而自能消亡。元，大也，五當光大其德；永貞，持守也；持守剛中之德而光大之，雖有悔也將亡。

《象》曰：萃有位，志未光也。

【程傳】

《象》舉爻上句。王者之志，必欲誠信著於天下，有感必通，含生之類，莫不懷歸，德澤及草木魚蟲，孟子所謂與時入山林者。若尚有匪孚，是其志之未光大也。

【釋義】

萃時，雖居至尊中正之位，但未能光大其德，孚信未能周遍，以至四能分其萃，而有弗信者。

上六，齎諮涕洟，无咎。

【程傳】

六，說之主，兌之主爻。陰柔小人，說高位而處之，悅高位，貪其利也。天下孰肯與也？與，同行也。求萃而人莫之與，求萃：求人萃歸於我。其窮至於齎諮而涕洟也。窮，困厄；人不來歸我，於萃為窮也。齎諮，諮嗟也。嗟其困窮。人之絕之，由己自取，處不當也。又將誰諮？為人惡絕，厭惡而絕其往來。不知所為，無主也。則隕獲而至嗟涕，隕獲，損其所得、喪其所主。真小人之情狀也。

【釋義】

齎諮：嗟歎之辭。涕為眼淚，洟為鼻涕。六居兌上，兌為口，嘴、眼、鼻皆為所出之口，有嗟歎涕洟之象。

萃時，德高而位尊，則天下歸之。上六乃小人居高位，德不配位，則不能孚信於人，欲人萃於己或己欲萃於人，皆不可得，故「齎諮涕洟」以自嗟悼。上六為眾所絕，而能深自嗟歎，不敢安止於上，非全無醒悟，故无咎。

《象》曰：齎諮涕洟，未安上也。

【程傳】

小人所處，常失其宜：宜，適宜，安處之地。小人不居仁由義，所志在求利，故常蹈險而失其宜。既貪而從欲，從欲則不能安分。不能自擇安地，至於窮困，則顛沛不知所為。內無所主，外則失其所當為。六之涕洟，蓋不安於處上也。君子慎其所處，非義不居，由仁居義也。不幸而有危困，不遇其時。則泰然自安，廣其心，能自泰也；安其位，能自安也。不以累其心。困窮不能入於心。小人居不擇安，小人不擇身之安處，而擇利之大者。常履非據，謂常處非分之位；履，處也；非據，非分之地。及其窮迫，則隕獲躁撓，隕獲，喪其所得；躁，不安；撓，屈也，彎曲，謂屈其操守；躁撓，不安而失其常道。甚至涕洟，為可羞也。未者，非遽之辭，猶俗云未便也。未便能安於上也。陰而居上，陰類以居下從後為德，今居上而先，失其德也。孤處無與，無德則孤；與，相與，助也；謂無德則無有助者。既非其據，豈能安乎？

【釋義】

位高德寡，孤處於上，居非其所，為眾人所拒，身何能遽安也？然能惶恐涕洟，憂思齎諮，惕厲不安，反諸己則无咎也。

䷭升卦第四十六　巽下坤上

【程傳】

升，歸藏作「稱」，帛書作「登」。鄭玄作「昇」。《序卦》：「萃者聚也，聚而上者謂之升，故受之以升。」物之積聚而益高大，聚而上也，故為升，剛德聚於下，必陞於上。所以次於萃也。

為卦，坤上巽下，木在地下，木以升高為性，木處地下，必全其性而升高於地。為地中生木。木生地中，長而益高，為升之象也。

【釋義】

萃者聚也，聚於下則陞於上，厚於本則陞於末，升所以次萃也。

為卦，巽下坤上，木隱地中，必升高出地，剛居柔下，將待時而進；君子畜其剛健之德，時至則陞用也。內巽外順，謙卑其德，順時應變，無往而不達。互卦兌震，悅順以動，動以順悅，皆為升。

升：元亨，用見大人，勿恤，南征吉。

【程傳】

升者，進而上也。遜順而後進，升也；此臣子晉進之義，故當以順巽為本，有此本而後升，不犯而晉，不僭妄也。陞進則有亨義，陞進，德進而位升也。唯有德進而升，方為得天爵，得天爵必有亨義。而以卦才之善，卦才，巽順也；臣以巽順而升，得天佑必亨。故元亨也。用此道以見大人，遜順以見大人。不假優恤，遜而直往，不憂得失。前進則吉也。木以升高為順，人以進德為吉。南征，南征，向德而進，德光也。《說文》：「征，正行也。」前進也。

【釋義】

升者，巽內坤外，履禮而進，遜順而升。遜者，巽順於禮也。升為元亨者，遜順以升，升以禮也。「揖讓而升」，升以禮也；「拜下，禮也；今拜乎上，泰也。」拜於階下而後升，先禮而後升，升以禮；陞於堂上而後拜，先升而後有禮，升而無禮也。

相輯遜讓，禮成而後升，升之大義，文明以進：巽下初二為半離，巽上三四為半離，皆為升以文明。

用見大人：用遜升之道見大人，履禮而升見，勿優恤，文明以進，往必順也。南為離，離為光明之德，木向陽而生，人向德而成；故南為能生、能成，升之方所。升時，能明德以升，吉也。南征吉，面南而征，向德而進也，明德光輝，所征則吉。

升，自下往上為升。為政者必自下民中來，自我民視，自我民聽，與民同欲同心，方可升至君位而臨治下民。

【補遺】

以巽順而進則元亨。九二剛中而上應於六五，用見大人也。代淵：「尊爻無此人，故不云利見。」「用見」乃君用臣。大人乃指九二，巽體居臣位，有剛中之德，其進以巽。六五柔居尊位，順體而虛中，故能順受九二之進。南征，乃以德征討不順者，故吉。南為離，太陽也，生育萬物，故以德言。

《彖》曰：柔以時升，巽而順，剛中而應，是以大亨。

【程傳】

以二體言。柔升，地道順天而升，柔升。**謂坤上行也。**坤道升，萬物隨以升；故坤居上，木順下，萬物順隨坤土而升。**巽既體卑而就下，**木，喻指萬物；萬物以坤為上，居隨坤後，故必巽處下位。**坤乃順時而上，升以時也，**坤所謂能上升者，乃以萬物能升而為上，故必待天時而升。時歸屬於天，唯天有其時。萬物上升以時，順天也。**謂時當升也。**當升者，義必順天也；不當時而升，則為逆天而行。

柔既上而成升，上而迎合天。天就下，地往上，則交。**則下巽而上順，**處下以巽，升上以順；處下能巽則能安居下，和處於眾也；升上能順則不僭越上，恭順於上也。**以巽順之道升，**天不下就，萬物巽居不動；天下就，萬物順迎以上。居下者當以「隨動」為義，隨上而動也。**可謂時矣。**順天為順時也。

二以剛中之道應於五，二，臣位也；剛，言其才；中，言其處，剛明之才處於下體之中，臣道成也。**五以中順之德應於二，**上順下，敬大臣以禮也。**能巽而順，**居下者能忠巽於上，居上者能禮順於下。**其升以時，**聽命而升，升以時也。巽而順其升，禮遇而待其進。**是以元亨也。《彖》文誤作大亨，解在大有卦。**卦辭為「元亨」。

【釋義】

柔者，巽也；時升者，木升以時也。升乃臣下之進升：剛居柔中之位，臣之中道也，應於六五而升，臣下晉進之象。臣道以柔，順君也；臣之晉升，乃為上之所用，故必待時而升，時升則升，時止則止，不待命而升皆為妄作，臣道不可自升，故言柔以時升。

處卑以巽，升高以順，內巽於禮，外順於時，巽而順也。剛居柔中，上應於五，剛中而應也。必有剛明之才方可晉升，剛明之才必居巽體柔中，方為臣道順正而升；升而行此道，大亨必也。

【補遺】

二升至於五，柔以時升，意思也通。

用見大人，勿恤有慶也。

【程傳】

凡升之道，德升而爵進，天爵之升也。**必由大人。**德升而位進者，必有在上之明德君子，否則不能升也。不由德而升，則不由明德君子而進也。程子此處所言「大人」乃為「王公」與「聖賢」，「王公」未必為君子。**陞於位則由王公，**未必德升而位升，人爵之升也。由，順由也，下同此。**陞於道則由聖賢。**天爵之升也。**用巽順剛中之道，**巽順，不犯上；剛中，剛德在中，乃所以可以升者。**以見大人，必遂其升。**不陞於位則必陞於道，故見大人「必遂其升」。遂，成也。

勿恤，不憂其不遂也。被用，時也命也，君子修己而已，俟時待命，無暇於憂也。**遂其升，則己之福慶，**己之福慶，行道也。**而福慶及物也。**有德君子，有福慶必推出去而及物。物，泛指人、事、草木禽獸。「數罟不入洿池」、「斧斤以時入山林」，即「福慶」及魚鱉、草木也。

【釋義】

大人，在位之君子，指九二。見，猶顯也。用見大人，用顯大人之德。二見被用，乃顯現其大人之德，德升聞而為上所用。勿恤者，無憂也，用之不在我，待命而已，我何憂之有？

下巽順而見大人之德，貞守其道，坦蕩其懷，木以直進，勿以得失為優恤，君子見用，必有福慶於天下。

南征吉，志行也。

【程傳】

南，人之所向。向善、向道之謂。**南征，**進德修業也。**謂前進也。**向德而前進，德進功遂。**前進則遂其升，**遂其天爵之升。**而得行其志，**德在事上磨，事順則德進，德進則爵升。**是以吉也。**

【釋義】

南，光明之德也；德者，眾利所歸也，利而益於天下之人為德，故言「人之所向」。征而以德，德以升聞，故能得眾而民心順，能如此，則其志必行。

《象》曰：地中生木，升。君子以順德，積小以高大。

【程傳】

木生地中，長而上升，長，有漸次之義。長而上升：漸次而升，德之進必以漸。**為升之象。**升本為漸進之象，此為常道；不漸而升，越次而進，非常必亂。**君子觀生之象，以順修其德，**順修，順天而修其德，漸進也。**積累微小，**進由其次。升必由次而進，猶木之漸長，累小積微，然後高大；戒突然而升、越次而進。**以至高大也。**高大順成，順天也。**順則可進，**天地泰則順進。順者，順天，履序而進也。**逆乃退也。**天地否則退藏，若此時進必傷及根本。逆，不順天。

萬物之進，升卦，聖人觀萬物自然而進，知人之升晉不可逾序。**皆以順道也。**順天地生息之道。**善不積不足以成名。**成名以漸，學有所由。**學業之充實，**學業，學道而成業也，古人進德修業一併講，「學」、「業」非有兩事。**道德之崇高，皆由積累而至。**眾人可由之道，故必有「學習」而至聖賢。積累，學習也。**積小所以成高大，**序進也。**升之義也。**萬物皆漸長，人亦由漸升之途，升之義也。

【釋義】

地中生木，漸以升也；木升高而不離地，卑順而不離本。君子觀之，順序以晉，順德也。既順以升，必自微小至高大，不犯而漸進，漸高而不越次，升至高大而仍在天下，德高而能卑遜也。在天下，言在臣位而不逾越。

【補遺】

地中生木：地以順言，木以直言，直道而順，君子行其道而無阻礙，升也。木之升，待時漸進，順乎剛健而得以升。木之長成，必待陽、待時、漸次以生，順剛以時進也。

初六，允升，大吉。

【程傳】

初以柔居巽體之下，柔而順，故能待命而升，允升也。**又巽之主，**巽以柔順而入，故以陰爻為主。**上承於九二之剛，巽之至者也。**柔巽且承剛，巽之至也。**二以剛中之**

德，上應於君，當升之任者也。為上所信，擔當升遷下屬之任。允者，信從也。初之柔巽，唯信從於二，信二而從之同升，二不信初，則不可升。乃大吉也。二以德言，則剛中；剛為爻性，中為爻位。剛處中位，剛之明德方可適中發用，猶如人適地而處，性情方寬和。以力言，則當任。初之陰柔，又無應援，不能自升，德可自升，爵不可自升。從於剛中之賢以進，是由剛中之道也，升時，陰當順由陽之道而進。吉孰大焉？

【釋義】

允，信也。允升者，得信於上而能順命以晉升，非敢自升其位。

初柔處巽體之下，能安於分內，故得上之信而允升也。升者，居下而遷上也，能貞守居下之道，如初之允信於上，順由上令而進，然後可以言升。

初為升之根始，升之道也盡在初，一言以蔽之：巽順於下，得允於上，柔進則能正升之道。

【補遺】

初柔謙居下，為上之信任，故能進德晉位而大吉。若不為上所信允，犯上而進，作亂變常，非升之道也。升卦有四陰爻，上三陰皆升而居上，唯初屈身處微，尊順陽剛，巽順於下，得吉最大。

《象》曰：允升大吉，上合志也。

【程傳】

與在上者合志同升也。巽為木，內三爻合志，升則同升。上謂九二。二三皆為上；不從程子。從二而升，乃與二同志也。能信從剛中之賢，所以大吉。

【釋義】

初順巽而升，得二、三之剛信允，與上合志也。上，為二三剛爻。初為巽主，與二三同為巽體，與上合志，當為與二三皆合志。

巽為木，初為根，二、三為幹、枝，巽木之升，當根、幹、枝俱升，仁者一體，生意暢達。

九二，孚乃利用禴，无咎。

【程傳】

二，陽剛而在下；下卦之初、二爻皆為下。五，陰柔而居上。夫以剛而事柔，以陽而從陰，雖有時而然，如泰卦二五。非順道也。陰從陽，順道也。以暗而臨明，臨，居上而治下也。以剛而事弱，諸葛事奉劉禪。若黽勉於事勢，非誠服也。上下之交不以誠，其可久乎？天地以誠而久，不誠非天，豈可久也。其可以有為乎？天以誠而成萬物，不誠則不能遂成，豈可為有為。五雖陰柔，然居尊位。二雖剛陽，事上者也，當內存至誠，不假文飾於外，誠積於中，則自不事外飾，故曰「利用禴」，禴祭尚簡，不尚浮文，簡敬則見其誠在中。謂尚誠敬也。

自古剛強之臣，事柔弱之君，未有不為矯飾者也。矯飾其僭越之心。禴，yuè，古同「礿」。夏、商為春祭，周為夏祭。毛亨：「春曰祠，夏曰禴，秋曰嘗，冬曰烝。」祭之簡質者也。用禴，直呈其心，其心志坦然可見，不需矯飾。云「孚乃」，既見信任，則…。謂既孚，乃宜不用文飾，專以其誠感通於上也。專者，只也、專一也。只以誠感通，不雜浮文。如是則得无咎。以剛強之臣而事柔弱之君，又當升之時，非誠意相交，其能免於咎乎？

【釋義】

九二剛中，誠實在中也；應於五，孚信於五也。五為柔弱之主，二乃剛強之臣，強臣而弱主，君臣常不協，然二為五所孚信，何以如此？利用禴也。禴祭，簡而誠也，簡誠而見孚，无咎也。

禴，祭之簡薄者。《日講易經解義》：「禴，夏祭名。夏時物未備，惟以聲樂交於神明，祭之薄者也。」秋收則物備，故夏祭則簡薄。簡薄以見其德，神享其德，孚信通之，則不求備禮。利用禴，二以簡德通於六五，中實直簡以盡其誠孚，不尚浮文，尚質誠也。唯尚德故，升高則无咎也。

萃為剛明在上，六二虛中見孚信；升為剛明在下，九二實中見孚信。萃、升皆尚質，不事浮文。

《象》曰：九二之孚，有喜也。

【程傳】

二能以孚誠事上，則不唯為臣之道无咎而已，臣道以敬忠，孚誠事上，則敬忠非虛飾也。可以行剛中之道，澤及天下，是有喜也。程子釋「喜」，皆以能澤及於人，非喜事在己一身。凡象言有慶者，如是則有慶福及於物也；言有喜者，事既善而又有可喜也，如大畜童牛之牿元吉，《象》云有喜，蓋牿於童則易，牿於童牛，止於初，故易。又免強制之難，是有可喜也。

【釋義】

升時，下孚信於上，於下則无咎。九二禴祭尚質，禮簡而不易，不求盡備，直呈衷心，而能獲信於五，復有喜也。

九三，升虛邑。

【程傳】

三以陽剛之才，正而且巽，陽居三，正也，體巽，巽也。正則不遷，巽則不犯。上皆順之，上三陰闢戶相迎。復有援應，三、上又正應。以是而升，如入無人之邑，無防守之邑，或古之廢棄已久之邑。孰御哉？

【釋義】

坤為國邑，陰為虛，虛邑之象。九三升而將至於外，三陰坤順無阻，若行虛邑。三剛處正位，剛明之極；處巽體之上，巽順之極；正巽而升，無所疑也。

初待上允而升；二自薦其孚乃升；三正巽而升，無所限量。

【補遺】

《說文》:「虛，大丘也，昆崙丘謂之昆崙虛。古者九夫為井，四井為邑，四邑為丘。丘謂之虛，從丘虍聲。」段玉裁注:「虛本謂大丘，大則空曠，故引申之為空虛。如魯少皞之虛，衛顓頊之虛，陳大皞之虛，鄭祝融之虛，皆本帝都，故謂之虛，又引申之為凡不實之稱。」李零:「中國古代，城邑多選在高山之下，小山之上。這種聚落古人叫丘墟，因此叫某丘的地名很多。虛同墟，不是空虛之虛。」(引自《周易全解》)

《象》曰：升虛邑，無所疑也。

【程傳】

入無人之邑，其進無疑阻也。無疑於己，無阻於外。

【釋義】

無阻於外則無疑於內，升必遂得，無所疑也。三為巽木之上，似為樹木長成，枝葉陞於虛空，無所阻疑。

六四，王用亨於岐山，吉，无咎。

【程傳】

四，柔順之才，柔居正，處順體之下，為柔順之才。上順君之升，君升德。下順下之進，下進位。己則止其所焉，四進則犯五，故止其爵位之進，然德進而無止境。以陰居柔，陰而在下，陰居柔，正位也；陰而下，體坤而下，順上而甘居下也。止其所也。陰居柔，正位則貞守陰靜；在坤體下，順於下也。

昔者文王之居岐山之下，上順天子，而欲致之有道，以有道之術進於君前。下順天下之賢，而使之陞進，使天下賢才德升而位進，不阻下賢之進。己則柔順謙恭，柔順於上，謙恭於下。**不出其位，**止其所也。**至德如此，周之王業，用是而亨也。**舉文王之例，明用亨之道：上下皆順，而自止於分。**四能如是，則亨而吉，**不阻上下之進，唯己止其所，故亨。**且无咎矣。**

四之才固自善矣，廣通上下之道，而己謙順於分，自善也。**復有无咎之辭，何也？曰：四之才雖善，而其位當戒也。**居不可上進之位，又不可止息己之進德。**居近君之位，在升之時，不可復升，升則凶咎可知，故云如文王則吉而无咎也。然處大臣之位，不得無事於升，**當以思昇天下，然不可思爵位之升也。**當上升其君之道，下昇天下之賢，已則止其分焉。**三者，四之順事也。**分雖當止，**止爵位之升。**而德則當升也，**不息德之升聞。**道則當亨也。**

盡斯道者，其唯文王乎？崔憬：「此象太王為狄所逼，徙居岐山之下，一年成邑，二年成都，三年五倍其初，通而王矣，故曰王用享於岐山。」

【釋義】

陳夢雷：「人積誠以達於神，有升而上通之義，故二四皆以祭享言之。」二四皆居臣位，用祭享以極人臣忠順之德。

用亨，用通上下之道，以通上下之陞進之途：上以通，升其君之道；下以通，昇天下之賢。山，艮止不進，於己則艮止其分內，己升德而不升位。九四處臣極，若升位則進逼尊位，故升德不升位，唯有王德方可如此，故稱之為「王」。

三四五互為震，四居君下、處震中，居正而動進，居正則不進位，動進則為進德，王臣之分也。

四非天位，而尊為「王」，乃為諸侯推戴、周公追述，其德當之。有王者之德，而屈居臣位，順上進下，守分不進，非至德則不能如此。

《象》曰：王用亨於岐山，順事也。

【程傳】

四居近君之位，四處升時，易逼君而僭越。**而當升時，得吉而无咎者，以其有順德也。**柔居正體坤，有順德。**以柔居坤，順之至也。**重陰也。**文王之亨於岐山，亦以順時而已。**以明其貞守臣分之志。**上順於上，**順上，進君之德。**下順乎下，**順下：開進賢之門。**己順處其義，**進德而不犯臣義。**故云順事也。**順四之當行之事。

【釋義】

順其分內之事。分內之事當進則進，分內之事當止則止，行其當行，止其當止，順事也。

六五，貞吉，升階。

【程傳】

五以下有剛中之應，應九二。故能居尊位而吉，賢臣助其升也。然質本陰柔，必守貞固，乃得其吉也。若不能貞固，則信賢不篤，任賢不終，安能吉也？階，所由而升也。所由者有二：德也、次也。合起來言，皆一般事。任剛中之賢，輔之而升，猶登進自階，自階：步步漸升，不可越次。國運升騰有漸，皆由王之生德有次。言有由而易也。有由而易：順由漸升之次，則易也。由，由乎漸進之道也。指言九二正應，然在下之賢，皆用升之階也。九二雖剛明在下，然其升晉，必由其次，升階也。能用賢則匯升矣。匯，匯聚也；匯升，君子匯聚而群升；舉用一賢，則天下賢人皆來歸。

【釋義】

貞其中順之德，則君道之升，若升階之易。

升階，登大寶履天位，平治天下之象。六五居坤體之中，若貞守其順德，順天下之賢才，可平治天下。

升階，履其次也，有序而進，升如登階，循序而上。天子祭天，捧俎豆之器，拾階而上，履禮而進，步步穩重踏實。觀君升階之象，若使朝堂群臣、天下之人其升登皆如升階，履禮而進，有序而升，不越次犯上，則國泰民安矣。

《象》曰：貞吉，升階，大得志也。

【程傳】

倚任賢才，二也。而能貞固，貞固其中順之德，如是而升，倚於外貞於內。可以致天下之大治，其志可大得也。君道之升，廣進賢才，君道之升也。患無賢才之助爾，有助則猶自階而升也。言其易也。賢臣，階也；君無賢臣，猶無階可升。

【釋義】

六五貞其中正，升聞其德，天下皆正，群臣進升如履階，進而有序，君大得其志也。

上六，冥升，利於不息之貞。

【程傳】

六以陰居升之極，昏冥於升，順理而升、順時而進，明以升也；順利而升、逆時而進，冥以升也。《周易折衷》：「冥升與晉其角之義同，皆進而不能退者也。以其剛也，故曰角。

以其柔也，故曰冥。」**知進而不知止者也，其為不明甚矣。然求升不已之心，有時而用於貞正，而當不息之事，則為宜矣。**君子進德，不已其志，則宜。**君子於貞正之德，終日乾乾，自強不息，如上六不已之心，**不已於存諸己，無時不正；不已於逐於外，在冥極則為不正。**用之於此則利也。**用於進德則利。**以小人貪求無已之心，移於進德，則何善如之？**

【釋義】

冥者，昏冥也。陽剛不行，萬物息止之時，故為冥。

陽剛不行、萬物息止之時，陞進不已，昧道而進，冥升也。然而，大道止息於外，君子進德不已於內，利於不息之貞也。孔穎達云：「若冥升在上，陵物為主，則喪亡斯及；若潔己修身，施於為政，則以不息為美。」

【補遺】

坤為地則暗，居升之極，為冥升。陰柔獨升，無陽牽引，則為求利而升，昧於進退之道，冥升也。若能反己，則利於不息之貞。

《象》曰：冥升在上，消不富也。

【程傳】

昏冥於升，極上而不知已，陞於極上當止之時，而不止其進，冥升也。**唯有消亡，**消亡其進升之意。**豈復有加益也？不富，無復增益也。升既極，則有退而無進也。**

【釋義】

升之極則反，萬物生機歸藏於地，時消也。時消之時，陽畜藏於下，君子順時潛隱，也當息止不進。若不能息止，升之於外，當退不退，必消削其陞進，不能富己、亦不能富天下，逆天則消不富也。

來知德：「消者，消其所升之業也。富者，富有也。凡升者，乃天理不息之貞，則成富有之業矣。若升其人慾之私，往而不返，溺而不止，則盈者必虛，泰者必否，見其日消而不見其長，消而不富矣，故曰消不富也。」

䷮困卦第四十七　坎下兌上

【程傳】

困，秦簡作「囷」。**《序卦》：「升而不已必困，故受之以困。」升者自下而上，自下升上，以力進也，不已必困矣，故升之後受之以困也。困者，憊乏之義。**

為卦，兌上而坎下。水居澤上，則澤中有水也；乃在澤下，枯涸無水之象，

為困乏之義。又兌以陰在上，坎以陽居下，與上六在二陽之上，而九二陷於二陰之中，皆陰柔揜於陽剛，揜通掩。所以為困也。君子為小人所揜蔽，窮困之時也。

【釋義】

《說文》：「故廬也。從木在囗中。朱，古文困。」徐鍇：「舊所居廬，故其木久而困獘也。」《六書本義》：「木在囗中，木不得申也，借為窮困，病困之義。」段玉裁注：「困之本義為止而不過，引申之為極盡。」盡其力而不能脫免，止於此而不能逾越，力竭而不能自振，為困象。

陰陷陽，柔蔽剛，小人蔽君子，陽剛不得伸，君子之道不行，困也。為卦，上兌下坎，兌一陰掩兩陽，坎兩陰陷一陽，陽困在陰中。上澤下坎，水在澤下，澤水下漏而枯涸。兌為毀折，坎為心病，外患內憂交加。身處坎內，欲以口舌求脫免，困陷越深，尚口乃窮，四者皆為困象。

困：亨，貞大人吉，无咎，有言不信。

【程傳】

如卦之才，則困而能亨，身處困厄，而道亨通在己。且得貞正，乃大人處困之道也，故能吉而无咎。大人處困，不唯其道自吉，凶吉，就人而言；道，無所謂吉凶，行道在己而不屈為吉。樂天安命，乃不失其吉也。況隨時善處，隨時行其宜，與小人善處。復有裕乎？寬德在己則裕。有言不信，當困而言，人誰信之？君子處困，己道不伸，利不能達於人，誰又信之。

【釋義】

文王困厄於羑里，孔子絃歌於陳蔡，顏子簞食於陋巷，君子處困而道自行於己，心亨而通也。鄭玄云：「坎為月。互體離，離為日。兌為暗昧，日所入也。今上掩日月之明，猶君子處亂代，為小人所不容，故謂之困也。君子雖困，居險能悅，是以通而无咎也。」處困而能寬悅，是為亨也。

君子處困時，道亨於己，不行於外，有言而不為人所信，危其行而慎其言，行其素常而不宣之於口，寬於內而謹於外，與小人和相處而不忤懟，貞固大德之行，吉也。

行道在己，達觀待時，樂以忘憂，何咎之有？

【補遺】

孔子又增補困極而亨之理：「夫困之為達（道）也，亦猷寒之及暖，暖之及寒也。唯賢者獨知而難言之也。故易曰：困，亨，貞大人吉，無（咎，又言不信。此）之胃也。」（《謬和》）困於極處，則所以達於亨者，猶寒於極處則達於暖。

《彖》曰：困，剛揜也。

【程傳】

卦所以為困，以剛為柔所掩蔽也。曰剛掩，不曰柔掩剛，重在剛困，不在柔掩，卦為君子所設。**陷於下而掩於上，**上下皆掩，在野在朝皆困，君子之道不行之時。**所以困也。**不行於朝，也不行於野，故困也。**陷亦揜也。**陷入則為掩蔽。**剛陽君子而為陰柔小人所掩蔽，君子之道困窒之時也。**困，不行於外，其光不輝；窒，隔於外，也為不行於外。

【釋義】

剛德不顯，為群陰所掩，剛掩也。

陽剛之道不行，上下皆為陰柔所掩，為陰所制，不得伸而困。困則順守其中，中道不偏，樂天安命，則不為所困也。

險以說，困而不失其所，亨，其唯君子乎！

【程傳】

以卦才言處困之道也。險以悅，卦才。說通悅。**險而上說，**上說：進德而悅。處困時，唯進德方可悅，不進德則不能寬以處困，為困所困，真為困矣。**為處險而能說，雖在困窮艱險之中，樂天安義，**樂天，悅順於天；天降困於我，乃天所以動心忍性、磨礪我之意志，故樂而順之。安義，安止於義而不遷，處困之義也。**自得其說樂也。**反己得樂，樂此道不離。**時雖困也，處不失義，則其道自亨，**自能睟於面、盎於背、四體不言而喻。**困而不失其所亨也。能如是者，其唯君子乎！若時當困而反亨，**時當困，邦無道也；反亨，富且貴焉。**身雖亨，**身亨，此處為富貴其身，非指道亨通於身。**乃其道之困也。君子，大人通稱。**

【釋義】

內險外兌，處險而能寬裕、悅順。卦自內往外生成，故先說坎後說兌，險以說也。

能以寬悅處困，則道在己一身而不離，居中不失，君子不失其所，亨也。所，君子安身立命之所，二五中道。道亨通於心、見諸於身，亦為處困而不失其所。

【補遺】

處困而能寬以待之，不犯於險困，和處俟命，順時樂天，行其素常，不改初衷，則困而不失其所。

貞大人吉，以剛中也。

【程傳】

困而能貞，大人所以吉也，唯大人能處困而貞。蓋其以剛中之道也。五與二是也。非剛中，則遇困而失其正矣。

【釋義】

剛則不屈，中則不偏，不屈道而順隨於困，不偏離於道，故大人處困則吉。大人之德以剛中，貞固不失，則吉，吉在道義不窮。

有言不信，尚口乃窮也。

【程傳】

當困而言，人所不信，欲以口免困，乃所以致窮也。以說處困，故有尚口之戒。

【釋義】

君子處困，道不行於天下，人不見君子行其道，既不能見之，又誰信之？有其言而無其行，有言不信也。信者，言見諸於行之謂。有言無行，言失所據也，則無信。君子處此時，當晦隱以藏，行己待時，若尚口舌而欲免於困小人之掩，則屈道枉己，順隨小人，則君子道窮矣。

君子正其行以脫困，非口舌可以脫困，行不著，何須尚口？困乃君子為小人所掩，不能居位行道，尚口舌乃君子乞憐於小人，在小人之中討一口殘羹，求口食之謂，豈是君子所為乎？

《象》曰：澤無水，困，君子以致命遂志。

【程傳】

澤無水，困乏之象也。君子當困窮之時，既盡其防慮之道，而不得免，則命也，當推致其命，勉行其使命。以遂其志。知命之當然也，使命乃天所命，當行之事。則窮塞禍患不以動其心，道不行為窮塞。心，道義之心。動其心，謂遷改其志，使其心逐於禍患。行吾義而已。苟不知命，則恐懼於險難，隕獲於窮戹，降道心至於人心，被窮戹所獲。所守亡矣，持守之義亡矣。安能遂其為善之志乎？

【釋義】

君子處困厄之時，可捨生取義，致命遂志也。致命，順天所命而行，行其所當行，不懼個人安危。遂，成也。

君子能致命遂志，則剛中不窮，何困之有？君子所以處困之道也。

程子解讀「命」為天降命之「命」，如孔子處困，周遊列國，以致命遂志。義也通。

初六，臀困於株木，入於幽谷，三歲不覿。

【程傳】

六以陰柔處於至卑，又居坎險之下，在困不能自濟者也。困時，陰柔陽剛皆不能獨立自濟脫困，然陽能自保，陰失依附則迷其所為。程子言初不能自濟者，是迷失其為也。必得在上剛明之人為援助，則可以濟其困矣。初與四為正應，九四以陽而居陰為不正，失剛而不中，又方困於陰揜，是惡能濟人之困？猶株木之下，不能蔭覆於物。處林中有蔽覆則安，困於株木，不能安也。株木，無枝葉之木也。四近君之位，在他卦不為無助，以居困而不能庇物，故為株木。初四正應，然困時，四自保不暇，無與於初也。臀，所以居也，臀困於株木，謂無所庇而不得安其居，居安則非困也。

入於幽谷：陰柔之人，非能安其所遇，既不能免於困，則益迷暗妄動，入於深困。幽谷，深暗之所也。方益入於困，無自出之勢，故至於三歲不覿，終困者也。不覿，不遇其所亨也。

【釋義】

臀，所以安止。張清子言：行以趾為下，坐以臀為下，初困而不行，臀困為象。《說文》：「株，木根也。」木根處於林中，乃暫息之地，非安身之所。困於株木，不能安止也。六柔居剛位，處坎底，不能脫困，又躁妄不安，故入於幽谷，坎險更深，以至三年不見。幽，暗不可見；幽谷，不可見之地。欲脫困而入於不可見之地，困陷更深。

困時，陰柔不能自脫險困，必有剛立之德，方可安止而不深陷。初陰柔，處困時當依附陽剛，初四正應，但四為二所阻，不能助初，上不得援手，已不安於分，故獨往而入於幽谷。

干寶：「兌為孔穴，坎為隱伏。隱伏在下而漏孔穴，臀之象也。」有眼而隱於下，臀象。此等解讀過於牽強，觀象入魔道。

《象》曰：入於幽谷，幽不明也。

【程傳】

幽，不明也，謂益入昏暗，自陷於深困也。明則不至於陷矣。

【釋義】

困而入於暗黑，困深矣。初處困而不安分，自入深暗，故三歲不覿，自取也。

自行幽暗之道而智不明，幽不明也。

九二，困於酒食，朱紱方來，利用享祀，征凶，无咎。

【程傳】

酒食，人所欲而所以施惠也。二以剛中之才，而處困之時，君子安其所遇，雖窮戹險難，戹，厄也。無所動其心，不恤其為困也。不憂其困，困時而憂困，困益深。所困者，唯困於所欲耳。

君子之所欲者，澤天下之民，濟天下之困也。二未得遂其欲、施其惠，故為困於酒食也。憂道之心，無可排遣，唯有杜康。大人君子懷其道而困於下，必得有道之君求而用之，臣子必待君命而行，見龍在田者，不可自進也。然後能施其所蘊。蘊，才志也。二以剛中之德困於下，上有九五剛中之君，道同德合，必來相求，故云朱紱方來。方來，方且來也。朱紱，王者之服，蔽膝也。以行來為義，行來，將來也。故以蔽膝言之。

利用享祀：享祀，以至誠通神明也。在困之時，利用至誠，如享祀然，其德既誠，自能感通於上。不待自薦也。自昔賢哲困於幽遠，而德卒升聞，升聞，德盛而聞於上。道卒為用者，其道為上所用。惟自守至誠而已。修己待命，非自薦也。

征凶无咎：方困之時，若不至誠安處以俟命，往而求之，則犯難得凶，乃自取也，將誰咎乎？不度時而征，度時而征，待命而行也。乃不安其所，非能自處於困也。為困所動也。失剛中之德，自取凶悔，何所怨咎？諸卦二五以陰陽相應而吉，惟小畜與困，乃戹於陰，故同道相求：小畜，陽為陰所畜；困，陽為陰所揜也。揜，掩也。

【釋義】

《乾鑿度》：「困於酒食，困於祿也。」鄭玄注：「困其祿薄，故無以為酒食。」朱熹以為「厭飫」，不取。紱者，所以別尊卑、章有德。朱，盛色，象南方陽盛之時，聖人取法之，以為紱服，欲百世不易也。朱紱，三公、九卿祭祀之服，皆同色；或說為公侯宗廟之服，也可。

「朱紱方來」，承上句「困於酒食」：九二未得適宜之祿位，方困於酒食供養之時，朱紱之命自上方來，賜授朱色之紱，升高其祿位，豐贍其祿食。來，九五來內也，二五同德而應。朱紱方來：嘉獎其中道不改，命其職守其位。

「利用享祀」，九二得朱紱俸祿，不敢自奉養，獻享於祖，以示竭誠守職之意。享祀，九二將固守在祖廟所在之地，不遷也，若遠征他往，則祖廟不享也。

君子處困時，安分持守則吉，不思量而征則凶。九二為臣位，臣以待命為德，身為公侯，則征討在天子，故不宜征。且剛居柔，處地中之位，靜守不征為吉。

易中言「征」，大多為出來任職做事，也有征討義。

《象》曰：困於酒食，中有慶也。

【程傳】

雖困於所欲，未能施惠於人，然守其剛中之德，必能致亨而有福慶也。雖使時未亨通，守其中德，亦君子之道，亨乃有慶也。

【釋義】

酒食供給微薄，若能於此守中，不為酒食微薄所動，則福祿之命必將自上而來，故言貞守其中，必有慶也。君子食無求飽，居無求安，蔬食飲水，唯道是求，方能安守其命；能安守其命，必有福祿之報。

困時，三剛皆為陰所掩蔽，二守中不變已是无咎，又得處困之九五賜服，意外之獲，故言有慶。

君子處困之時，若酒食供用不周，正常所為必出門遠求，如此，則以酒食為求，窮斯濫矣；若持守其薄給，不變其節，中道不偏，必有福慶。

初為不居位者之困，在上無命，在己無才德，困則妄動而益困。二為公侯之困，有位有命者，困時，能安其位、樂其命而得福慶。

六三，困於石，據於蒺藜，入於其宮，不見其妻，凶。

【程傳】

六三以陰柔不中正之質。不中則行失宜，不正則自處不當。**處險極而用剛。**險極：坎上。**居陽，用剛也，不善處困之甚者也。**不靜守而強剛以進，擬剛自大，不善之甚。**石，堅重難勝之物。**柔質遇石，自難勝。**蒺藜，刺不可據之物。**柔據有刺之物，必受傷。**三以剛險而上進，**剛險，以剛強處險。**則二陽在上，力不能勝，堅不可犯，益**

自困耳，困於石也。以不善之德，不中不正。居九二剛中之上，其不安猶藉刺，據於蒺藜也。進退既皆益困，欲安其所，益不能矣。

宮，其居所安也。妻，所安之主也。知進退之不可，而欲安其居，則失其所安矣。進退與處皆不可，處，止息也。唯死而已，其凶可知。《繫辭》曰：「非所困而困焉，名必辱。非所據而據焉，身必危。既辱且危，死期將至，妻可得見耶？」二陽不可犯也，而犯之以取困，是非所困而困也。名辱，其事惡也。失德自招，咎在己也。三在二上，固為據之，柔擬剛居剛，固為據之也。然苟能謙柔以下之，則無害矣；乃用剛險以乘之，則不安而取困，如據蒺藜也。如是，死其將至，所安之主可得見乎？

【釋義】

《左傳》記襄公二十五年，陳文子解讀困之六三：「困於石，往不濟也。據於蒺藜，所恃傷也。入於其宮，不見其妻，凶，無所歸也。」

三柔居剛位，不中不正，躁動不安其分，故有進出反覆之象。四剛為石，三欲往進而遇四之阻，往不濟，困於石也。退而求安於二，則承九二之剛，據於蒺藜，所恃傷也。進退不得，欲安於現狀，則入而不見其妻，死期將至，無所歸也。

困時，陽剛勉力自保，可以不深陷，陰柔則不能自保，更不當自尋脫困。陰柔獨尋脫困，則困益深：初六入困不久，自尋脫困，已是三歲不覿；三是入困已深，自脫困則不保性命。

柔居困時，承乘皆剛，故有困於石據於蒺藜之難。

《象》曰：據於蒺藜，乘剛也；入於其宮，不見其妻，不祥也。

【程傳】

據於蒺藜，謂乘九二之剛，不安猶藉刺也。不祥者，不善其征；征則不善。失其所安者，不善之效；故云不見其妻不祥也。

【釋義】

入困至深，又欲以陰柔才質自脫困，深陷其中，失所安之處，家破人亡，不免身死。

九四，來徐徐，困於金車，吝，有終。

【程傳】

唯力不足故困，亨困之道，必由援助。當困之時，上下相求，理當然也。

四與初為正應，然四以不中正處困，其才不足以濟人之困。初比二，二有剛中之才，足以拯困，則宜為初所從矣。

金，剛也。車，載物者也。二以剛在下載己，故謂之金車。九二居坎中，坎有車象，剛中有金象，為金車。四欲從初而阻於二，困於金車。故其來遲疑而徐徐，是困於金車也。己之所應，疑其少己而之他，少，輕視也。將從之，則猶豫不敢遽前，豈不可羞吝乎？

有終者，事之所歸者正也。歸於正則有終也。初四正應，終必相從也。寒士之妻，弱國之臣，各安其正而已，苟擇勢而從，則惡之大者，不容於世矣。二與四皆以陽居陰，而二以剛中之才，所以能濟困也。居陰者，尚柔也；得中者，不失剛柔之宜也。

【釋義】

來，上卦之爻來居內卦為來，四下應於初，志在下也。徐徐，緩也；剛居柔地，受二之阻，故來徐徐也。處困宜緩，不宜速，況四已處困中，下來又有金車之阻，更宜緩處其困，靜觀其變，然後謀定。

金車，九二也。剛處中為金，剛中言其不變，金也不變，故以金喻九二之剛中；坎為車；金車，言困之固也。困於金車：九四欲與初應，為二所阻。

吝，小有過也。有終，終得免困而與初正應。程子云，二四皆是剛居柔，故二終必為四紓困，使之與初正應。

《象》曰：來徐徐，志在下也。雖不當位，有與也。

【程傳】

四應於初而隔於二，志在下求，故徐徐而來；雖居不當位為未善，然其正應相與，故有終也。

【釋義】

行受阻必徐徐，處困也必徐徐。四剛處柔，徐徐下來，以遂其志。四雖剛居柔位，但困時有助，終必遂其應。四來應初，非是拯初之困，四自為陰掩，豈能拯他人之困？困時求朋助應而已。

九五，劓刖，困於赤紱，乃徐有說。利用祭祀。

【程傳】

截鼻曰劓，劓音義。傷於上也。去足為刖，傷於下也。上下皆揜於陰，為其傷害，劓刖之象也。

五，君位也。人君之困，由上下無與也。無上下賢臣輔助，人君必困。赤紱，臣下之服，取行來之義，故以紱言。人君之困，以天下不來也，天下人不來就順於己。天下皆來，則非困也。

五雖在困，而有剛中之德，下有九二剛中之賢，道同德合，徐必相應而來，共濟天下之困，是始困而徐有喜說也。

利用祭祀：困時以敬誠以來天下賢才，利用祭祀也。祭祀之事，必致其誠敬，而後受福。人君在困時，宜念天下之困，求天下之賢，若祭祀然，致其誠敬，則能致天下之賢，濟天下之困矣。

五與二同德，而云上下無與，何也？曰：陰陽相應者，自然相應也，如夫婦骨肉，分定也。五與二皆陽爻，以剛中之德，同而相應，相求而後合者也，如君臣朋友，義合也。方其始困，安有上下之與？有與，則非困，故徐合而後有說也。徐徐以合君臣之志。二云享祀，以敬誠受福於上。五雲祭祀，以敬誠來天下人。大意則宜用至誠，乃受福也。

祭與祀享，泛言之則可通，分而言之，祭天神，祀地祇，享人鬼。五君位言祭，二在下言享，各以其所當用也。

【釋義】

此爻為文王處困之時。文王其德，當履至尊，然紂居其上，傷於上，劓也；王者處於臣位，傷於下，刖也。赤紱，為臣下之服；有王德而受困於臣下之位，困於赤紱也。

九四爻辭「來徐徐」，來應於下；九五「乃徐有說」，王者天下歸之，故此處之「徐」當為居下之賢君子徐徐歸於九五，九二徐徐往歸於五也。王者處困，天下賢者歸己，則有悅也。五處兌體，有悅象。

利用祭祀：祭祀見其誠也；王者處困時，欲天下人歸己，必盡其敬誠，利用祭祀，天將降賢能以助其濟困。

《象》曰：劓刖，志未得也；乃徐有說，以中直也；利用祭祀，受福也。

【程傳】

始為陰揜，無上下之與，方困未得志之時也。徐而有說，以中直之道，得在下之賢，其濟於困也。不曰中正，與二合者云直乃宜也。直比正意差緩，直其道、正其道。程子以為「正」較「直」為優。盡其誠意，如祭祀然，以求天下之賢，則能亨天下之困，而享受其福慶也。

【釋義】

劓刖，上下屈居，皆不得志。九五以中直之德招致天下人歸之，故徐有悅。處困之時，人皆不信，故必以中直之德取信下賢。直，不掩飾也。中直，中道之德直以出之，無所掩飾。

上六，困於葛藟，於臲卼，曰動悔有悔，征吉。

【程傳】

物極則反，事極則變，困既極矣，理當變矣。葛藟，藤類，生於低處澤邊。纏束之物。低處受纏束。臲卼，niè wù，動搖不安之態。危動之狀。高處為臲卼。六處困之極，為困所纏束，而居最高危之地，困於葛藟與臲卼也。

動悔，動輒有悔，舊習不改，動則生悔。無所不困也。有悔，咎前之失也。咎：責，反省也。曰，自謂也。若能曰，如是動皆得悔，當變前之所為，有悔也；有悔：反諸己，悔其過失。能悔，改舊習，不復舊過。則往而得吉也。困極而征，往出困也。則出於困矣，故吉。

三以陰在下卦之上而凶，上居一卦之上而無凶，何也？曰：三居剛而處險，困而用剛，險故凶。上以柔居說，唯為困極耳，困極則有變困之道也。困與屯之上，皆以無應居卦終，屯則泣血漣如，困則有悔征吉，屯險極而困說體故也。困上卦為悅體，故能寬悅待困。以說順進，悅於困，順之而行，不抗於困，以柔行於困也。可以離乎困也。

【釋義】

葛藟，楊伯峻：「亦單名藟，亦名千歲藟、虆蕪、蓷虆、苣瓜、巨荒，屬葡萄科，為自生之蔓性植物。」

上處澤之極，困於葛藟，繫縛於澤邊而困；困於臲卼，動搖於高處而困。葛藟與臲卼，言高低上下無不受困。上六處困極，下無陽剛應助，陰柔欲脫困，凡動即困，困即生悔。有悔者，若能悔其所悔，思變其所為，斷其纏附、絕其妄動，不居危地，處困以和悅，則可脫困。征吉，上行則出困，故言吉。

《象》曰：困於葛藟，未當也；動悔有悔，吉行也。

【程傳】

為困所纏，而不能變，未得其道也，是處之未當也。知動則得悔，遂有悔而去之，可出於困，是其行而吉也。

【釋義】

不改舊習而欲脫困，困依舊，行未當也。陰柔欲脫困，當與困和悅相處，柔順其道，困自脫也。

䷯井卦第四十八　巽下坎上

【程傳】

井，上博簡作「汬」，為「阱」的異體字，也可借用於「井」。《序卦》：「困乎上者，必反下，故受之以井。」承「上升而不已必困」為言，謂上升不已而困，則必反於下也。升極必反。物之在下者莫如井，井所以次困也。

為卦，坎上巽下。坎水也，巽之象則木也，巽之義則入也。遜順則能入於人心。木，器之象。木入於水下而上乎水，汲井之象也。

【釋義】

鄭玄：「坎，水也。巽，木，桔槔也。互體離兌，離外堅中虛，瓶也；兌為暗澤，泉口也。言桔槔引瓶，下入泉口，汲水而出，井之象也。井以汲人，水無空竭，猶人君以政教養天下，惠澤無窮也。」二至五爻為離、兌，離為腹為瓶，兌為口，瓶入水中，汲水而出，為井。

為卦，巽下坎上，巽為風，風為教化，坎為水，水為膏澤：教化施行於下，則膏澤滿盈於上。人君施仁政，必巽入而下順於民，民得富庶，則國家蒸蒸日上，如井之汲水於上，取之於民。

井之為用，以中德不遷、為上舉用為道。賢者居微，能貞固其德，久必有用於世。卦之下三爻必有中德且待舉方可用：初陰柔，井泥不食，非賢人，不得為用；二雖中德，射鮒志從下，上無接引，也不得用；三為賢人，雖志上行且有上應，然而過中，時不至，也不得用。上三爻已出井，其用不同：四陰柔，不能用其公，唯自保而已；五為剛中君子，井之中正者，其用廣大；上為井道已成，公而弗幕也。

井：改邑不改井，無喪無得，往來井井。

【程傳】

井之為物，常而不可改也。井之用：剛中待上舉也。二五剛中，常而不可改者。邑可改而之他，之，往也。井不可遷也，故曰改邑不改井。改術不改道。汲之而不竭，存之而不盈，不竭不盈皆以中。中道在己，故不竭不盈。凡不在己者，皆有枯竭、盈滿之時。無喪無得也。中道在己不離，不離則無喪，不離則無得。至者皆得其用，蓄德在己，來遠人而成其用。**往來井井也。**井井，不改井之為井，故能致人之往來不息。中德不遷，天下歸之，往來井井也。**無喪無得，**不為往來而遷其德也。**其德也常；往來井井，其用也周。**周，遍也；凡來者皆得井水之用，無有私偏，故言「周」。**常也，**不為往來而變，中道不遷也。**周也，**至者皆得用，無私而公也。**井之道也。**不遷而公。

【釋義】

鄭玄：「井，法也。」井以中道為法。中道，天地之道，不遷其德，萬物皆被受自澤。井之為道，取法天地。

人遷移，井不遷改：井不因人遷而枯竭，也不因人遷而盈滿，其道素常不變；用之無私，不偏不黨，人來人去，其用廣大，不改其為井；井之用，公為天下人。往來井井，也言用之眾也，故井為公器，不可私有。

井若天道，中立不倚，不遷不改，周用不怠，不為堯存，不為桀亡，井道不為人情好惡所改，故其道常恒不改。人當改而從道：改邑不改井也。

汔至，亦未繘井，羸其瓶，凶。

【程傳】

汔，幾也。汔，qì 音。水涸，為將盡之時，引申為危、幾。**繘，綆也。**汲水之繩。**井以濟用為功，幾至而未及用，亦與未下繘與井同也。**謂不能修己以待用。汔至，謂時至也；未繘井而羸其瓶，己未修也。**君子之道，貴乎有成，**成：成物也。君子之道，貴行有始而繼以終，繼終，成物也。成物，己德修成而能推及人與物。不恒則無成，貴有成則貴有恆。**所以五穀不熟，不如荑稗；**轉自《告子》：「五穀者，種之美者也；苟為不熟，不如荑稗。」**掘井九仞而不及泉，猶為棄井。有濟物之用，而未及物，猶無有也。**君子有諸己必及於人。存諸於己而不能惠及於人，非君子之道。**羸敗其瓶而失之，其用喪矣，是以凶也。羸，毀敗也。**

【釋義】

汔，幾也。汔至，汲水之功幾將成。繘，綆繩，汲水之用，巽為繩。瓶，盛水之具。羸，敗壞。

汲水之功將成，然未備綆繩，或甕壞，則敗於幾成而終無功。備於始，未持守於終，中途而斷，未能恒貞則凶。

汲水而上，人之功也；未繘羸瓶，非井喪其用，乃人喪其功，天道成而人道未備，凶由人，不在井，所謂「人能弘道，非道弘人也。」觀未繘羸瓶之象，君子修道，也當及於物，道修而不及物，未能在器物上見道，道亦不可為用。

《彖》曰：巽乎水而上水，井。井，養而不窮也。改邑不改井，乃以剛中也。

【程傳】

巽入於水下而上其水者，水，民也；木，君也；君遜下於民，則民尊君於上，如此，民乃為君用，故治民如汲水，能知所以汲水，則可以臨民。**井也。井之養於物，不有窮已，取之而不竭，德有常也。**德在己則用之不竭，故君子以德養人，不以財養人；德養人不窮竭，財養人終有竭時。

邑可改，時可變也，道不可改也。**井不可遷，**剛中不遷，君子居中德之所，天下共之，若眾星共北辰。**亦其德之常也。**聖人之道不可遷，制度則常遷。**二五之爻，剛中之德，其常乃如是，**居下養德不改其中，居上施仁不改其中。**卦之才與義合也。**

【釋義】

木入於水而汲水於上，井之象。

井，養育於人，而不窮盡於己，如道之在己，用之而不竭。修道者勿以喪己而循人，喪己而循人，巧言令色鮮也仁，非有德者之所為。

邑可遷，井不可移也，可以順事而變其術，不可緣情而改其道，改邑不改井也。人修其剛中之德，應事無窮而其術萬變，然其剛中之性，在己不遷也。

巽風坎水，皆多變之物，猶人改邑而遷，然二五剛中，皆為不變。五剛中處天之位，能生而不屈，養而不窮，健行不息；二剛中處地之位，能虛而廣容，博厚承載，往來井井也。

汔至亦未繘井，未有功也；羸其瓶，是以凶也。

【程傳】

雖使幾至，既未為用，亦與未繘井同。繘井，汲水。**井以濟用為功，**功，事成也。**水出乃為用，未出則何功也？瓶所以上水而致用也，羸敗其瓶，則不為用矣，是以凶也。**

【釋義】

慎始慎終，君子之道乃成；若敬始而不能慎終，若汔至亦未繘井，半途而廢，功用未成，養之道廢，必至凶也。故德貴有恆，有恆者，德在己也；無恒則無德，無德必凶。井道未成，中途喪德也。

《象》曰：木上有水，井，君子以勞民勸相。

【程傳】

木承水而上之，木，樹木；承水，樹木汲水；上之，上達於枝葉。或釋為：木器承載水而上出。**乃器汲水而出井之象。君子觀井之象，法井之德，**君子成其可用之德，如井之可汲水。**以勞徠其民，而勸勉以相助之道也。**木水相助。**勞徠其民，**勞在民先，使民來也。君子修其德，如成遂井之功，百姓自往來井井也。**法井之用也；**井在此，民在彼，修此以來彼。**勸民使相助，法井之施也。**繘瓶並施，相須不可缺。

【釋義】

木上有水，以成可用之功，往來井井。君子觀此，修己成德，而後勞徠其民；觀水木相須之道，勸民以相助。

勞民，先之勞之也；居上者先於百姓而勞之，則天下人皆相勸而歸之，勞徠也。君子之勞，修其德而行其仁政。

初六，井泥不食，舊井無禽。

【程傳】

井與鼎皆物也，就物以為義。觀物象、察物用以生發其義。**六以陰柔居下，上無應援，無上水之象。**若應於四，則有汲水之象。**不能濟物，乃井之不可食也。井之不可食，以泥污也。**泥污其水，不可食；貪污其行，不可用。**在井之下，**初處井最下，故有泥像。**有泥之象。井之用，以其水之養人也，無水，則捨置不用矣。井水之上，人獲其用，禽鳥亦就而求焉。**就，靠近。**舊廢之井，人既不食，水不復上，則禽鳥亦不復往矣，蓋無以濟物也。井本濟人之物，六以陰居下，無上水之象，故為不食。井之不食，以泥也，猶人當濟物之時，而才弱不能及物，**惠及於物。**為時所捨也。**捨，棄也。

【釋義】

陰處井初，居巽木下，有井泥像，井而為泥，為不可食。井底污泥未除，不為人所用，井水不上汲，禽鳥自不歸倚，舊井無禽，喻穢政不可以養民。

三四五為離，離為雉、為鳥。離處上，禽鳥上行不下來，故言「無禽。」或以為「禽」通「擒」，獲也，舊井泥污，不能獲於水。

陰柔居巽體之下，巽順於下，且無上應，無除穢與汲水者，故井廢棄日久，不為人所用。舊井泥未除，不可養人；人未新其德，不可推施及人。

陰柔居初，乃德不修、業不進者，不能徙義遷善，自甘於污穢，何能德澤於人？井泥不食也。

《象》曰：井泥不食，下也；舊井無禽，時舍也。

【程傳】

以陰而居井之下，泥之象也。陰無剛德，其象為泥。泥，言其污物且不能貞固獨立。無水而泥，人所不食也。人不食，則水不上，無以及禽鳥，及，惠及。禽鳥亦不至矣。見其不能濟物，為時所捨置不用也。若能及禽鳥，是亦有所濟也。舍，上聲，與乾之時舍，音不同。

【釋義】

井泥，德卑下而污也。德卑污，不能升聞於上，宜其不為人所敬用，如井泥不為人食。不能洗滌自己污德，自為時人所捨棄。舊井，不自修而德穢。

九二，井谷射鮒，甕敝漏。

【程傳】

二雖剛陽之才而居下，一般以內卦初二爻為居下。井時，居下而不能為上所用，則廢其德業。上無應而比於初，上無應，不能汲上為用。親比於初，剛處柔、與初同居巽體，柔順下也。兩者皆為不上而下之象。不上而下之象也。井之道，上汲而惠於眾；下流而惠於私，失井之道也。井之道，上行者也：上行而成其公器。澗谷之水，則旁出而就下。旁出，不正也；就下，就污惠私也。二居井而就下，失井之道，乃井而如谷也。井上行，谷下流。井上出，則養人而濟物，今乃就下污泥，注於鮒而已。比而不周，惠私也。

鮒，或以為蝦，或以為　，古同蟆。井泥中微物耳。射，注也，如谷之下流，注於鮒也。鮒處陰暗，射鮒，言私於物也。甕敝漏，如甕之破漏也。破漏則下滲，不能上用。陽剛之才，本可以養人濟物，而上無應援，故不能上而就下，是以無濟用之功。如水之在甕，本可為用，乃破敝而漏之，甕敝則澤於下，井下無眾生，故澤於下則無功也。不為用也。

井之初、二無功，而不言悔咎，何也？曰：失則有悔，過則為咎。無應援而不能成用，井道之用，下必應於上，方可成用。非悔咎也。居二比初，豈非過乎？曰：處中非過也。不能上，由無援，非以比初也。上無應則親於下：水不能上汲，其性自趨下，性之德也。

【釋義】

井谷，井壁出水的竅孔。井穀水流向下，如入於谷中，僅能流射於低窪處，能養活鮒之類微小生物，而不能上汲而澤及於人禽，猶甕破敝滲漏，滲水而澤及於下，喻才小而不能大用，德私而不能用公。

九二剛處柔中，居巽體之中，上無應與，下比親於陰柔，則巽順於初，惠其私昵——射鮒、甕漏也，不能上引而澤及於眾，未施光也。

井道以上汲為公用：初井泥，不能用；二射鮒，昵於私；初二皆不能汲水於上，失井道之公用。公用，言無私繫，所以大用也。

《象》曰：井谷射鮒，無與也。

【程傳】

井以上出為功。二陽剛之才，本可濟用，以在下而上無應援，是以下比而射鮒。下行而必親於初，射鮒也。若上有與之者，與之應者。則當汲引而上，成井之功矣。

【釋義】

上無應與，只能就下惠私，井谷射鮒也。象傳不責其有咎，只言「無與」，因二已自成其德，只為時不至，故無有上應之助，非二之有過咎。

井時，汲引為居上者之責，居下者修己待命而已，二無上之應與，賢者居下而待舉，必下行射鮒，稱孝悌於鄉黨也。

九三，井渫不食，為我心惻，可用汲，王明並受其福。

【程傳】

三以陽剛居得其正，剛明之才也：剛居正，則其剛乃明。是有濟用之才者也；在井下之上，水之清潔可食者也。渫除井之污穢，則為可食。井以上為用，居下，未得其用也。下三爻為井下，象水未汲上，故不為用。陽之性上，又志應上六，處剛而過中，汲汲於上進，乃有才用而切於施為；應上、剛居、下之上，三者皆為切於施為也。未得其用，則如井之渫治清潔而不見食，渫 xiè。王弼：「渫，不停污之謂也。」君子自修其德，德成而不為人所用。不見食，不為人所用。為心之惻怛也。觀者為之惻怛，非井自家傷悼。三居井之時，剛而不中，故切為施為，異乎用之則行、舍之則藏者也。言三若能巽順於用行捨藏之理，則可矣。然明王用人，用其可用，其不可不用，能寬則明。豈求備也？故王明則受福矣。明德居上，賢才無遺逸，天下受福。三之才足以濟用，如井之清潔，可用汲而食也。若上有明主，則當用之而得其效。賢才見用，一效也。則已得行其道，二效也。君得享其功，三效也。下得被其澤，四效也。上下並受其福也。五效也；用一得五，用德則光。

【釋義】

九三剛居正位，井泥得以渫滌，然不得為用，是急切於用而剛過中，雖有上應，然不得為用。井以不遷，以象中德；中德為井之固有，三雖剛居正，然德不居中，雖汲汲於上行，不巽順於中，不待時受命而行，非為臣道，故不得為用；當靜修中德，待命而行，則為可用。

三之不為用，雖有急切之小過，然也為居上者用明之未廣大也，故我為之心惻。我，自外觀者，周公自謂之辭。自外者觀之，哀矜九三渫潔之德、上進之心，卻不為時用也。若王能光大其明德，不拘泥小不可，而用其大，則天下皆為受福。

言「王明」者，井渫不食，賢能者蔽於下，不能上出為用，是居上者不明也，故祈求王能明其德而用其人。

初井泥，二射鮒，三井渫，皆不得用。

《象》曰：井渫不食，行惻也；求王明，受福也。

【程傳】

井渫治而不見食，乃人有才知而不見用，上不明，則時未至。**以不得行為憂惻也。**不得行其道而為憂惻也。**既以不得行為惻，則豈免有求也？故求王明而受福，志切於行也。**急切也。

【釋義】

井渫不食，懷才而不遇其時，為行道之人憫惻；若能求得王道之明，天下皆受其福。

【補遺】

行惻，其行為人所傷悼。行，即可指「井渫不食」，也可指行路人。蘇軾云：「井未有以不食為戚者也，凡為我惻者，皆行道之人爾，故曰行惻。行惻者，明人之惻我，而非我之自惻也。」君子不為時用，樂天順命而已，故人惻我而我不自惻也。

六四，井甃无咎。

【程傳】

四雖陰柔而處正，上承九五之君，才不足以廣施利物，亦可自守者也，故能修治，則得无咎。甃，zhòu，井壁、修砌井壁。**砌累也，謂修治也。**小處看，則防井壁泥下落污染井水；大處看，則防井道坍塌。**四雖才弱，不能廣濟物之功，**廣，擴大也。修治其事，不至於廢可也。若不能修治，廢其養人之功，則失井之道，其咎大矣。居高位而得剛陽中正之君，但能處正承上，通上下，不貪其位，率正其下，四之處正也。不廢其事，亦可以免咎也。

【釋義】

四井甃自修，不曠廢其職而无咎，然陰柔之質，才弱而不能普施天下。

六四乃大臣之位，修通上下以為功，故井甃无咎也。

《象》曰：井甃无咎，修井也。

【程傳】

甃者，修治於井也。雖不能大其濟物之功，亦能修治不廢也，故无咎，僅能免咎而已。蘇軾云：「甃之於井，所以御惡而潔井也，井待是而潔，故无咎。」若在剛陽，自不至如是，如是則可咎矣。

【釋義】

修井，修其德業也；四柔居剛位，不廢上下交通，是其德業。

四居近君之位，能修復上下通行之道，乃承上薦下，不竊位尸居，未失其德也。井道，乃能下能上，上令能下達，下情可上聞，是四之職分；四修井道而通上下，不廢其事，是其功也。

九五，井洌，寒泉食。

【程傳】

五以陽剛中正，居尊位，其才其德，盡善盡美，剛中居尊，堯舜之德，盡善盡美也。井洌寒泉食也。洌，謂甘潔也。井泉以寒為美。甘潔之寒泉，可為人食也。於井道為至善也，然而不言吉者，井以上出為成功，未至於上，未及用也，上六「井收」乃汲上成功。故至上而後言元吉。至上，上六也。

【釋義】

井水清洌，此寒泉則可食用。

寒，斂光貞靜也，喻有平易中正之德。泉，言其有本，剛實於中，自內有本也。食，五在井上，其德可食於眾。三未出井甃，其德不可用；五已出井甃，其剛中之德可澤天下人。

下三爻皆為井下，皆不可用；上三爻為井上，皆可用：四爻為井甃，通上下，其德可用；五、上為井上，五寒泉、上勿幕，皆可用。

初至五，乃井道自潔之功，譬如君子修己，九五「井洌寒泉食」乃修己已成，飛龍在天，有此德可臨治天下，天下人將被其德澤，也概言井道可食之因。

孔穎達以為「井洌寒泉食」乃君上用人之道：「以言剛正之主不納非賢，必須行潔才高而乃後用，故曰井洌寒泉食也。」

《象》曰：寒泉之食，中正也。

【程傳】

寒泉而可食，井道之至善者也。九五中正之德，為至善之義。

【釋義】

井道以中正，其德不可遷，為天下人所共用；二五皆具此德行，然二射鮒不能上汲，不可為用；五木在水中，清洌可食，待時用也。

上六，井收勿幕，有孚元吉。

【程傳】

井以上出為用。居井之上，井道之成也。收，汲取也。幕，古時，井不用，幕蔽其上，以避禽便。**蔽覆也。取而不蔽，**取之為眾，非蔽而為私。**其利無窮，井之施廣矣，**不幕則用者眾多，用眾則施廣矣。**大矣，有孚，**為眾所用，則有孚。**有常而不變也。博施而有常，大善之吉也。夫體井之用，**體，身體其用。**博施而有常，**凡博施難為常繼，若有常，則是其施給自有本，如井之水自有源泉；大人有大德在己，如井之博施而有本也。**非大人孰能？**

他卦之終，為極為變，唯井與鼎終乃為成功，是以吉也。

【釋義】

虞翻：「幕，蓋也。收，謂以轆轤收繘也。」收，用轆轤之具收取梗索以汲水往上，乃汲水已畢之謂，如秋季「收成」。勿幕：汲水之後，勿覆蓋井口，當為眾人共用，勿為私蔽也。有此薄施廣濟之德，則有孚信於民，其道大吉。

往來井井，無暇幕之，井澤眾之廣大，信而有常，公而不私，有孚元吉。

《象》曰：元吉在上，大成也。

【程傳】

以大善之吉，在卦之上，井道之大成也。井以上為成功。汲水以上，為井道收成。

【釋義】

井收勿幕，收其成也；以「在上」，故曰「大成」。井道以公為天下用為大成。

【小結】

井以潔己不遷而來人，君子學習不已而來朋，中華民族處中自強以來萬邦；齊同天下，協和萬邦，居中不改，井之道也。

䷰革卦第四十九　離下兌上

【程傳】

革，《序卦》：「井道不可不革，初泥、射鮒、渫不食、井甃，皆是可革者。故受之以革。」井之為物，存之則穢敗，穢敗，自內敗壞。易之則清潔，不可不革者也，故井之後，受之以革也。

為卦，兌上離下，澤中有火也。革，變革也。水火，相息之物，息，滅也。水滅火，火涸水，相變革者也。火之性上，水之性下，若相違行，則睽而已。睽，背離不交。乃火在下，水在上，相就而相剋，就，靠近也；克，克勝也。相滅息者也，所以為革也。又二女同居，離中女，兌少女，同處一卦，同居也。而其歸各異，女嫁人，其歸各異。其志不同，為不相得也，故為革也。

【釋義】

革為治皮之事：獸皮置火上，焚去毛文，為革。子貢云：「虎豹之鞟，猶犬羊之鞟。」虎豹去其毛文，皮質相近：是毛文可變，皮質不可易，革乃去可變之文飾、呈不變之質地。子曰：「殷因於夏禮，所損益可知也；周因於殷禮，所損益可知也。其或繼周者，雖百世可知也。」三代道不變，質地不改；制度因時損益，文飾可易。禮儀制度為道之毛文，革變其制，則天命轉移，王朝易位，其命革也。

鄭玄：「革，改也。水火相息而更用事，猶王者受命，改正朔，易服色，故謂之革也。」「改正朔」、「易服色」皆為文制改變也。舊邦維新，文明相繼，中華文明不變，制度則相推損益，革而新也。

為卦，離下兌上，火不變，水則蒸騰而變異。又，火為質為仁，兌為文為色；火不變，色常變。

革，巳日乃孚，元亨，利貞，悔亡。

【程傳】

革者，變其故也。故，素常也。變其故，則人未能遽信，故必巳日，必俟至三十日。**然後人心信從。**下離上兌，悅順於文明，信從也。**元亨利貞悔亡：**巳日之前未信，則有悔。**弊壞而後革之，**除弊為革。**革之所以致其通也，**二五正應而通，順乎大明也為通象。**故革之而可以大亨；革之而利於正，**革，新其正也；「正」本在此，舊弊遮擋而不得呈現，革去舊弊使「正」煥新。**道則可久而得去故之義；**道本不變，革去舊制中人慾贅疣，道煥然重新。**無變動之悔，乃悔亡也。革而無甚益，猶可悔也，況反害乎？古人所以重改作也。**改舊制、作新制。

【釋義】

巳日，第三十日；待一月之後，人心穩定，方徐革舊政。鼎革之變，初時民心未穩，必待巳日制度穩定，民心方定，居上者方可獲得孚信。二五剛柔中正而應，居上者剛明，在下者柔順，貞守其德，上下交孚，國大治天下平。革之初，有悔於孚信未盡，此時已消矣。

《彖》曰：革，水火相息，二女同居，其志不相得，曰革。

【程傳】

澤火相滅息，又二女志不相得，故為革。息為止息，又為生息。物止而後有生，物各止其位不相侵害，然後萬物生生不息。**故為生義。革之相息，謂止息也。**程子取止息，不取生息。

【釋義】

兌上離下，水火不容：水滲下熄火，火炎上蒸水；兌少女離中女，雖同居一室，同性相斥，待其嫁人，相背而去，各奔東西，其志不相得。

「水火相息」之「息」也作「生息」解，相息乃為相生，只是獨而生。《乾・文言》：「水流濕，火就燥。」兌水下流而遇火，不能流濕，當止息於上；離火上炎而遇水，不能就燥，當止息於下，水火各止其所而生息，與「二女同居，其志不相得」可對應，文義似更為順暢。

故此，水火相息，也可不作仇對相剋解，乃各居其所，火在燥處，水在濕處，相止息而不侵，相忘於江湖。革之大用乃使各階層人各安其位，互不侵奪，如水火各在其位生息，如此天下方能平定。

巳日乃孚，革而信之。

【程傳】

事之變革，人心豈能便信？便，馬上、遽也。**必終日而後孚。在上者於改為之際，當詳告申令，至於巳日，使人信之。人心不信，雖強之行，不能成也。**

居上者制作，居下者盡力，民心不順則不盡力，事則不成。**先王政令，人心始以為疑者有矣，然其久也必信。終不孚而成善治者，未之有也。**人心孚則從令，則上下通而天下治。

【釋義】

鼎革之變，文明新作，乃為人心惶恐未安、觀望猶豫之時，豈能遽信新制？必待新制之光澤及萬民，民安心定，而後能遵信之。

文明以說，大亨以正，革而當，其悔乃亡。

【程傳】

以卦才言革之道也。離為文明，兌為說。內文明，外順悅，革道也。內無文明，則犯上作亂，外無順悅，則時不至。**文明則理無不盡，**文明：文章燦明，專言制度。**事無不察；說則人心和順。**制度必達人心，使百姓悅服，方為有傚之制度。如大公社在上為「好制度」，但不通達百姓之心，終必敗。**革而能照察事理，和順人心，可致大亨，而得貞正。如是，變革得其至當，故悔亡也。天下之事，革之不得其道，則反致弊害，故革有悔之道。惟革之至當，則新舊之悔皆亡也。**

【釋義】

以文明之德革除舊弊，則百姓悅順信從。下柔順，上剛正，二五中正而應，上下至正相通，大亨以正也。革而當其時，革而合其理，革而得其利，雖初革之時有悔生，亦將隨之消亡。

天地革而四時成，湯、武革命，順乎天而應乎人。革之時大矣哉！

【程傳】

推革之道，極乎天地變易，天地之革為至大，故云極。**時運終始也。天地陰陽推遷改易而成四時，**推遷，陰陽二氣相鼓蕩相推移，四季改易。**萬物於是生長成終，**四字對四季。**各得其宜，革而後四時成也。時運既終，必有革而新之者。王者之興，受命於天，故易世謂之革命。**易世，變易王朝世運。革命，變其天之授命也。**湯、武之王，上順天命，**天授命，人順命而行，因順天命而革之，不敢私作。**下應人心，**合言之，人心也天命：天假人心以顯其命；分言之，天為時命，必待其時而後能行其命。**順乎天而應乎人也。天道變改，世故遷易，革之至大也，故贊之曰，革之時大矣哉！**

【釋義】

天地陰陽相推，革變而四時順成。湯、武上順天命、下應人心，革除天之舊命，治道大成。

《象》曰：澤中有火，革，君子以治歷明時。

【程傳】

火相息為革，息，滅，事滅為革。**革，變也。君子觀變革之象，推日月星辰之遷易，以治曆數，明四時之序也。**

夫變易之道，事之至大，理之至明，至明，非假思索；四季之理，體之則明，何假思索？上至聖賢，下至百姓，皆能體而明之，何思何慮也。**跡之至著，**春生夏長，皆跡之至著。**莫如四時；**天地至大之理，莫如四時，人人皆可體之而明，可履可效，大道至為平易。儒者至著之理，莫如遵天，遵從至大至明之理。**觀四時而順變革，**天人合一，以順成人事：順天時而變革人之行處，以成功人事，如「春播、夏耘、秋收、冬藏，四者不失時，故五穀不絕」，乃順天變革人之行。**則與天地合其序矣。**人之所為當順合天之時序。

【釋義】

澤中有火，澤為陰，火為陽，陰陽相推而四時成，革之象也。君子觀革象，順天地之時，以制作曆法，以著明時令。

初九，鞏用黃牛之革。

【程傳】

變革，事之大也，必有其時，有其位，有其才，審慮而慎動，而後可以无悔。九，以時則初也，動於事初，則無審慎之意，而有躁易之象；易，忽易也。**以位則下也，無時無援而動於下，**革下則不當時，不應於四則無援。**則有僭妄之咎，**行不順令，則僭妄也。**而無體勢之重；**體則躁動，勢則居下，故言無體勢之重。**以才則離體而陽也，離性上而剛體健，皆速於動也。其才如此，有為則凶咎至矣，蓋剛不中而體躁，**居剛而體離，躁也。**所不足者中與順也，當以中順自固而无妄動則可也。**

鞏，《說文》：「鞏，以韋束也。」韋，皮革也，韋編三絕。**局束也。革，所以包束。黃，中色。牛，順物。鞏用黃牛之革，謂以中順之道自固，不妄動也。**

不云吉凶，何也？曰：妄動則有凶咎，以中順自固，則不革而已，安得便有吉凶乎？

【釋義】

初陽處剛位，居離體之下，「離性上而剛體健」，易於躁動上行。然處鼎革之初，當慎其所為，敬事而信，不宜冒進，故戒之以「黃牛之革」以約束之，貞固其中正之行，蓄養其德，待時順動，則可无咎。

鞏，約束也，繁體為「鞏」，革皮約束之；黃，土黃居中，中也；牛，坤德，言其順也；革，皮革，言其固也。初九剛躁動不中，故告戒以中順之德貞固其行，敬順其命，不能任其躁動之情而妄為也。

《象》曰：鞏用黃牛，不可以有為也。

【程傳】

以初九時，位才皆不可以有為，故當以中順自固也。

【釋義】

鞏用黃牛，敬以順命；不令而行，僭妄之為也。

六二，巳日乃革之，征吉，无咎。

【程傳】

六居二，柔順而得中正，又文明之主，上有剛陽之君，同德相應。二五皆為中正。中正則無偏蔽，文明則盡事理，體離居中則無偏而盡事理。應上則得權勢，應上，則不僭越而順，故得權勢之正。體順則無違悖。離，麗附也，故其體順；況二居柔中，上下麗附於剛明。時可矣，處革時，時可也。位得矣，柔中。才足矣，文明也。處革之至善者也。

然臣道不當為革之先，臣道待命，非敢革為先也。又必待上下之信，故巳日乃革之也。如二之才德，所居之地，離之中：文明以下，與民同心也。所逢之時，足以革天下之弊，新天下之治，當進而上輔於君，柔順以進。以行其道，寬順以行道：寬以待下，順以奉上。則吉而无咎也。事順則吉，在臣無過則无咎。不進則失可為之時，周公制作之時，不可不進。為有咎也。以二體柔而處當位，體柔則其進緩，巳日而進，緩也。當位則其處固。柔中待命，以固其常行，處固也。變革者，事之大，故有此戒。二得中而應剛，未至失於柔也。應上得中，不失臣道。聖人因其有可戒之疑，臣子作制而行征討，可疑而戒也。而明其義耳，柔順而進，不可疑惑而不進。使賢才不失可為之時也。

【釋義】

鼎革之際，先定秩序，待人心既穩，方布新政、革舊制，巳日乃革之也。新政既穩，人心已定，征討不順，則順合人心而吉，在己无咎也。

六二在離體之中，柔居中正，上應於剛中，下附於剛明，有寬順文明之德，順令而征，吉无咎也。

六二為天下方定，周公制作征討之時，故先講制度，後言征討，順正而行。

《象》曰：巳日革之，行有嘉也。

【程傳】

巳日而革之，敬天順人也：敬天則不敢不革，順人則行革於巳日之時。**征則吉而无咎者，行則有嘉慶也，謂可以革天下之弊，新天下之事。處而不行，**處革時而不行革變之事。**是無救弊濟世之心，失時而有咎也。**

【釋義】

鼎革之際，先待人心穩定，徐後革除舊弊、征討不順，敬慎其事，其行有嘉。

革時必有行，不行則何以革天下舊弊？順令而行，則行有嘉也。

九三，征凶，貞厲，革言三就，有孚。

【程傳】

九三以剛陽為下之上，又居離之上而不得中，躁動於革者也。在下而躁於變革，以是而行，則有凶也。革以上行而下順，革不由下；居下者當敬順其命而革之，順革則吉。**然居下之上，事苟當革，豈可不為也？**順為也：順上而為、順眾而為。革為天子革舊命之時，故當順上；革為大事變，關及眾人，故當從眾。**在乎守貞正而懷危懼，順從公論，則可行之不疑。**

革言，謂當革之論。就，就謀於眾也，故言三就。**成也，合也。審察當革之言，至於三而皆合，則可信也。言重慎之至能如是，則必得至當，乃有孚也。己可信而眾所信也如此，則可以革矣。**

在革之時，居下之上，事之當革，若畏懼而不為，處下之上，當有所行先，故不得畏懼不為。**則失時為害；**當責而不任，失時也。**唯當慎重之至，不自任其剛明，審稽公論，**審問其理，稽查其實。**至於三就而後革之，**三就，三合於眾。**則無過矣。**

【釋義】

三重剛，又居離火之上，躁甚之極，革時，臣子犯上冒進，若不令而行、肆其剛暴而征之不已，皆所以取凶之道；若貞固不改其躁妄之行，不由中順，則有危厲；故戒之「革言三就」、「有孚」而行，則无咎。

在革時，有所建言，當謀合於眾，革言三就也。言，謀劃也、建言也；三，眾也；就，合也。能慎行「革言三就」，則有孚信，上孚下信，征伐於外則無凶，貞守其身則無厲。

革時，當以行動除去舊弊，然需徵求眾人意見，取得眾人信任，革言三就也。

《象》曰：革言三就，又何之矣？

【程傳】

稽之眾論，至於三就，事至當也，察諸己而不忒，考諸人而不違，事至當也。**又何之矣？乃俗語更何往也？如是而行，乃順理時行，非己之私意所欲為也，必得其宜矣。**

【釋義】

能慎行「革言三就」之道，征伐則順成，貞守則免禍，何往而不順也？

九四，悔亡，有孚，改命吉。

【程傳】

九四，革之盛也。革，順上行命也；四居近君之位，根本國政所出，革之盛也。**陽剛，革之才也。離下體而進上體，革之時也。**朱熹認可此說：「問：蓋事有新故，下三爻則故事也。未變之時，必當謹審於其先，上三爻則變而為新事矣。曰：然，乾卦到九四爻，謂乾道乃革，也是到這處方變。」**居水火之際，**下離上兌交際之時。**革之勢也。得近君之位，革之任也。下無繫應，**無繫應，無私昵而純粹也。**革之志也。**志上行而純粹不雜也。**以九居四，剛柔相際，革之用也。**居柔用剛，則順命而成。**四既具此，可謂當革之時也。事之可悔而後革之，革之而當，其悔乃亡也。革之既當，唯在處之以至誠，故有孚則改命吉。改命，**改命，改天命也；天命，制度也，改舊制度而作新制度，改命也。**改為也，謂革之也。既事當而弊革，行之以誠，上信而下順，其吉可知。**

四非中正，而至善，何也？曰：唯其處柔也，故剛而不過，近而不逼，順承中正之君，乃中正之人也。《易》之取義無常也，隨時而已。

【釋義】

剛明之才處陰柔之位，革時能順從上者，故雖處危厲之地，悔自消亡，以自處其正也。剛明而能柔順於上，獲其孚信，得令而行制作之事，則吉。改命，行制作也。

九四乃周公制禮，改革殷命。

《象》曰：改命之吉，信志也。

【程傳】

改命而吉，以上下信其志也。誠既至，則上下信矣。革之道，以上下之信

為本。不當不孚則不信。當理，孚人。當而不信，猶不可行也，況不當乎？

【釋義】

信者，伸也、行也；信志，行其志也。臣受命而行改命之事，作制度平天下，抒其平生抱負，大吉。

九五，大人虎變，未佔有孚。

【程傳】

九五以剛陽之才，中正之德，居尊位，大人也。作制度的有德天子。以大人之道，革天下之事，無不當也，當理。無不時也；順時。所過變化，所過，行革命之事也。變化，隨大人之變而變化之：大人虎變，則君子豹變，小人革面，皆大人所過變化也。事理炳著，如虎之文采，故云虎變。變，為應時，也為顯德。龍虎，大人之象也。變者，事物之變。曰虎，何也？曰：大人變之，乃大人之變也。以大人中正之道變革之，炳然昭著，不待占決，剛中自吉，無需疑而問鬼神。大人處革成之際，天下率服，何疑也。知其至當而天下必信也。天下蒙大人之革，不待占決，天下順由大人，何須疑而占鬼神，順由則吉也。知其至當而信之也。

【釋義】

虎，萬獸之王，虎行其威，萬獸順服；聖人居剛中之位，作制度以新民，天下順悅，功著炳然，不待占而孚信於鬼神，百姓也孚信之。

九處剛中，居悅體之上，革道已成：新制度以顯揚聖德之光，明照天下，萬民悅從。馬融：「大人虎變，虎變威德折衝萬里，望風而信。以喻舜舞干羽，而有苗自服；周公修文德，越裳獻雉，故曰未佔有孚矣。」

大人，聖人也；虎變，彰顯其文制也。

《象》曰：大人虎變，其文炳也。

【程傳】

事理明著，若虎文之炳煥明盛也，制度新成，天下順附。天下有不孚乎？

【釋義】

大人新制度，如虎變而文章彪炳。此革成之時，有此新禮樂制度燦明於天下，故言大人虎變也。炳，言大人新其德，如火之顯著。宋衷：「陽稱大，五以陽居中，故曰大人。兌為白虎，九者變爻，故曰『大人虎變，其文炳也』。」

變，言其革也，革變而顯其新文。文，在人事為禮樂制度。文炳，新制度燦爛於天下。

上六，君子豹變，小人革面，征凶，居貞吉。

【程傳】

革之終，革道之成也。革至於小人革面，革之終也。君子謂善人，良善則已從革而變，從虎變而豹變也。其著見，顯而可見。若豹之彬蔚也。小人，昏愚難遷者，難遷於善，下愚不移也。雖未能心化，亦革其面以從上之教令也。不知所以然而由之，革面也。龍虎，大人之象，故大人云虎，君子云豹也。

人性本善，皆可以變化，然有下愚，雖聖人不能移者。以堯、舜為君，以聖繼聖，百有餘年，天下被化，可謂深且久矣，而有苗、有象，其來格烝乂，順善而來。蓋亦革面而已。小人既革其外，革面不革心。革道可以為成也。苟更從而深治之，小人但求行由義，不求心順義，深苛而治，有違其性，不祥也。則為已甚，已甚非道也。故至革之終而又征，革既終，天下順附，何征之有？則凶也，當貞固以自守。革至於極，而不守以貞，清正自守。則所革隨復變矣。天下之事，始則患乎難革，積重難返。已革則患乎不能守也，反其舊習。故革之終戒以居貞則吉也。貞守新成，不使沉渣泛起。

居貞非為六戒乎？曰：為革終言也，莫不在其中矣。

人性本善，有不可革者，何也？曰：語其性則皆善也，語其才則有下愚之不移。所謂下愚有二焉：自暴也，自棄也。人苟以善自治，則無不可移者，雖昏愚之至，皆可漸磨而進也。磨滌其昏愚而進其德。唯自暴者，拒之以不信；自棄者，絕之以不為；自畫。雖聖人與居，不能化而入也，仲尼之所謂下愚也。然天下自棄自暴者，非必皆昏愚也，往往強戾而才力有過人者，戾氣橫生又有才力輔之。商辛是也。聖人以其自絕於善，謂之下愚，然考其歸，則誠愚也。不明善，愚也。

既曰下愚，其能革面，何也？曰：心雖絕於善道，其畏威而寡罪，則與人同也。唯其有與人同，所以知其非性之罪也。

【釋義】

處革時，聖人、君子、小人皆自變以順隨革變，故聖人虎變，君子豹變，小人不能革其利欲之心，然見君子而偃然，掩其不善而著其善，革其面以順從君子。革面，顏色革而色順於君子。

當此之時，天下革道已成，當貞固其成，不行征討也，故征凶居貞則吉。

《象》曰：君子豹變，其文蔚也；小人革面，順以從君也。

【程傳】

君子從化遷善，程子所謂君子，乃以居位言之；若道德君子，處未革之際，也修身不怠，何須待革時方從善而遷？**成文彬蔚**，舉止合禮，政令合仁道，成文也；彬蔚，言其盛大著明，不可掩。**章見於外也。中人以上，莫不變革，雖不移之小人**，象傳「小人」，即不居位之民眾，非頑嚚下智不移者），**則亦不敢肆其惡，革易其外，以順從君上之教令，是革面也。至此，革道成矣。小人勉而假善**，見君子而偃伏也。**君子所容也**，容其利心。**更往而治之，則凶矣。**苛改其性，不順自然，凶也。

【釋義】

陸績：「兌之陽爻稱虎，陰爻稱豹。豹，虎類而小者也。君子小於大人。故曰豹變，其文蔚也。」

革成之時，君子豹變，直道而行，危言危行也，故言「其文蔚」，不掩而易見也。

豹變：道不行，則危行言遜，道行之時，改其「危行言遜」，直行其道，豹變而彰顯其德。豹雖為陽剛之物，但需順從於虎：尊奉制度以行其臣道，如此而章，豹變也。

君子懷德，小人懷土，革變之時，君子不責小人革心從善，但期其面順則可，故言小人革面。若君子過責小人，期革其心，強改民由之道，則非道也。

虎豹皆為陽，豹變從虎變：虎變言其雍容威嚴，豹變言其從速而遷；象辭也各有小異，虎變為文炳，豹變為文蔚；炳，如火之顯著，至尊之象；蔚，如林之繁多，君子群進之象。

䷱鼎卦第五十　巽下離上

【程傳】

鼎，《序卦》：「革物者莫若鼎，革物，改物也，以鼎改物，生改至於熟。**故受之以鼎。」鼎之為用，所以革物也，**鼎之革物，熟以變物以便人之用，故有「鼎革」之變。**變腥而為熟，易堅而為柔，水火不可同處也，能使相合為用而不相害，**鼎可使水火同處而不相熄。**是能革物也，鼎所以次革也。**

為卦，上離下巽。所以為鼎，則取其象焉，取其義焉。取其象者有二：以全體言之，則下植為足，初六。植，立也。**中實為腹，**二三四為剛實，鼎中有物之象。**受物在中之象，對峙於上者耳也，**六五虛為兩耳。**橫亙乎上者鉉也，**上九。鉉：橫貫鼎耳之間，移鼎之具。**鼎之象也；以上下二體言之，則中虛在上，**鼎腹。**下有足以承之，亦鼎之象也。取其義，則木從火也，巽入也，**木巽從火而居其下。**順從之義，以木從火，為然之象。**燃。**火之用惟燔與烹，**燔物不用器，烹則用器。**燔不**

假器，假，憑藉。**故取烹象而為鼎，以木巽火，烹飪之象也。**

製器取其象也，乃象器以為卦乎？曰：製器取於象也，象存乎卦，而卦不必先器。聖人製器，不待見卦而後知象，以眾人之不能知象也，故設卦以示之。卦器之先後，不害於義也。或疑鼎非自然之象，乃人為也。曰：固人為也，然烹飪可以成物，使物能為人所食用，成物也。**形制如是則可用，此非人為，自然也，在井亦然。器雖在卦先，而所取者乃卦之象，卦復用器以為義也。**

【釋義】

鄭玄：「鼎，象也。卦有木火之用。互體乾兌。乾為金，兌為澤，澤鍾金而含水，爨以木火，鼎亨孰物之象。鼎亨孰以養人，猶聖君興仁義之道以教天下也，故謂之鼎矣。」

水火不容而生革變，水火相助而革鼎中物，故鼎次於革。為卦，木巽入於火，火麗附於木，柔以順剛，巽以從上，君使臣以禮，臣事君以忠，君臣正應，上下交通，革變天下之物以德也。又巽風離火：上以明照，下以順民；內順理，外明物，文明以順，以養德。

鼎有三足，六五之下有三陽，《九家易》以為象三公治天下：「爨以木火，是鼎鑊烹飪之象，亦明三公之位，上則調和陰陽，下而撫毓百姓，鼎能熟物養人，故云象也。」

鼎，元吉亨。

【程傳】

以卦才言也。如卦之才，可以致元亨也。止當云元亨，止，只也，只應說「元亨」。**文羨「吉」字。**彖文無「吉」字，故程子云「吉」為羨文。羨，多餘。**卦才可以致元亨，未便有元吉也。《彖》復止云元亨，其羨明矣。**

【釋義】

《說文》：「鼎，三足兩耳，和五味之寶器也。昔禹收九牧之金，鑄鼎荊山之下，入山林川澤，螭魅蝄蜽，莫能逢之，以協承天休。易卦巽木於下者為鼎，象析木以炊也。籒文以鼎為貞字。凡鼎之屬皆從鼎。」鼎者，析木以炊，上下交融，以「和合」之道調和天下之物，以贊輔天之休美，元吉亨也。「籒文以鼎為貞字」，《周易全解》：「清華簡作鼑，鼑為貞的古字，今貞字下從貝，貝為鼎之簡化。」「鼑」之為貞，立以正也，鼎立「和」道以為正，「和合」以率天下。

鼎，巽入於火，有烹飪之象。烹飪，水火交通以成新物。聖人觀之，明以服眾，一統天下，南面制作。文明在上，順巽於下，明順以養，順明以成，上下各安其位，各得其所，元吉亨通。二以剛居柔中，為明順之臣；五以柔居剛中，為寬順之主，二五正應，君臣交通以正，天下和平。

《彖》曰：鼎，象也。

【程傳】

卦之為鼎，取鼎之象也。鼎之為器，法卦之象也。取法。**有象而後有器，**先有鼎的卦象後有鼎器。**卦復用器而為義也。**鼎卦用鼎之器型為義。

鼎，大器也，重寶也，故其制作形模，法象尤嚴。《左傳·宣公三年》記載楚莊王問鼎一事，鼎之重在德不在器，德在己，不可以外在的斤兩衡量，故不可問：楚子伐陸渾之戎，遂至於雒，觀兵於周疆，定王使王孫滿勞楚子，楚子問鼎之大小輕重焉，對曰：「在德不在鼎，昔夏之方有德也，遠方圖物，貢金九牧，鑄鼎象物，百物而為之備，使民知神奸，故民入川澤山林，不逢不若，螭魅罔兩，莫能逢之，用能協於上下，以承天休。桀有昏德，鼎遷於商，載祀六百，商紂暴虐，鼎遷於周。德之休明，雖小，重也；其奸回昏亂，雖大，輕也。天祚明德，有所底止。成王定鼎於郟鄏，卜世三十，卜年七百，天所命也，周德雖衰，天命未改，鼎之輕重，未可問也。」

鼎之名正也，古人訓方，訓鼎為方。**方實正也。以形言，則耳對植於上，足分峙於下，周圓內外，高卑厚薄，莫不有法而至正，**法，則也。**至正然後成安重之象。**正位則安重。**故鼎者法象之器，卦之為鼎，以其象也。**

【釋義】

巽下離上，趾分其初，中實其腹，五虛為耳，上剛為鉉，鼎之象。

鼎者，正也；耳肚與足，不亂其序，上下位正；火上木下，木助火然，上下位定；君子莊重自處，正己以正君臣，正君臣以正上下，正上下以正天下。

鼎者，和也，木火交融，調和五味，物相容而不爭，聖人臨治天下，必使物各歸其所，和合相處而不相爭。

以木巽火，亨飪也；聖人亨以享上帝，而大亨以養聖賢。

【程傳】

以二體言鼎之用也。以木巽火，以木從火，木順明而生，故巽順於火。**所以亨飪也。鼎之為器，生人所賴至切者也。極其用之大，則聖人亨以享上帝，大亨以養聖賢。聖人，古之聖王。大，言其廣。**

【釋義】

木生於下，為民；火炎於上，為君；以木巽火，民順以從君。若烹飪以新物，民順君以新天下；鼎革，作制度而新天下。聖人南面，鼎革之際，天命轉移，故必敬告於天，以享上帝。聖人作制度，明法度，以明正養天下聖賢。

【補遺】

聖人亨享上帝、大亨養聖賢，皆是一般道理，聖人平治天下以享上帝、以養聖賢。不能平治天下，何面目祭祀上帝？不能平治天下，何以萃聚聖賢於朝堂？

巽而耳目聰明，柔進而上行，得中而應乎剛，是以元亨。

【程傳】

上既言鼎之用矣，水火交用，成功以新天下，鼎之用也。**復以卦才言。人能如卦之才，可以致元亨也。下體巽，為巽順於理；**木紋有理，故取巽順於理。**離明而中虛於上，**虛則能兼聽，而又在上，明甚之象。**為耳目聰明之象。凡離在上者，皆云柔進而上行。**鼎自遁變：二柔上行至五。**柔，在下之物，乃居尊位，進而上行也。以明居尊，**虛中則明。**而得中道，應乎剛，**應九二。**能用剛陽之道也。五居中，而又以柔而應剛，為得中道。其才如是，所以能元亨也。**

【釋義】

巽入於內，順居其下，自處卑也；離為目，鼎上有耳，離明在上，居上者明德以照，處尊而附麗於兩明，下應於剛正之臣，耳目聰明也。

柔，六五也；柔本為在下之物，以柔進而居於尊位，柔進而上行也。

柔上行而處得中位，下應於九二之剛，得中而應乎剛，上有明君，下有剛中之臣，君臣相須而用。

木能巽入，柔能上行，二五交通，是以大亨。

凡亨，必有上下交通，若交通以中正，則為大亨。

《象》曰：木上有火，鼎，君子以正位凝命。

【程傳】

木上有火，以木巽火也，火性炎上，木巽入其下，安處臣下之位。**烹飪之象，**烹飪以養，木火上下安位，天下乃得養息。**故為鼎。君子觀鼎之象，以正位凝命。**

鼎者法象之器，其形端正，其體安重。取其端正之象，則以正其位，謂正其所居之位。君子所處必正，其小至於席不正不坐，毋跛毋倚。行以穩，不跛也；

站以正，不倚也。**取其安重之象，則凝其命令，**凝，聚斂精神，非聚斂命令；凝命，聚斂精神以待命。**安重其命令也。凝，聚止之義，謂安重也。**唯聚止收斂精神，方為安重之象。**今世俗有凝然之語，以命令而言耳。凡動為皆當安重也。**

【釋義】

「木上有火」為鼎，順正也。天下能順正，必尊者先以正。鼎取端正其位，鼎安以立，則木火各正其位；聖人莊以立，則君臣上下各安其位。君子觀鼎之象，順處正位，莊以待命。

凝命，聚斂精神以待命。命自天降，故受命者必莊敬待之，凝便是莊敬，唯收斂精神不旁顧，方是敬命之象。凝以待命，也是凝聚精神行命，敬事也。正位乃是本，有此本立，凝命方為正出。

凝，也作固解，凝水為冰，便是「固」義。凝命，便是固定其命，不使渙散失去。夫子云「造次必於是，顛沛必於是」，便是夫子凝命不渙散，處處提撕，處處正覺，勿使稍有懈怠，才懈怠，命便散了，不在汝身。陽明解讀「學而時習之」的「時」，為「時時刻刻」，時刻提撕不渙散，不使得天命一刻離了身，《中庸》所謂「道不可須臾離也」是他的凝命處。

初六，鼎顛趾，利出否，得妾以其子，无咎。

【程傳】

六在鼎下，陰爻如趾分立在下。**趾之象也，上應於四，趾而向上，**不安於下而動以上。**顛之象也。鼎覆則趾顛，趾顛則覆其實矣，**實，鼎中之物。**非順道也。**非順由鼎之穩正常道。**然有當顛之時，**當顛則顛，顛則順道也。**謂傾出敗惡以致潔取新，**滌除敗惡之物，傾也。**則可也。故顛趾利在於出否。**

否，惡也。四近君，大臣之位，初在下之人，而相應；乃上求於下，下從其上也。上能用下之善，下能輔上之為，可以成事功，乃善道，如鼎之顛趾，有當顛之時，未為悖理也。

得妾以其子无咎：六陰而卑，故為妾，得妾謂得其人也；若得良妾，則能輔助其主使無過咎也；子，主也，以其子，致其主於无咎也。六陰居下，而卑巽從陽，在卦初，卑也；為巽體，巽也，應四，從陽也。**妾之象也。以六上應四為顛趾，**六，初六。**而發此義。初六本無才德可取，故云得妾，言得其人則如是也。**

【釋義】

鼎趾以止穩為正，趾動而鼎顛，鼎覆失正也。初陰柔居剛，不能安處其位，又上應於四，則必上行而顛鼎，此本為逆常，然以鼎顛而出其否污，則利在其中，如鼎之烹飪，先當傾覆鼎，以出否污，而後可用。

初四正應，初為妾，四得之。初不招而自行向上，是婦無賢德者，如鼎顛趾；然四得之以生子，得以傾其否而獲利之正。四以剛明，居離體之下，能淬煉陰柔，使復其正，得妾以其子。四得子，繼香火、續血脈，傾出其得妾之否，否出則无咎也。

【補遺】

做飯之前要洗鍋，用乾淨的鍋有利健康，利出否，无咎也。

《象》曰：鼎顛趾，未悖也。利出否，以從貴也。

【程傳】

鼎顛而趾顛，悖道也。鼎以穩正為常道，顛則悖其常。**然非必為悖者，蓋有傾出否惡之時也。**鼎常以穩正為義，然時在出否而顛，則非為悖也。**去故而納新，瀉惡而受美，**瀉惡，去故也；受美，納新也。**從貴之義也。應於四，上從於貴者也。**

【釋義】

鼎顛趾，本是悖亂之象，然以出否新物，為烹飪之常，是未悖也。賤以從貴，下以附上，柔以順剛，出其否也。

九二，鼎有實，我仇有疾，不我能即，吉。

【程傳】

二以剛實居中，二三四剛居一卦之中，也指九二。**鼎中有實之象。鼎之有實，上出則為用。**上出，食物出鍋；二五正應，上出之象。**二，剛陽有濟用之才，與五相應，上從六五之君，則得正而其道可亨。**六五為文明之主，故從六五而得正。**然與初密比，陰從陽者也。九二居中而應中，不至失正，己雖自守，彼必相求，故戒能遠之，**遠初之密比。**使不來即我，則吉也。**

仇，對也。陰陽相對之物，謂初也。相從則非正而害義，是有疾也。二當以正自守，使之不能來就己。人能自守以正，則不正不能就之矣，所以吉也。

【釋義】

剛居中位，鼎有實也。

我仇有疾：我與初親比不正，則我之德有污疾也。

初、二親比，然二五正應，故初二親比為不正，親比不正為「怨偶」。《左傳》:「嘉偶曰妃，怨偶曰仇。」初為二之怨偶，近之則不遜，遠之則怨。我，二也；仇，初也；我仇，我與初相比親。我仇有疾：我親比初，怨偶則親比於我，則我自處不正而招之，我之德則有疾。

鼎有食，引出「我仇有疾」，上下句合起來，本義當為：我與初本不當匹配，如同鼎共食，則我之德有疾也。剛居下卦之中，剛為實，在鼎時為「鼎有食」之象。

《說文》:「即，就食也。」不我能即，本義為：不能就食於我，不能與我同鼎而食，引申為不能靠近我，即，靠近也。我若貞固剛中之德，絕其怨偶之親比，初不能即我而親，則吉。

井卦內爻以上行出井為吉，鼎中之食也以能出鼎為順。九二絕其私比，正應於五，成其上行之功，則順吉。

《象》曰：鼎有實，慎所之也。我仇有疾，終無尤也。

【程傳】

鼎之有實，乃人之有才業也，當慎所趨向，不慎所往，親比初，不慎所之，從私也。**則亦陷於非義。二能不昵於初，**不與初親昵。**而上從六五之正應，**從公也。**乃是慎所之也。我仇有疾，**我與初親比則德有疾。**舉上文也。我仇，對己者，謂初也。初比己而非正，是有疾也。既自守以正，則彼無能即我，**絕私也。**所以終無過尤也。**

【釋義】

鼎有實，君子懷玉也，待其人而後用，慎所往也。能慎所往，絕其私昵，不就低污，從高明而往行，終無憂也。之，往也，二往從於五為正行。

鼎以上出為正、為有功，若下行則為不正、無功也；故二上應於五為正出有功，下比於初則為邪疾無功。

【補遺】

鼎有實，慎所之也。俗言之，你鼎裏有食，或人家鼎裏有食，不要亂請人吃，也不要亂去人家鼎裏吃。吃要看與什麼人吃，道不同，不要在同一個鍋裏吃，不要在同一張桌子上喝酒。慎所之，就是選擇對的人與你同吃同喝。

我仇有疾，終無尤也：二選擇同食的人，一時雖然有錯，但最後會選擇對的人，故終無尤。擇偶擇友皆如此。

九三，鼎耳革，其行塞，雉膏不食，方雨，虧悔終吉。

【程傳】

鼎耳，六五也，為鼎之主。鼎遷以耳，故為鼎之主。古人以鼎遷為天命轉移，故以耳為主。**三以陽居巽之上，剛而能巽，**剛明之順臣。**其才足以濟務，**濟時以成務也。**然與五非應而不同。**非應，非正應。不同：剛柔不同，中德不同。**五，中而非正。**柔居剛非正。**三，正而非中，**剛居正位而非二五之中。**不同也，未得於君者也。不得於君，則其道何由而行？**臣由君而行其道，不得於君則失道也。革，鼎耳之革，遷移也。**變革為異也。**

三與五異而不合也。其行塞，不能亨也。不合於君，則不得其任，無以施其用。膏，甘美之物，象祿位。雉指五也，離有雉象。**有文明之德，故謂之雉。三有才用而不得六五之祿位，是不得雉膏食之也。**不得明君之俸祿而食之。雉膏，明君之俸祿也。

君子蘊其德，蘊，積蓄也。**久而必彰，**自顯其德：德內充，外必有文。**守其道，其終必亨。五有聰明之象，**五為離體，明德而有聰明之象。**而三終上進之物，**陽居剛位，上進之物。終，終必也。**陰陽交暢則雨。方雨，且將雨也，言五與三方將和合。虧悔終吉，**虧，虧損也；君臣方雨之際，必將虧損其悔而終吉也。**謂不足之悔，終當獲吉也。**

三懷才而不偶，君臣相遇為偶。不偶，臣不遇君。**故有不足之悔，**內有明德而不能遇，不足之憾。**然其有剛陽之德，上聰明而下巽正，**聰明必能明照賢臣，巽正必能得有德之君。**終必相得，故吉也。**

三雖不中，以巽體，故無過剛之失。若過剛，則豈能終吉？三重剛然巽體，故無過剛之過。

【釋義】

鼎遷，以鉉貫耳而移，故曰「鼎耳革」，言搬灶移鼎，不在舊地，故鼎之遷移言「耳革」。鼎耳革，天命改移也。鼎遷移不在此，政權更替，舊道不通，其行塞也——三上行就食於九五之朝堂之路受阻。

三為臣位，剛中有實，欲就立於六五朝堂以行干祿，然三五非應，三之上行之道不通，其行塞也；猶如鼎移走，三不得食鼎中之食，不得六五之俸祿，雉膏不食也。雉膏，俸祿，配明德之臣，猶天之爵祿。雉膏不食：明德有阻，上下不能暢達，三與五也。

然三為剛明之才，有上進之志；五為順明之主，有納賢之量，故君臣必將有遇合之日，方將雨也。三雖有行塞之悔，也將虧損而亡，君臣終相得而合，吉也。

【補遺】

三想與五同鍋裏吃飯，五搬走了鍋，不讓他吃。二者經過一段磨合瞭解，五同意與三共食。三是自薦過來的，不由規矩，所以五不高興，搬走了鍋，鼎耳革。

《象》曰：鼎耳革，失其義也。

【程傳】

始與鼎耳革異者，失其相求之義也。與五非應，失求合之道也；不中，非同志之象也；是以其行塞而不通。然上明而下才，終必和合，故方雨而吉也。

【釋義】

鼎耳革替之際，君臣之道未能通達，故上下有不行之塞，賢君子上進而受阻，關係變革，失其舊有之義。

鼎耳革，通俗而言，政權更替，鼎即遷移，在朝吃俸祿的人要重新洗牌，一朝天子一朝臣，用人之道改易，君臣舊義不行之時。

【補遺】

非同道中人，不可共食，共食則失其義也。

九四，鼎折足，覆公餗，其形渥，凶。

【程傳】

四，大臣之位，任天下之事者也。天下之事，豈一人所能獨任？必當求天下之賢智，與之協力。得其人，則天下之治，可不勞而致也；用非其人，則敗國家之事，貽天下之患。

四下應於初，初，陰柔小人，不可用者也，而四用之，其不勝任而敗事，猶鼎之折足也。鼎折足，則傾覆公上之餗，覆公餗，言其私昵無公心。餗，sù，美食也。鼎實也。居大臣之位，當天下之任，而所用非人，至於覆敗，乃不勝其任，可羞愧之甚也。其形渥，形渥：因羞愧而身體出汗；渥，沾濡也。謂赧汗也，其凶可知。

《繫辭》曰：「德薄而位尊，知小而謀大，力小而任重，鮮不及矣」，言不勝其任也。蔽於所私，德薄知小也。

【釋義】

五為鼎耳，四居近耳之位，鼎中食盈滿至於耳，鼎不堪其重，折斷其足，覆倒公之美食，喻九四才弱，不得食公侯之祿。

二三四皆陽，有鼎食滿盈之象。四下應於初，初為陰柔小人，不能勝任，折足而覆公餗。公餗，天下公任也。既為天下公任，當用天下賢才；四居柔不正，親昵於初，私用宵小之輩，宜有覆餗之羞。四處明體而不能用明，在鼎時而不能上出為功，私欲塞腹，必有折足之羞。

子曰：「德薄而位尊，知小而謀大，力少而任重，鮮不及矣。易曰：鼎折足，覆公餗，其形渥，凶。」德不配位，量小任大，貪功壞事，凶也。

鼎以上出為吉：二三四皆為鼎中有實，故必上行出鼎乃順；二絕怨偶而吉，三雖阻而志上行終無憂，四陰柔居上，不上行出鼎，而私應於初，初為趾顛，四下行來內，故折足以應初。

《論衡·卜筮》：「魯將伐越，筮之，得鼎折足。子貢占之，以為凶。何則？鼎而折足，行用足，故謂之凶。孔子占之，以為吉。曰：『越人水居，行用舟，不用足，故謂之吉。』魯伐越，果克之。」易爻之吉凶，非一定如此，當隨時變易。九四常道為凶，事變則吉。

【補遺】

九四力不能任事，舉薦也不當，非其任而任之，必折足也。飯碗被砸，自愧流汗，罪責下來，必有凶事。

《象》曰：覆公餗，信如何也？

【程傳】

大臣當天下之任，必能成天下之治安，則不誤君上之所倚，下民之所望，與己致身任道之志，不失所斯，斯：君上之倚、下民之望、任道之志。**乃所謂信也。不然，則失其職，誤上之委任，得為信乎？故曰：信如何也？**

【釋義】

覆公餗，不堪重任，不信乎上；舉之非賢，竊非所位，居之不讓，不信於下也。

六五，鼎黃耳，金鉉，利貞。

【程傳】

五在鼎上，耳之象也。鼎之舉措在耳，措，放置也。**為鼎之主也。**主鼎之遷移，故為主。五有中德，故云黃耳。以土德居中，故為黃。鉉，加耳者也。貫通於鼎耳。二應於五，來從於耳者，鉉也。二有剛中之德，陽體剛中色黃，故為金鉉。五文明得中而應剛，二剛中巽體而上應，才無不足也，相應至善矣，所利在貞固而已。六五居中應中，居中，五位；應中，應二。不至於失正，兩中迭用，不至於失正。而質本陰柔，故戒以貞固於中也。柔則不能固，戒曰貞則利也。

【釋義】

黃，言其中；黃耳，居中之耳必能兼聽聰明，處中以周聽也。金，言其堅也，金鉉扛鼎，鼎雖革移，而能奉天承命，勝任天下之重，擔天下之責，金鉉也。五麗附於上，下應於二，九二剛中有扛鼎之能，上九居離體，有剛明之才，上與二皆可為五之金鉉。

聰明四達，能擔任天命，利貞也。

【補遺】

黃耳喻君，金弦喻臣，有黃耳之君，必有金弦之臣，二者因果，合之則利貞。

《象》曰：鼎黃耳，中以為實也。

【程傳】

六五以得中為善，是以中為實德也。五之所以聰明應剛，為鼎之主，得鼎之道，皆由得中也。由，順也；順剛明之臣而得其君道之中。

【釋義】

黃耳所以兼聽而公，以虛己處中。六處中為實，耳又以虛為實，不虛則不能兼聽，不實則不能誠虛也。

上九，鼎玉鉉，大吉，无不利。

【程傳】

井與鼎以上出為用。處終，鼎功之成也。在上，鉉之象。剛而溫者玉也。剛能任事，溫能順君。九雖剛陽，而居陰履柔，陽居陰，剛履柔。不極剛而能溫者也。不極剛，不亢剛也。居成功之道，唯善處而已。剛柔適宜，剛居柔位也。動靜不過，爻動而位靜，故動不過其中，靜也不過其中。則為大吉，無所不利矣。在上為鉉，雖居無位之地，實當用也，與他卦異矣。井亦然。

【釋義】

任事言剛，成事言玉，玉成其事。上九剛居柔位，水火相調，剛柔相節，鼎食乃成也；移鼎就食，終事而為玉鉉也。在鼎卦之終，鉉任鼎重，大吉也，大吉則無所不利。玉鉉，以玉修飾鉉。

孔子曰：「鼎之遷也，不自往，必人舉之，大人之貞也。……明君立政，賢輔弼之，將何為而不利？故曰『大吉』。」上九居尊而下得之輔助，治國而能用其賢，故大吉。

《象》曰：玉鉉在上，剛柔節也。

【程傳】

剛而溫，乃有節也。剛柔互節。上居成功致用之地，而剛柔中節，所以大吉无不利也。井、鼎皆以終為成功，而鼎不云元吉，何也？曰：井之功用，皆在上出，又有博施有常之德，是以元吉。鼎以烹飪為功，居上為成德，與井異，以剛柔節，故得大吉也。

【釋義】

玉，溫潤有剛，故言剛柔節也。節，節制也，剛節柔，使柔不過柔；柔節剛，使剛不過剛，剛柔互為其則，以中為節也。

【小結】

下四爻為臣道，吃鼎中食；五六為君道，移鼎（扛鼎）。初洗鍋，二擇伴同食，三擇君同食，四砸了鍋，五金弦移鼎，上玉鉉移鼎。